中国文化景观遗产社区可持续发展策略研究
——以西湖为例

金 一 著

·南京·

图书在版编目（CIP）数据

中国文化景观遗产社区可持续发展策略研究：以西湖为例 / 金一著. -- 南京：东南大学出版社，2022.8
ISBN 978-7-5641-9299-0

Ⅰ.①中… Ⅱ.①金… Ⅲ.①自然景观-文化遗产-可持续发展略-研究-中国 Ⅳ.①K928.7 ②G12

中国版本图书馆CIP数据核字（2020）第263014号

责任编辑：杨　凡　　责任校对：张万莹　　封面设计：毕　真　　责任印制：周荣虎

书　　名：中国文化景观遗产社区可持续发展策略研究——以西湖为例
　　　　　Zhongguo Wenhua Jingguan Yichan Shequ Kechixu Fazhan Celüe Yanjiu — Yi Xihu Weili
著　　者：金　一
出版发行：东南大学出版社
社　　址：南京四牌楼2号　　邮编：210096　　电话：025-83793330
网　　址：http://www.seupress.com
经　　销：全国各地新华书店
印　　刷：广东虎彩云印刷有限公司
开　　本：700mm×1000mm　　1/16
印　　张：17
字　　数：358千字
版　　次：2022年8月第1版
印　　次：2022年8月第1次印刷
书　　号：ISBN 978-7-5641-9299-0
定　　价：88.00元

本社图书若有印装质量问题，请直接与营销部调换。电话（传真）：025-83791830

目录

第 1 章　绪论 ... 001
1.1　研究背景 ... 001
1.1.1　中国文化景观的崛起 ... 001
1.1.2　社区对遗产可持续发展的影响力被提到前所未有的高度 ... 004
1.1.3　中国文化景观遗产社区发展现状 ... 006
1.1.4　研究的迫切性 ... 008
1.2　概念辨析 ... 008
1.2.1　文化景观 ... 008
1.2.2　文化景观遗产社区 ... 010
1.2.3　可持续发展 ... 011
1.3　研究对象与方法 ... 014
1.3.1　研究对象 ... 014
1.3.2　研究方法 ... 014
1.4　研究意义与目的 ... 015
1.4.1　理论意义 ... 015
1.4.2　实践意义 ... 016
1.5　研究内容与框架 ... 016
1.5.1　研究内容 ... 016
1.5.2　研究框架 ... 017
1.6　本章小结 ... 019

第 2 章　相关理论研究与文献综述 ... 020
2.1　国内外研究动态 ... 020
2.1.1　文化景观的亚太地区进程 ... 020
2.1.2　文化景观保护发展新动向 ... 021
2.2　文化景观与保护发展相关研究 ... 023
2.2.1　"文化景观"的出现：新视角与方法论 ... 023
2.2.2　"景观"概念的拓展：景观不分贵贱 ... 025
2.2.3　文化景观保护方法的转变：场所精神 ... 026
2.3　"可持续发展"理论的相关研究 ... 028
2.3.1　"可持续发展"概念的产生与发展历程 ... 028
2.3.2　"可持续发展"概念进入遗产保护领域 ... 030
2.3.3　"可持续发展"的重要条件：文化多样性 ... 031
2.4　中国文化景观遗产社区的相关研究 ... 033

	2.4.1	起源：基于农业生产的文化景观	033
	2.4.2	本质：价值影响下的风景聚落	034
	2.4.3	保护：景观与文化之间的转换	036
2.5	文献综述	037
	2.5.1	文化景观相关文献综述	037
	2.5.2	遗产社区相关文献综述	043
	2.5.3	可持续相关文献综述	049
2.6	本章小结	050

第 3 章　中国文化景观遗产社区认知　051

3.1	中国文化景观遗产社区的形成与发展	051
	3.1.1　庐山遗产社区的形成与发展	053
	3.1.2　五台山遗产社区的形成与发展	059
	3.1.3　哈尼梯田遗产社区的形成与发展	061
	3.1.4　西湖遗产社区的形成与发展	063
3.2	中国文化景观遗产社区分类	074
	3.2.1　中国文化景观分类	074
	3.2.2　中国文化景观遗产社区类型	076
3.3	中国文化景观遗产社区的作用	079
	3.3.1　遗产社区是遗产文化传承的主力军	079
	3.3.2　遗产社区是维持人类与遗产之间的精神关联的关键	081
	3.3.3　遗产社区居民是遗产地经济的主要创造者	083
	3.3.4　遗产社区居民的聚居生活是遗产价值形成的过程	085
3.4	中国各遗产地遗产社区现状分析	088
	3.4.1　庐山文化景观遗产社区现状	088
	3.4.2　五台山文化景观遗产社区现状	091
	3.4.3　元阳哈尼梯田文化景观遗产社区现状	093
3.5	本章小结	095

第 4 章　中国文化景观遗产社区可持续发展框架构建　097

4.1	遗产社区的职能认知	097
	4.1.1　社区相关职能	097
	4.1.2　遗产相关职能	098
	4.1.3　双重职能的利弊	101
4.2	"真实性"与"完整性"理论	104
	4.2.1　真实性	105
	4.2.2　完整性	105

- 4.2.3 真实性与完整性的关系 ... 108
- 4.3 遗产社区"真实性"与"完整性"的特殊性 ... 108
  - 4.3.1 社会功能持续性优先 ... 109
  - 4.3.2 在动态场所中保持持续演进 ... 109
  - 4.3.3 局部要素服从整体风貌管理 ... 109
- 4.4 文化景观遗产社区"真实性"与"完整性" ... 110
  - 4.4.1 位置与环境 ... 110
  - 4.4.2 形式与设计 ... 112
  - 4.4.3 材料与物质 ... 113
  - 4.4.4 用途与功能 ... 114
  - 4.4.5 传统与技术 ... 116
  - 4.4.6 语言与其他非物质要素 ... 118
  - 4.4.7 精神感知与认同 ... 119
- 4.5 本章小结 ... 119

第5章 西湖文化景观遗产社区价值论证 ... 121

- 5.1 西湖文化景观概况 ... 121
  - 5.1.1 文化景观提名范围 ... 121
  - 5.1.2 遗产社区分布 ... 123
  - 5.1.3 遗产社区名字由来 ... 125
- 5.2 遗产价值评估标准 ... 126
  - 5.2.1 突出普遍价值 ... 126
  - 5.2.2 评价标准 ... 127
  - 5.2.3 评价重点 ... 129
  - 5.2.4 文化景观遗产社区保护要求 ... 134
- 5.3 西湖文化景观已经得到认可的价值 ... 135
  - 5.3.1 标准（ii） ... 136
  - 5.3.2 标准（iii） ... 138
  - 5.3.3 标准（vi） ... 138
- 5.4 西湖文化景观遗产社区价值补充及阐述 ... 139
  - 5.4.1 标准（ii）补充论述——茶文化跨文化、跨地域的传播 ... 139
  - 5.4.2 标准（iii）补充论述——历史发展的见证 ... 140
  - 5.4.3 标准（v）补充论述——特殊土地利用方式 ... 142
  - 5.4.4 标准（vi）补充论述——茶诗、茶歌等 ... 145
- 5.5 西湖文化景观遗产社区分类 ... 145
  - 5.5.1 西湖文化景观遗产社区类型 ... 145
  - 5.5.2 选择西湖遗产社区具体研究的理由 ... 146

5.6 本章小结 ... 147

第 6 章 西湖文化景观遗产社区特征解析 ... 148

6.1 西湖文化景观遗产社区解读 ... 148
6.1.1 文化基底：西湖文化景观价值解读 ... 148
6.1.2 发展背景：西湖文化景观整治历程 ... 152

6.2 西湖文化景观遗产社区历史 ... 156
6.2.1 西湖文化景观遗产社区古代发展历史 ... 156
6.2.2 西湖文化景观遗产社区近代整治历史 ... 157

6.3 西湖文化景观遗产社区与周边环境的关系 ... 159
6.3.1 社区—湖—城三者之间位置关系的真实性与完整性 ... 160
6.3.2 社区与周边山体景观视线的真实性与完整性 ... 166
6.3.3 社区与水系、道路的位置关系的真实性与完整性 ... 170

6.4 西湖文化景观遗产社区自身风貌特征 ... 175
6.4.1 社区空间布局演变规律 ... 175
6.4.2 社区建筑特征 ... 180
6.4.3 社区植被特色 ... 186

6.5 西湖文化景观遗产社区中"水"的功能和整治 ... 188
6.5.1 西湖"水"的演变过程本质是一种"文化形态" ... 189
6.5.2 水面疏浚、整治历史 ... 190

6.6 西湖文化景观遗产社区的社会结构和功能 ... 195
6.6.1 人群结构 ... 195
6.6.2 职业构成 ... 200
6.6.3 邻里关系 ... 201
6.6.4 社区功能 ... 202
6.6.5 现状存在的问题 ... 204

6.7 西湖文化景观遗产社区的精神感知和认同 ... 207
6.7.1 感知 ... 207
6.7.2 认同 ... 209
6.7.3 传统与技术 ... 212

6.8 本章小结 ... 213

第 7 章 西湖文化景观遗产社区可持续发展策略 ... 215

7.1 延续遗产社区与遗产地的空间位置关系 ... 215
7.1.1 重现"社区—湖—城"三者相对独立的空间关系 ... 215
7.1.2 保持"三层山体"景观视线的真实性与完整性 ... 216
7.1.3 维护社区"依山傍水沿道路"的分布特征 ... 218

7.2　维护遗产社区整体风貌的真实性与完整性　219
7.2.1　严格控制建设规模　219
7.2.2　新建建筑与整体风貌协调　219
7.3　保持遗产社区水环境的生态质量与特色　221
7.3.1　提高水体自净能力　221
7.3.2　减少污染源　223
7.3.3　定期疏浚与引水入湖　223
7.4　重现遗产社区的人文交流　224
7.4.1　通过"体验"搭建过去与现在的交流　225
7.4.2　通过"展示"与"解说"重现历史价值　228
7.5　保护遗产社区传统生产生活方式　229
7.5.1　鼓励保护传统的生产生活方式　230
7.5.2　通过生态补偿延续生产性景观　230
7.6　增强吸引年轻人加入遗产传承的力度　230
7.6.1　社区营造　231
7.6.2　政策支持　232
7.6.3　加强能力建设　233
7.7　本章小结　236

第8章　结论与展望　237
8.1　研究创新　237
8.1.1　以文化景观视角研究遗产社区　237
8.1.2　重新评估西湖文化景观遗产社区价值　238
8.1.3　将中国文化景观遗产社区进行分类　238
8.2　结论　239
8.2.1　风景名胜文化景观遗产社区是中国特有的　239
8.2.2　中国文化景观遗产社区类型　239
8.2.3　文化景观遗产社区在文化景观可持续发展中发挥的作用　240
8.2.4　西湖文化景观遗产社区价值补充论述　241
8.2.5　西湖文化景观遗产社区的特征　242
8.2.6　西湖文化景观遗产社区可持续发展策略　242
8.3　研究的不足与未来展望　243

致谢　245

参考文献　247

第 1 章　绪论

1.1　研究背景

1.1.1　中国文化景观的崛起

（1）文化景观已经成为重要的遗产类别之一

文化景观自1992年作为文化遗产的子项被正式写入《实施〈世界遗产公约〉操作指南》（以下简称《操作指南》）以来，经过25年的发展，已经成为世界遗产申报中非常重要的一种遗产类别，这一点从每年成功登录的文化景观数量及占当年所有登录遗产比重两方面均可看出。自1993年起，每年都有文化景观登录，从未轮空[1]。每年登录情况如图1.1、图1.2所示：

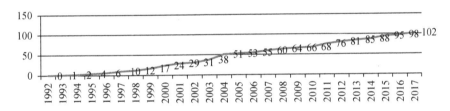

图 1.1　1992—2017 每年登录的文化景观总量

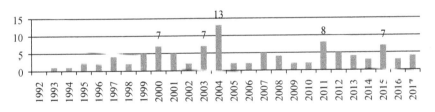

图 1.2　1992—2017 每年成功登录的文化景观数量

---

[1]　1993、1994两年是将原先以文化遗产或以自然遗产登录的重新归为文化景观。新西兰汤加里罗国家公园是第一处文化景观世界遗产，1990年以混合遗产登录，1993年归为文化景观遗产。澳大利亚的乌鲁汝—卡塔楚塔国家公园是1987年以混合遗产登录，1994年归为文化景观遗产。以上两处均先以其他遗产类型登录，在1992年文化景观类别被正式认可后再归入文化景观。

截至 2017 年 10 月，全球共登录文化景观世界遗产 102 处，其中 4 处为跨境遗产，另有 1 处除名（德国德累斯顿）。这在 2004 年《凯恩斯协议》修订后是很难得的，《凯恩斯协议》规定："每年每个国家最多申报 2 个项目，并且其中一个必须为自然遗产，此外世界遗产大会每年至多受理 45 个申报项目。"也就是说 2004 年以后，每年每个国家最多只能申报一个文化遗产，其目的就是为了给"申遗热"降温，确保世界遗产的质量而非数量。在如是情况下，在 2005—2016 年的 12 年间，文化景观仍以平均每年 4 处的速度增长，而且增长趋势在 2010 年以后继续保持，比如 2015 年的 39 届世界遗产大会上共审议通过遗产 24 项，其中文化景观就有 7 项，占当年成功登录世遗总数的将近 1/3。

此外，潜在的文化景观世界遗产还有很多。已登录的世界遗产中，包括文化遗产甚至自然遗产，很多都是文化景观。《世界文化景观保护管理手册》（下称 Paper 26）[1] 写道："如果文化景观能在 1992 年前出现，很多已经登录为文化遗产或者自然遗产的世界遗产或许会以文化景观登录。"[2] Fowler 曾经在 2002 年的《世界遗产文化景观报告 (1992—2002)》[3] 中对已经登录的世界遗产包括文化遗产与自然遗产进行统计，她认为已登录的其他类型世界遗产中至少有 100 处事实上是文化景观，并且表示申遗预备清单（tentative lists）中也至少还有 100 处将在今后逐渐登录。[4] 综上，文化景观已经成为非常重要的世界遗产类型之一。

（2）中国文化景观世界遗产数量增长快速

中国文化景观世界遗产总量增加也非常迅速，截至 2017 年 10 月，共有文化景观世界遗产 5 处[5]，分别是庐山文化景观、五台山文化景观、杭州西湖文化景观、元阳哈尼梯田文化景观和左江花山岩画文化景观。文化景观总量位列全球第三，仅次于意大利（7 处）与法国（7 处），详情如表 1.1 所示。

1　全称为《世界文化景观保护管理手册》（World Heritage Cultural Landscapes : A Handbook for Conservation and Management），2009 年由世界遗产委员会发布。

2　UNESCO. Nora Mitchell, Mechtild Rössler, Pierre-Marie Tricaud (Authors/Ed.). World Heritage Cultural Landscapes : A Handbook for Conservation and Management (Paper 26). World Heritage Center, 2009 : 8

3　《世界遗产文化景观报告 (1992—2002)》，该报告是世界遗产中心出版的为纪念文化景观创立 10 周年系列报告之一。

4　Ken Taylor.Cultural heritage politics in China[J].International Journal of Heritage Studies，2015，21(3) : 309-311.

5　我国于 1985 年正式成为《公约》缔约国，截至 2017 年 10 月，世界遗产总数已达 52 处，其中双重遗产 4 处，自然遗产 11 处，文化遗产 35 处，其中文化景观遗产 5 处。遗产总数仅次于意大利（53 处）位居世界第二，文化景观数量位列第三，仅次于意大利（7 处）与法国（7 处）。

表 1.1　文化景观数量全球排名前四的国家

国家	登录时间	遗产名称	提名标准
意大利（7处）	1997	阿马尔菲海岸景观	(ii)(iv)(v)
	1997	韦内雷港、五村镇和群岛	(ii)(iv)(v)
	1998	奇伦托和迪亚诺河谷国家公园及帕埃斯图姆考古遗址和韦利亚考古遗址以及切尔托萨-迪帕杜拉	(iii)(iv)
	2003	皮埃蒙特和伦巴第的圣山	(ii)(iv)
	2004	瓦尔·迪奥西亚公园文化景观	(iv)(vi)
	2013	托斯卡纳地区的美第奇别墅和花园	(ii)(iv)(vi)
	2014	皮特蒙特葡萄园：朗格-罗埃洛和蒙菲拉多	(iii)(v)
法国（7处）	1997，1999	比利牛斯山脉—珀杜山（与西班牙交界）（混合遗产）	(iii)(iv)(v)(vii)(viii)
	1999	圣艾米伦区	(iii)(iv)
	2000	叙利到沙洛讷间的卢瓦尔河流域	(i)(ii)(iv)
	2011	喀斯和塞文—地中海农牧文化景观	(iii)(v)
	2012	北部-加来海峡的采矿盆地	(ii)(iv)(vi)
	2015	法国第戎市中世纪中期的葡萄种植及酿酒的"勃艮第特殊气候条件产区与风土"	(iii)(v)
	2015	法国香槟生产全产业链的"香槟坡地、建筑及酒窖"	(iii)(iv)(vi)
中国（5处）	1996	庐山风景名胜区	(ii)(iii)(iv)(vi)
	2009	五台山文化景观	(ii)(iii)(iv)(vi)
	2011	杭州西湖文化景观	(ii)(iii)(vi)
	2013	哈尼梯田文化景观	(iii)(v)
	2016	左江花山岩画文化景观	(iii)(vi)

* 表格内容根据联合国教科文组织官网整理 http://whc.UNESCO.org/zh/list/?iso=cn&search=&

2009 年以前中国文化景观世界遗产只有庐山 1 处，且并非国内自主申请[1]。但近年来，随着国内对文化景观认知的普及，在 2009—2016 年 8 年间，中国迅速成功登录文化景观 4 处之多。此外，中国的文化景观后备力量非常充足，仅《预备清单》[2]中与文化景观相关的至少有十处，如扬州瘦西湖及盐商园林文化景观、普洱景迈山古茶园、芒康盐井古盐田等，其中哈尼梯田与花山岩画文化景观已分别与 2013 年与 2016 年成功成为文化景观世界遗产。事实上，列入《预备清单》的只是极少一部分，中国现有 9 批国家级风景名胜区，共计 244 处（国务院函〔2017〕40 号）[3]，且风景名胜区很大一部分都是文化景观。现已登录的

---

[1] 庐山文化景观并非我国自主申请，我国当时以自然文化双遗产申报，最终在世界遗产中心建议下以文化景观登录。2011 年西湖是我国第一处自主以文化景观类型申报并成功登录的文化景观。
[2] 2016 年 8 月更新的《中国世界文化遗产预备名单》共包含 54 项。
[3] 2017 年 3 月 29 日，国务院公布第九批国家级风景名胜区名单，新增 19 处。

文化景观大部分出自1982年的第一批国家级风景名胜区。未来，我们必然面对越来越多文化景观的申报和登录。

1.1.2 社区对遗产可持续发展的影响力被提到前所未有的高度

随着遗产概念的拓展与保护思路的更新，社区对遗产保护与可持续发展的重要性逐渐被国际社会关注和认可。

早在1962年UNESCO审议通过的《关于保护景观和遗址的风貌与特性的建议》（Recommendation on the Safeguarding of the Beauty and Character of Landscapes and Sites）中便已认识到社区在遗产保护中的作用。之后，在1992年通过的《21世纪议程》中，第1、第4、第8、第10、第22条均提到社区应当在可持续发展中承载重要责任，其中第22条明确提到原住民及当地社区居民应当有效参与到遗产的可持续发展实践中。[1] 该文件虽然已经明确强调了社区参与的重要性，但并未提出有效的政策来保障社区在遗产保护中的实践作用。

近几年，社区在遗产保护中的地位进一步被提高。2005年颁布的《为保障和保护文化遗产在亚洲的文化语境》（HoiAn Protocols for Best Conservation Practice in Asia）的4.4节专门提到了社区与遗产真实性的关系，该文件是针对亚洲文化遗产保护推进的专题文件，文中如是说：

> (2) 将文化景观列入世界遗产名录是一种增加公众对文化景观认知的方式，遗产的价值根植于（rooted in）人们对遗产地的地方感知（a sense of place），以及遗产地居民的自我认同感（a sense of self-identity），即使世界遗产力量未介入，这两方面也应该在当地发展与推广起来，这是更好地保护与发展遗产的方法。
>
> (4) 亚洲文化景观中往往有当地居民居住和劳动，甚至说是当地居民哺育(cultivated)了这片景观。因此，可以培训当地的居民，在监管的条件下，将一些遗产保护任务委托社区居民来执行，让他们能与管理机构一起联合（consolidate）保护他们自己的遗产。
>
> (5) 文化景观的保护目的是不仅将他们作为历史物证（historical evidence），而是将他们作为一个文化发展的活态综合体(living systems)或者是景观文化未来发展可能参照的模板（possible future templates）。在保持其真实性的前提下，经营中的文化景观应该持续保持其经济活力。

2007年，世界遗产委员会确定将"世界遗产战略目标"从《布达佩斯宣言》的"4C"上升为"5C"。在原来"可信度（Credibility）""遗产保护

---

1 金一，严国泰. 基于社区参与的文化景观遗产可持续发展思考[J]. 中国园林，2015（3）：106

（Conservation）""能力建设（Capacity building）""交流宣传（Communication）"的基础上增加了"社区"（Community），强调当地社区对世界遗产整体可持续发展的重要性。[1]

2012年5月，在《保护世界文化和自然遗产公约》（以下简称《公约》）实施40周年之际，UNESCO将"世界遗产与可持续发展：本地社区的作用"定为文化景观40周年的主题，在全球举办主题会议，并讨论世界遗产可持续发展的理论和可行的方法，交流世界遗产与可持续发展的案例和经验等，其中一场在中国贵州荔波举行，会议后发布了《关于世界遗产与可持续发展的荔波宣言》用于指导中国实践，社区在文化景观的作用、社区可持续发展等都是热点议题。

2015年成功登录的"文化景观"有7处，具体如表1.2所示，7处都体现了景观中的"人"与景观之间特殊的土地利用关系，同时反映了国际上在遗产保护方面对"人"的关注上已达成共识，这也将是中国遗产保护的大趋势。

表1.2 2015新登录的7处文化景观

NO.	遗产名字	遗产与人的关系	文化景观类型
1	梅满德文化景观 (Cultural Landscape of Maymand)	伊朗中部山区半干旱条件下，人类为适应自然环境而形成的半游牧生活方式，半年住在临时定居点放牧，半年住在山谷窑洞里	(ii) 有机进化景观
2	新加坡植物园 (Singapore Botanic Gardens)	建于1859年的植物园，由英殖民政府设立，是热带地区唯一的英式花园，栽种和培育许多在本地和特定区域内具有经济价值的农作物	(i) 人类有意设计建造景观
3	弗莱·本托斯文化工业景区 (Fray Bentos Industrial Landscape)	这片遗迹上有利比希肉制品公司和盎格鲁肉类包装厂厂房及设备，展现了从肉类加工、调味到包装、发货等各个环节，完整展示了全球范围内肉制品生产过程	(ii) 有机进化景观
4	北西兰岛帕·芳斯狩猎景观 (The par force hunting landscape in North Zealand)	丹麦为其国王和王室狩猎而专门设计的森林与公园体系	(i) 人类有意设计建造景观
5	勃艮第葡萄园气候与风土 (Climats, terroirs of Burgundy)	在长期葡萄种植、葡萄酒生产过程中所体现出的人们对自然环境利用形成的独特的人与土地、环境的关系，此外，还包括以独特的生产方式为基础形成的城镇景观与地方传统文化，是一个真正的"地理系统"	(ii) 有机进化景观
6	香槟地区山地丘陵、居民和酒窖 (Champagne Hillsides, Houses and Cellars)	以农业-工业体系构成了香槟地区独特的景观，而且形成了当地特殊的日常生活方式。尤其在saint-nicaise丘陵地区。通过具有文化价值的酒窖和早期的传统民居、香槟大道，以及由商业构筑的空间体现了世界上独一无二的香槟酒形象	(ii) 有机进化景观

---

[1] 金一，严国泰.基于社区参与的文化景观遗产可持续发展思考[J].中国园林.2015（3）：107

续表

NO.	遗产名字	遗产与人的关系	文化景观类型
7	迪亚巴克尔城堡与哈维塞尔花园的文化景观 (Diyarbakir Fortress and Hevsel Gardens Cultural Landscape)	土耳其底格里斯河上游高地历史城镇及其绿廊	(ii) 有机进化景观 (iii) 关联性景观

* 资料来源：根据联合国教科文组织官网文化景观列表整理

　　遗产社区与遗产能否持续保持良性互动是保护遗产突出普遍价值的重要衡量标准。《操作指南》建议，若申报范围内包含社区，在申报文化景观的材料中，建议申报国论述说明如何将社区作为最重要的利益相关者纳入保护管理规划。[1] 当前中国也已达成将"社区"纳入遗产保护管理工作这一普遍共识，对于仍然有社区居民生活的"活态遗产"尤其重视。2015 年我国发布了《中国文物古迹保护准则（修编）》，其中第 1 条便对"社区"应起到的作用进了阐释："许多文物古迹类型如：历史文化名城、名镇、名村、文化景观及传统生产、生活方式、信仰等非物质文化遗产相关，它们呈现出"活态"的特征……所在社区的参与，是文物古迹保护的重要基础。"[2]

1.1.3　中国文化景观遗产社区发展现状

　　中国的文化景观中大多有社区存在。中国现已登录的 5 处文化景观世界遗产在遗产提名范围内均有社区分布于其中，如图 1.3 所示。

图 1.3　现已登录的 5 处文化景观遗产的社区分布情况统计图
资料来源：作者整理绘制（底图来自 UNESCO 官网）

---

[1]《操作指南》附录八第 146 页
[2] 中国文物古迹保护准则（修编）第 1 条

社区中的居民在遗产地长久居住,一代代与遗产地长期、深刻地相处,共同生长并延续至今。正因为有这些村落的存在,使遗产呈现"活态"[1]。延续遗产地社区居民与遗产地之间的良性互动关系是保护遗产突出普遍价值的前提。[2] 然而,无论申遗前后,我国的遗产社区都有较大程度的改变。比如庐山2006年新编制的总体规划计划下迁居民约1.2万人,2008年庐山牯岭实施了有史以来最大规模的一次街市立面改造。其余各处遗产社区都存在类似情况。几处文化景观社区居民外迁情况如表1.3所示:

表1.3 中国文化景观社区外迁与改造情况一览表

名称	情况
庐山文化景观	《庐山风景名胜区总体规划(2006—2025)》提出动迁方案,拟定逐步将牯岭镇约4000户近1.2万原住民动迁至山下。因备受公众质疑,而后在修改方案《庐山风景名胜区总体规划(2010—2025)》的居民社会调控规划中改为:除去工作人员2000人,工作人员家属1000人,其他剩余人员约1500人,合计下迁4500余人,以及暂住人员下迁1000人(该数据普遍被认为是保守估计)
	自2008年起,牯岭镇实施了大规模的街市立面改造,其规模堪称有史以来最大。立面改造工程覆盖街道长778.3米,立面面积3900平方米,涉及房屋约30栋
杭州西湖文化景观	杭州自2003年起对西湖周边社区进行了综合整治,截至2009年已累计迁出7000多人,之后还进行了若干次原住民外迁活动
	仅以青芝坞改造为例,历时近2年,共拆除违法建筑约23000平方米,对近140户居民住宅实施立面整治和危旧房改造
五台山	五台山申遗拆迁共分两期进行。一期涉及21个单位、129家住户,拆迁总面积125000平方米,建筑面积59392.09平方米
	申遗的二期工程,包括台怀核心区内新台怀等9个村庄的832户居民,拆迁面积31万平方米。整个拆迁于2010年结束[3]
哈尼梯田文化景观	元阳哈尼梯田文化景观中,传统村落保护改造项目涉及核心区54个村落,第一期实施计划为15个,包含新街、攀枝花2个乡镇,涉及7个村委会,共2481户11353人,项目于2014年12月30日开工建设,采取PMC合作模式
	元阳哈尼梯田核心区保护改造项目包含82个村落,第一期新街镇水卜龙村委会人新寨村、土锅寨村等15个村落已全部改造完成。投资金额达2.96亿元,外立面改造1552户,民房拆除重建467户,修建石拱桥5座,新建观景台3个[4]

---

1 Nobuko Inaba认为,活态作为静态(dead)的反义词,指遗产仍在使用。单霁翔则认为,活态是指遗产的原始功能仍在使用,且在现实生活中仍在发挥作用。
2 贾丽奇,邬东璠. 活态宗教遗产地与宗教社区的认知与保护——以五台山世界遗产文化景观为例[J]. 中国园林,2015(2):75-78
3 数据来源:五台山新闻 http://www.mwrjq.com/xsymcjdq/8254.html
4 数据来源:红河新闻频道 http://www.hh.cn/news_1/xw01/201602/t20160229_1194198.html

1.1.4 研究的迫切性

文化景观，作为"人"与"自然"相互作用的结果，是人类聚落受自然条件限制和内外部社会、经济、文化等多方力量共同影响下，随时间推移形成的演进过程的缩影。而遗产社区是文化景观中人类聚落的生活空间，承载了遗产地的历史信息，连接了遗产地的过去、现在和未来，是典型的文化景观，因此，遗产社区是文化景观研究的重要组成。

尤其是亚洲文化景观，它们与社区、与日常生活是多维度紧密相关的，但是东西方对文化的审视角度不同，中国有些传统文化并未被西方理解。正是这种文化差异，导致比如西湖文化景观中，与社区相关的龙井禅茶文化并未得到遗产中心的认可，而在中国,西湖"以湖为名、以茶为名"是普遍性认知，湖与茶两个层面是并重的内涵。

综上，这种西方主流评价体系与中国传统文化认知的冲突，启发笔者着手进行中国文化景观遗产社区的专题研究，这正是本书的选题原因之一。

在知网、维普、万方上检索题目中的关键词，如"文化景观遗产""遗产可持续发展""可持续发展策略"等，结果如下：

关键词：文化景观遗产　464 条 关键词：遗产社区　67 条 关键词：遗产社区可持续发展　7 条	全文：文化景观遗产社区　1 条 全文：中国文化景观遗产社区　0 条 全文：遗产社区可持续发展策略　0 条

与遗产社区相关的检索有 67 条，遗产社区可持续发展 7 条，文化景观遗产社区 1 条，可见相关研究甚少，因此，相关研究的推进是有其迫切性和一定创新性的。

1.2 概念辨析

1.2.1 文化景观

文化景观有广义和狭义两种理解，广义的文化景观即是任何体现了人与自然相互作用的景观，它可以是一般的村落文化景观、历史街区、风景名胜区、无人岛等。狭义的文化景观是指文化景观世界遗产，即是 UNESCO 认可的遗产的一种类别（文化遗产的子项），是具有"突出普遍价值（Outstanding Universal Value，OUV）"的世界遗产。

本书所提及的"文化景观"均是指在世界遗产框架下被列入世界遗产名

录的文化景观世界遗产。题名中提到的"中国文化景观遗产社区"即是指我国现已登录的5处文化景观世界遗产中的社区。尚未成为世界遗产的一般文化景观不在本文讨论范围内，本书所讨论的是狭义的文化景观概念范畴。

什么是"文化景观"？《公约》第1段对文化景观的定义是："人与自然相互作用的结果。"[1]《操作指南》第47段对该定义进行了进一步解释：

"文化景观是人与自然结合的产物，是人类聚落受自然条件限制和内外部社会、经济、文化力量共同影响下随着时间演进的缩影。"[2]

其中文化景观的特性大致可概括为以下4点：

(1) 反映了人与自然之间长期、深刻、密切的关系
(2) 是人类社会与聚落在自然环境的物质性制约（或机会）下以及在社会、经济、文化等内在外在因素的持续作用下随着时间推移而形成的演进过程的缩影
(3) 反映了人类社会和族群丰富而特殊的、确保生物多样性的、可持续的土地使用技能
(4) 反映了人类与自然之间独特的社会信仰、艺术和传统的关联性，体现了独特的精神联系

"文化景观"这一新的遗产类别记载了人类社会和聚落在社会、经济和文化等因素作用下的演进历程，它是人类文明、文化在景观语境下的表达。文化景观涵盖了自然遗产和文化遗产两个领域，但又与两者不等同。"文化景观"不仅具有自然价值(natural values of cultural landscapes)，同时具有文化价值(cultural values in landscape)，因为在历史长河中，人类有意识的创造和活动使自然景观也附着了人文内涵。

2008年修订的《操作指南》正式将"文化景观（Cultural Landscapes）"与"历史城镇和城镇中心（Historic Towns and Town Centres）""运河（Heritage Canals）"和"文化线路（Heritage Routes）"四类并称为文化遗产中的"特殊遗产类别(specific types of properties)"。此外，世界遗产中心建议：以上4类世界遗产的保护、管理、评估除了采用《操作指南》外，还应辅以其他特殊的、更具针对性的导则。[3] 后文为表述方便皆用"文化景观"指代"文化景观世界遗产"。

---

1 原文："combined works of nature and of man."
2 《操作指南》第14页，原文：Cultural landscapes are cultural properties and represent the combined works of nature and of man designated in Article 1 of the Convention. They are illustrative of the evolution of human society and settlement over time, under the influence of the physical constraints and/or opportunities presented by their natural environment and of successive social, economic and cultural forces, both external and internal.
3 《操作指南》第87页

1.2.2 文化景观遗产社区

对于题名中的关键词"文化景观遗产社区",其概念由大到小分"社区"、"遗产社区""文化景观遗产社区"三个层次依次说明。

(1) 社区

"社区"一词来源于拉丁语单词 communitas,意思是亲密的关系和共同的东西。最早是德国社会学家滕尼斯(F.Tönnies,1855—1936 年)将"社区"一词纳入社会学范畴在研究,他在 1887 年发表的《社区与社会》(Gemeinschaft and Gesellschaft)一书中首次对"社区"进行阐释,他认为:"'社区'是因共同的社会意愿而建立的社会单元,社区的基本特征体现在家庭和亲属关系,其他比如邻里、朋友、传统、习惯和宗教也都可以形成社区。"从滕尼斯时期至今,社会学及其他很多学科都对"社区"概念进行过界定,但并无统一定论,不同研究者根据自身认知与研究角度给出的定义都略有不同。据黎熙元和何肇发的统计,有关"社区"的定义有 100 多种,主要涉及社会学、地理学、城市规划理论这三个学科,研究内容涉及地理要素、经济要素、社会要素等。[1]

在城市规划中,一般比较认可《中共中央办公厅、国务院办公厅关于转发〈民政部关于在全国推进城市社区建设的意见〉的通知》(中办发〔2000〕23 号)中关于"社区"的定义:"社区是指聚居在一定地域范围内的人们所组成的社会生活共同体。"[2]

(2) 遗产社区

遗产社区是指世界遗产提名范围内的社会生活共同体组成的单元。不同类型世界遗产中的遗产社区与遗产的重要性不同,如表 1.4 所示:

表 1.4 不同遗产类型遗产中遗产社区的重要性

遗产类型	遗产社区与遗产价值之间的关联性	重要性
自然遗产	遗产地自然价值的保护是最重要的前提,应严格控制遗产社区的发展,有必要时完全可将遗产社区迁出	不重要
文化遗产	大多没有遗产社区(古村落等是特殊类型文化遗产,遗产社区本身即是遗产,另论)	—
混合遗产	中国被评为混合遗产的其实都是文化景观,鉴于多种因素最后评为混合遗产。这一类遗产的遗产社区也是重要的	重要
文化景观	文化景观强调人与自然相互之间的作用关系,遗产社区作为文化景观中"人"的要素,起到尤其重要的作用	重要

资料来源:作者绘制

---

1 黎熙元,何肇发.现代社区概论[M].广州:中山大学出版社,1998:3
2 李飞.对《城市居住区规划设计规范(2002)》中居住小区理论概念的再审视与调整[J].城市规划学刊,2011(3):96-102

（3）文化景观遗产社区

通过对上述两个概念的分析可以发现，文化景观遗产社区对文化景观尤为重要，兼具社区与遗产双重属性，具体特征如下：

①从地理上看，在遗产地提名范围内

②从文化上看，遗产社区中的人们生活在同一地域范围内，因此共享相同的地域文化、文化认同感、荣誉感等，这是维系这个社会关系的内在纽带

③与遗产地保持持续的文化关联性，其建筑、空间、植被等深受遗产地文化影响，同时也对遗产地价值形成有一定协作作用

④居民在生活生产中创造了一定的生活智慧——特殊的土地利用方式等

文化景观遗产社区是指聚居在文化景观提名范围内，由社会生活共同体、社区建筑、水系、道路、植被等要素构成的空间体系。

遗产提名范围内的居住点、村落、城镇都是社区的代表。本文用"社区"替代"村落""居民点"等概念，是期望强调文化景观中的遗产社区除物质载体外还包含物质载体所承载的文化生活、精神感知等非物质要素，这些也是文化景观遗产社区价值不可分割的一部分。

1.2.3 可持续发展

1.2.3.1 "可持续发展"定义

对于可持续发展的定义，不同领域的学者们有不同的表述。其中《布伦特兰报告》的定义是最得到广泛认可的，该文件认为可持续发展是指："既满足当代人的需求，又不损害未来一代人，并且可以满足他们需要的发展。"[1]《保护地球：可持续生存战略》(Caring for the Earth : A Strategy for Sustainable Living)(IUCN, 1991) 将可持续发展描述为："在生态系统能承受的范围内提高人类生活品质与质量"；城市生态主义者 S. 韦德则将其定义为："可持续发展是一种提高人类与生态系统长期健康的发展模式。"[2]也就是说可持续发展是在不超越环境系统更新能力的情况下，实现遗产社区这一复杂系统内部机制的永续运转。无论哪一种关于"可持续发展"的定义，实质上强调的都是"永续、延续"。

基于这一点，"遗产社区的可持续发展"包括两层含义，一方面是对遗产社区中已经形成的价值进行保护与传承，保证其永续；另一方面是遗产社区沿着自身的内在发展逻辑，缓慢演进。社区风貌、肌理都能在时间和空间

---

[1] 原文："Development that meets the needs of current generations without compromising the ability of future generations to meet their own needs" (WCED, 1987：p.45).

[2] 李麟学，吴杰. 可持续城市住区的理论探讨 [J]. 建筑学报，2005（7）：41-43

上保持一贯的连续性，缓慢地变化、保持渐变模式而非突变。

1.2.3.2 "可持续发展"构成要素

正如第 1.2.3.1 节所论证的，可持续发展理念经历了只从环境、社会、经济三方面考量，发展到从文化、环境、社会、经济四方面衡量的过程，近年来文化要素对于遗产的作用力越来越被关注。文化是人与地理环境相互作用所得的产物，地理环境是文化产生和发展的基础前提，因而可持续发展与文化的关系难舍难分，文化也是影响遗产社区可持续发展的一大因素。

遗产社区可持续发展关注 4 个核心主题：①对于传统文化传承的关注；②对于自然生态环境的关注，以避免遗产社区环境走向生态失衡；③对于社区经济的关注；④对于社会人口可持续的关注，如图 1.2 所示。

图 1.4　文化景观可持续发展与社区的关系分析图
资料来源：作者绘制

遗产社区可持续发展是基于遗产价值保护的开发与利用，是由与遗产社区可持续相关的经济、环境、文化、社会四方面要素共同构成的运转机制，是社会、经济、文化、环境各方面相互结合构成的有机统一体，它们彼此关联、相互影响、互为促进，因此不能只注重空间形态保护、整治与建设，还需要注重社会经济、文化传承等与物质空间之间的内在转换关系，实现遗产社区作为一个完整的、持续性运转的综合体的良性循环。

1.2.3.3 "可持续发展"是一种动态平衡

可持续发展作为一个复杂系统是相互联系、相互作用着的诸元素的集合统一体，需要"文化—环境—社会—经济"四方面相互制约、相互依存而共同发展，关系如图 1.5 所示。该系统一直与外界保持渐进的、稳定的物质与信息交流。"天人合一"思想一直是影响和调控着这一系统的平衡阈值。可持续发展是一个动态变化的过程，其各子系统，如生态环境系统、经济系统、社会系统、文化系统是相互制约、相互依存而共同发展的。

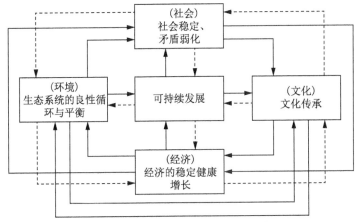

图 1.5　遗产社区可持续机制运作原理示意图

资料来源：作者绘制

1.2.3.4　运作机制

根据第 1.2.3.3 节分析，遗产社区可持续发展要素主要包括社区景观文化可持续、社区经济可持续、社区环境可持续以及社区社会可持续四方面，四大要素共同作用着遗产社区的发展，"可持续发展不应片面理解为经济的可持续发展，还应包括社会、环境和文化多样性的可持续发展。"[1] 联合国教科文组织《文化多样性发展宣言(2001 年)》论述了遗产在发展过程中的作用："发展不仅限于经济增长的层面，也是获得更多知识、情感、道德、精神等方面满足的途径。"因此，考核遗产地管理者和地方政府的政绩时不应只看遗产地的经济效益，也要看遗产地对当地居民的自豪感和归属感，对社会的和谐、稳定做出的贡献；要看对青少年的启迪、教育作用；要看遗产地作为精神家园，满足了在社会关系和人文环境迅速变迁的现今社会中人们的怀旧情结和追求内心平和的渴望。具体落实到文化景观遗产社区保护与发展，可借由真实性与完整性理论的 7 方面来考虑，如图 1.6 所示。前三方面是偏物质要素的控制，后四方面是非物质方面。

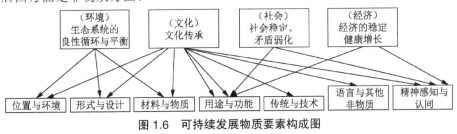

图 1.6　可持续发展物质要素构成图

资料来源：作者绘制

1　童明康.中国世界遗产与可持续发展[J].世界遗产, 2012（5）：100-101

1.3 研究对象与方法

1.3.1 研究对象

社区与世界遗产存在 3 种区位关系，如图 1.7 所示，这三种区位关系分别是：

（1）社区位于遗产提名范围内

该类社区是遗产的一部分，一方面要保持社区功能的"真实性"与"完整性"，另一方面要保证社区自身文脉、地脉的"真实性"与"完整性"。

（2）社区位于缓冲区内

这类社区在遗产提名范围外、在缓冲区内，处于内外的过渡区，可开发力度较遗产边界内的社区大，但因仍然在遗产地的外围保护带，因此其风貌等要素仍受到一定控制。

（3）社区位于遗产地缓冲区边界外

绝大部分城市居住区都属于这一类型，它们的建设和发展与遗产地保有一定的文化关联性，但开发力度不受遗产地保护条件限制。

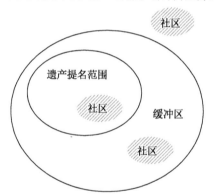

图 1.7　社区与遗产的区位关系图
资料来源：作者绘制

本书的研究对象是中国已经登录的 5 处文化景观世界遗产中的社区，即第一种社区，其他两种社区不在本书讨论范畴内。

1.3.2 研究方法

文化景观遗产社区研究是一个多学科、多种理论交叉的研究，涉及社会学、文化地理学、人类学、哲学、美学等，具有一定挑战性。本书主要采取以下几种研究方法：

1) 文献研究

首先本书采用文献研究法。通过对国内外文化遗产、文化景观遗产保护相关宪章等一系列文献资料的梳理，掌握文化景观遗产保护要求与准则；通过文献研究了解了可持续发展以及遗产社区相关的研究方法与基础理论，为本书奠定了理论基础。此外还采用纵向与横向比较相结合的方法。纵向即通过大量文献阅读梳理中国各处文化景观遗产社区在形成发展过程中与遗产价值之间的内在联系。横向即通过对比西湖其他遗产社区发展情况，找到现状存在的问题。

2) 实地调研与问卷

在研究期间，笔者对国内现已登录的 5 处文化景观进行了多次实地调研，通过问卷调查、口头采访等方式记录各个遗产社区居民对遗产保护的积极性、遗产保护参与度、遗产发展满意度、社区生活满意度等方面的看法。问卷调查涉及的社区有：西湖文化景观中的龙井、灵隐、南山、翁家山等 8 个社区，其中金沙港发放问卷 30 份（调研人数占比：7.4%，以下简称占比），其余社区各发放 50 份（占比均超过 5%），共收回有效问卷 416 份；庐山牯岭镇的日照社区、正街社区、橄榄社区，各发放问卷 50 份，收回有效问卷 148 份；五台山台怀镇发放问卷 108 份，收回有效问卷 100 份。大量问卷调查和访谈记录为笔者提供了最直接与全面的文化景观遗产社区印象，为本书的客观性与代表性奠定了基础。尤其对西湖所有遗产社区的调研，均确保收回的有效样本数量超过各遗产社区人口的 5%，满足了问卷调查对样本数量的要求，从而保证了调研数据的相对科学性。

3) 规划实践

在本书撰写过程中，笔者有幸参与了西湖文化景观其中一个村落——南山村的详细规划设计。此外,在学期间还参与了多处风景名胜区、旅游度假区、历史村落的规划实践，如河南嵩山风景名胜区总体规划设计、河南石人山风景名胜区总体规划设计、苏州太仓浏河古镇详细规划、山西沁水县旅游发展概念规划、山西沁水县张峰水库旅游度假区总体规划等。这些规划实践经历为本书的书写累积了素材，也为研究提供了反思的依据。

1.4 研究意义与目的

1.4.1 理论意义

本书梳理了遗产社区与遗产整体之间的内在联系。文化景观遗产社区是典型的由人类聚落在适应自然、生活生产过程中形成的人类智慧的客观体现；

展现了遗产地，乃至中国社会政治、经济、文化等方面的演变过程；遗产社区集聚着很多重要的历史信息，是遗产地过去、现在与未来相互连接的纽带；遗产社区也是遗产地历史信息的继承者，是遗产历史文化演变的见证者。中国的文化景观大多至今仍有居民在遗产地内生活，弄清遗产社区与遗产之间真正的内在关系，是其可持续发展的基础，也是本书的重点研究内容之一。

1.4.2 实践意义

本书的研究可为文化景观遗产社区的可持续发展实践提供理论指导。虽然国内外对文化景观遗产社区可持续发展的重要性已经达成普遍共识，但针对遗产社区的专题研究依然很少。在国内各遗产地实施的文化景观保护管理规划中，关于遗产社区的篇幅特别少，大多借鉴风景名胜区保护管理规划的居民社会调控，只是在人口规模上进行控制，仅此而已。文章从遗产社区与遗产之间的关系入手，提供从价值认知到保护发展策略的理论框架，展示更具针对性、更具体的理论支撑。本书以西湖文化景观遗产社区为例详细展示遗产社区特征探寻过程，以及基于价值特征保护提出的发展策略和可行的方法，为文化景观遗产社区可持续发展实践提供参考。

1.5 研究内容与框架

1.5.1 研究内容

本书的研究逻辑是从遗产社区与遗产价值之间的内在关系入手，再借由真实性、完整性理论，找到价值在社区中所依附的物质要素，再提出基于这些要素的保护与发展策略，以及控制与发展的方法。研究内容总体上分为5个部分8个章节。以下具体阐述。

（1）第一部分：基础理论研究，包含第1、第2章两章。

第1章绪论，首先阐述了中国文化景观遗产社区可持续发展研究的必要性。辨析了本书提到的几个核心概念以及明确了本书的研究范围与对象。本书的文化景观皆是指文化景观世界遗产，全书皆是建立在世界遗产理论框架下的讨论。本书的研究范围与对象是世界遗产提名范围内的社区。此外本章还论述了本研究的意义、各章节研究内容以及全文的框架与研究方法。

第2章为理论基础研究，分别从文化景观理论研究、可持续理论研究、遗产社区理论研究三方面对与本书相关的理论进行梳理。从文化景观内涵的发展历程、文化景观保护方法的回顾中我们可以看到，国际上对文化景观中的遗产社区的重视度越来越高，认为应该鼓励社区居民参与到遗产保护和发展实践操作中。本章通过追溯可持续发展内涵在遗产保护领域的演变过程，了解可持续发展的构成要素、运转机制。通过了解社区研究历史，明确遗产社区研究的根本目的：延续其本身的风貌、肌理是文化景观整体可持续的前提。

（2）第二部分：中国文化景观遗产社区可持续发展框架搭建。包括第3、第4章两章。

首先沿着历史脉络梳理中国文化景观遗产社区在形成、壮大过程中与遗产价值之间的内在关系，根据这种内在联系的不同，将中国的文化景观遗产社区分为三类：协作型遗产社区、复合型遗产社区、原生型遗产社区（详见第3.2.2节）。前两者是中国特有的，来自中国的风景名胜文化景观；第三类原生型遗产社区是国际上较普遍的生活智慧文化景观，中国也有这一类如哈尼梯田文化景观。此外，这两章以真实性、完整性理论为基本框架，总结各类社区的共性与个性。

（3）第三部分：西湖文化景观遗产社区特征解析，包第括第5、第6章两章。

第5章根据《操作指南》中关于"突出普遍价值（OUV）"的10条标准，重新评估了西湖文化景观遗产社区的价值,并补充论述了遗产社区在标准（ii）（iii）（v）（vi）上的价值，详见第5.4节。最后按照第3章提出的中国文化景观遗产社区类型将西湖遗产社区归类。

第6章是将第4章总结得出的框架应用于西湖文化景观遗产社区，找到遗产价值的物质承载者。本章从位置与环境、设计与形式、材料与物质等多方面论述西湖遗产社区的价值特征，提取社区自身发展的文脉与地脉特征，遗产社区的发展应以保护这部分价值的真实性与完整性为前提。接着，本章结合大量的实地调研与问卷调查，检验现状保护和发展中存在的问题，作为第7章策略提出的基础。

（4）第四部分：第7章西湖文化景观遗产社区可持续发展策略。基于第6章所找到的西湖遗产社区特征与面临的问题，提出保护这些特征与解决问题的策略与方法。

（5）第五部分：结论部分，第8章论述本书得出的主要结论、本书创新点以及探讨下一步研究的方向。

1.5.2 研究框架

本书各部分研究内容的关系详见图1.8。

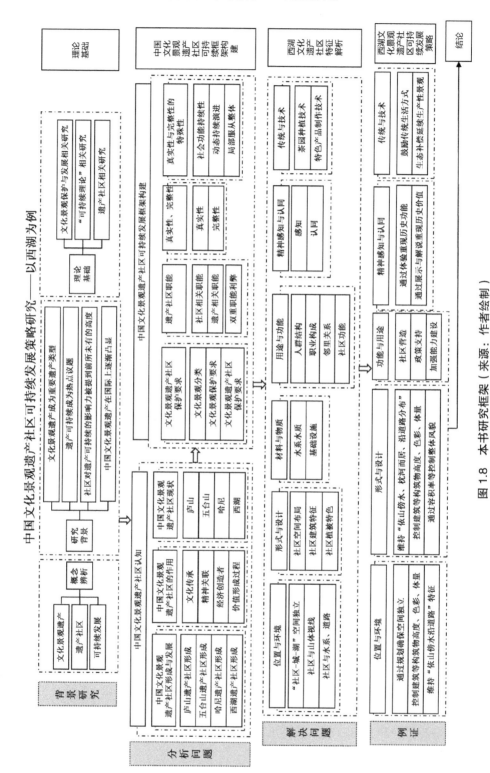

图 1.8 本书研究框架（来源：作者绘制）

1.6 本章小结

本章首先在研究背景中阐明文化景观已经成为中国非常重要的一种遗产类型，并且中国文化景观世界遗产数量不断增加——除了庐山文化景观以外，其余均为近 8 年登录。中国的文化景观后备力量充足，列入《预备清单》的只是很小一部分，今后将有更多文化景观登录。此外，这些文化景观中大多有社区存在，但这些社区在申遗后都有较大幅度的改变。通过这些论述说明遗产社区可持续发展研究的必要性。

接着本章分别就题目中的几个关键词进行概念辨析，明确本书讨论的文化景观皆是在世界遗产框架下的文化景观世界遗产，非一般文化景观。遗产社区是指在特定地域内（即世界遗产提名范围内）的社会共同体，共享相同地域基础，具有共同文化传统、文化认同感、荣誉感、归属感等，在文化、生活上相互关联的大集体。

之后进一步明确了研究对象，限定本书的研究对象只是文化景观世界遗产提名范围内的社区。再者，论述了研究的目的与意义。最后第 1.5.1 节和第 1.5.2 节总结了全书的研究内容与研究框架。

第 2 章 相关理论研究与文献综述

与本书相关的主要是以下三大理论板块：文化景观基础理论、可持续理论以及与遗产社区相关的理论研究，本章分别依次对各个理论体系近些年的研究动向、国内外研究情况进行阐述，作为下文的理论基础。

2.1 国内外研究动态

2.1.1 文化景观的亚太地区进程

东西方在文化背景与价值观念上的差异较大，双方在遗产的评估和审美的标准方面也不尽相同。一直以来实施的世界遗产评估标准主要是以欧洲遗产为研究对象制定出来的，尤其受意大利遗产保护理念的影响，因而侧重对物质遗存的维护。但这套标准用于评估亚太文化遗产有一定不适应性，因为亚太地区尤其亚洲地区文化遗产普遍表现出遗产与现实生活，特别是文化生活之间的紧密联系。许多纪念物、建筑等依然和现实生活密切结合在一起，较少呈现出与现实分离的遗址状况。一直以来，世界遗产名录处于不平衡状态，早在1994年，联合国教科文组织下属的世界遗产委员会便已发现世界遗产过度集中在欧洲等少数地区，在亚太地区特别少这一情况。

文化景观类别的出现为亚太地区文化遗产打开了新的一个窗口。1992年以后，最初登录的文化景观大多来自亚太地区，如新西兰汤加里罗国家公园（1993）、澳大利亚乌汝鲁—卡塔楚塔国家公园（1994）、菲律宾科迪勒拉水稻梯田（1995）、庐山文化景观（1996）。文化景观强调的人与自然之间的相互作用关系恰好将亚太地区普遍存在的聚居生活智慧纳入"突出普遍价值"框架中，使原先无法得到认可的遗产因此被人们认识和理解。

尽管如此，亚太地区地域文化的特殊性仍然非常突出，为保证世界遗产名录的代表性、平衡性，帮助亚太地区文化遗产顺利登录，联合国教科文组织还做了很多相关工作来加深对"亚洲文化"的理解，加强对亚太地区遗产特殊性的研究，探究亚洲在思维方式与审美观念方面与西方文化之间的差别。

以 ICOMOS 的 2005 年专题报告《世界遗产名录：填补空白——未来行动计划》为例，该报告对世界遗产状况进行了分析，其中大量内容涉及亚太地区。2005 年，联合国教科文组织在意大利与越南政府的资助下，将南亚、东亚和东南亚的建筑考古、市镇规划及遗产地管理等领域的专家召集到越南会安，讨论并通过了《会安草案——亚洲最佳保护范例》（以下简称作《草案》）用以指导亚洲遗产内在价值的保护。《草案》对"文化景观"重新作出阐释，一致认为："文化景观是指与历史事件、人物、活动相关或展现出各式各样文化或美学价值的地理区域，不仅局限于其中的文化内涵，更包含其中所有的自然资源及野生动物或家禽家畜等。"这个解释拓展了文化景观遗产的范畴，据此定义，发生过重大历史事件的地域，如著名战役发生地、著名人物生活纪念地、有审美价值的自然景观等都可归为于文化景观。这也是对亚太地区遗产的深入理解的表现，亚太地区文化景观大多包含非物质要素。同时修订世遗提名标准来"适应"亚洲文化的特殊性，使标准更具多面性与全球视野。比如提名标准认可了"活的文化""价值交流"，某种程度上说也为亚太文化遗产登录创造了条件。同时文化多样性的推广、遗产概念的拓展等等也都是亚太地区文化景观得到全球认可的因素。

2.1.2 文化景观保护发展新动向

回看近 10 年发布的遗产保护宪章与宣言等，讨论的重点几乎都是围绕着遗产可持续发展或是加强社区对遗产发展的作用。

1）遗产可持续发展被放在越来越重要的位置

2009 年第 33 届塞维利亚大会上，就《公约》和《操作指南》第 41 至第 44 段规定范畴内的多边环境协议进行了讨论，并通过两大重要决定，要求：

"世界遗产中心重视可持续发展的概念，并在其一切相关行动中对其进行应有的考虑；以及世界遗产中心继续与其他多边环境协议的秘书处进行合作，可通过生物多样性联络组及包括多边合作在内的其他机制，促进协同效应的发挥和行动的一致性。"

2012 年，为纪念《公约》40 周年，世界遗产委员会举办了以"世界遗产和可持续发展：社区的作用"为主题的活动，并在全球多个国家举办。同年，"世界遗产与可持续发展"论坛在中国贵州荔波世界自然遗产地举办。论坛围绕世界遗产与可持续发展的理论、方法和经验展开讨论，并就遗产社区规划与发展、遗产的合理利用与价值提升、生物多样性保护、地方参与等议题进行了主题发言，就世界遗产地可持续发展的成功案例进行了经验分享与交流。《荔波宣言》（2012）强调在遗产保护中应充分发掘社区居民的作用与

潜力。文中在第3、4、5、6条就发掘社区居民的作用与潜力提出具体策略，如下：[1]

"3. 鼓励社会公众、尤其是青年一代，提高对世界遗产的认知，并为他们参与遗产保护事业提供机会。

4. 鼓励和保证当地社区居民与地方政府、科研院所、利益相关者共同合作，以创新和负责任的方式参与世界遗产保护事业，这在旅游规划和管理方面尤为重要。

5. 世界遗产地当地社区居民的技巧技艺、传统习俗、道德信仰等都是遗产地特有的非物质文化遗产，增强了遗产地的价值和独特性。这些资源和价值应得到充分认可，并在制定相应保护管理手段时加以考虑。当地社区是重要的利益相关者，在世界遗产管理和可持续发展中应做出积极贡献，从而使每个人受益。

6. 通过建立包括信息技术在内的有效途径，确保当地社区居民充分认识到世界遗产价值的重要性，以及可持续发展与他们福祉的相关性，从而达到当地社区和世界遗产地的双赢。"

2）越来越强调社区对遗产可持续发展的重要性

《西安宣言》（2005）提出鼓励专业培训、社区教育和展示，以及公众意识的培养，促进各种知识分享与合作，来应对人类社会发展给古迹遗址及周边环境带来的改变。[2] 同时，在第12条指出"12. 同当地和相关社区的协力合作和沟通，是古迹遗址周边环境保护的可持续发展战略的重要组成部分……"

2011年的《杭州宣言》是针对城市文化景观保护的建议，文中第3、5、6条都提到了"人"对遗产"活态"保护的重要性，充分强调人作为文化景观活的要素对遗产的重要性。

"3. 强调活态遗产保护。文化景观不但是静态的历史物证，更是活态的历史延续。人的生活才是城市文化景观之"魂"，只有注入生活，文化景观才是富有生命力的、鲜活的。要坚持文化的传承与生活的延续，从过去注重历史建筑的静态保护，延展到遗产地原住民生活状态与生活场景的活态保护，真正体现文化景观在保存城市记忆、凸显城市特色中的特殊价值。"[3]

1　世界遗产与可持续发展论坛荔波共识，2012年6月2日，中国 贵州荔波
2　联合国教科文组织，西安宣言——关于古建筑、古遗址和历史区域周边环境的保护，2005
3　李明超. 城市文化景观遗产保护的交流与探讨——首届城市学高层论坛城市文化景观遗产保护分论坛综述 [J]. 中国名城，2011（11）：12-15

2013年的《庐山宣言》[1]是针对世界遗产文化景观所提出的专项性保护宣言。该宣言在世界遗产文化景观的价值、文化景观保护和组织管理工作上达成了共识。在法律、管理、规划、研究、当地社区参与以及公共意识提高等问题上都提出相应了的倡导,体现了想要实现文化景观长期发展与保护的共同目标与愿景。[2]这是世界遗产事业40多年以来又一里程碑式的重要节点。

Michael Turner[3]对2000—2011年间世界遗产委员会决议和摘要记录进行了全面梳理,"可持续(sustainable)"与"可持续性(sustainability)"出现频率如表2.1所示。

表2.1 可持续提及次数统计表

时间	内容
第24届大会决议报告（2000年,澳大利亚凯恩斯）	提到可持续性5次,但未提及可持续发展
第31届大会决议报告（2007年,新西兰基督城）	提到可持续性19次,其中包括5次特别提及了可持续发展
第35届大会决议报告（2011年,巴黎）	共提到可持续性71次,可持续发展9次

如表2.1所示,2000年以后,遗产可持续发展是热门议题,在联合国遗产委员会会议与纪要中提及次数骤增。遗产委员会确已将遗产的可持续性与可持续发展纳入考虑范畴。

2.2 文化景观与保护发展相关研究

2.2.1 "文化景观"的出现：新视角与方法论

文化景观的提出是具有划时代意义的,它不仅开启了一种新的遗产类型,更是一种理解遗产的新视角与方法论。1992年10月,世界遗产中心邀集国际专家在法国Alsace镇共同改写世界遗产公约的《操作指南》,将文化景观放进世界遗产的架构中。同年12月,美国圣达菲第16届世界遗产委员会上,有关专家经过激烈讨论,认同"文化景观"在未来的重要性,表决通过将其定位为"全球性策略"(The Global Strategy),新增到《操作指南》中,作为文化遗产的子项。也就是说,1992年的《操作指南》成为第一个保护、承认

---

1 也叫《世界文化景观——庐山宣言》。2013年10月,"东亚世界遗产文化景观"论坛在庐山举行,8个国家和地区的代表参会,并通过了《庐山宣言》。
2 联合国教科文组织,世界文化景观——庐山宣言,2013
3 UNESCO. World heritage and sustainable development[EB/OL], 2013 : 19-25 http ://whc.UNESCO.org/en/sustainabledevelopment

文化景观的国际性法律工具。"文化景观"的提出标志着世界遗产研究方向及视野的重要转向，为今后相关领域研究提供了指引。

（1）"文化景观"类别的提出，突显文化对于"自然"的影响力

"文化景观"类别的提出，丰富了文化遗产中"自然"的意义，打破了原先"自然遗产""文化遗产"两分的局限性，在尊重文化多样性的前提下，突显文化对于"自然"的影响力。比如菲律宾的科迪勒拉水稻梯田（Rice Terraces of the Philippine Cordilleras，1995）就是非常典型的例子，作为当地原住民通过长期生活耕作后形成的人类历史上规模最大的人造灌溉系统，其对世界农业文明的贡献无可比拟，亦是东南亚农耕文化的重要组成部分，其全球普遍价值非常突出，也被提名为世界遗产，但在归类的时候却发现无类可归。可以确定的是，它不是自然遗产，因为虽然梯田自然景观优美，但它的突出的价值不仅仅是水稻景观本身更是蕴藏在梯田背后的人类对土地利用的技术——完整的梯田水稻耕作系统，该遗产是在这一技术下产生的景观，充分体现了文化、技术对自然的影响。虽然按价值来说菲律宾的科迪勒拉水稻梯田与传统文化遗产不同，但在当时只能归类为文化遗产。相较于一些典型的文化遗产比如明清皇宫、秦始皇陵及兵马俑坑等这一类在某种文明或地域文化影响下人类设计建造的构筑物，它们之间存在很大的差别。在过去的遗产体系中，比如牧场景观、少数民族聚居地等这种代表某一地域的人类在生活、生产过程中创造的独特的土地利用方式或者说生活智慧，并未被上升到世界遗产层面来看待。

"文化景观"就是在这样的背景下应运而生，UNESCO 重新审视自然与文化之间的关系，决定将"文化景观"作为一种特殊的遗产类型另外归类。文化景观的产生是对既有世界遗产构成体系的补充和完善。随后，像葡萄牙上杜罗葡萄酒产区（Alto Douro Wine Region，2001）、托卡伊葡萄酒产地历史文化景观（Tokaj Wine Region Historic Cultural Landscape，2002）等反映土地资源利用关系的遗产，或者类似伊朗梅满德文化景观（Cultural Landscape of Maymand，2015）[1]反映干旱的沙漠地区游牧系统的遗产也相继以文化景观的名义顺利登录世遗名录，使世界遗产的类型更加完整。

（2）文化景观类别的出现使原先不被关注的、与生活紧密相关的遗产有机会被纳入世界遗产框架中

遗产社区中的人类，在生活、生产过程中创造出的独特的土地利用方式

---

[1] 梅满德是伊朗中部山脉南端终点谷底尽头孤立的半沙漠地区。居民是从事农牧业的半游牧民族。他们在山区牧场放牧，春秋两季住在山区临时定居点，冬季则住在山谷底部在软岩（卡玛尔凝灰岩）上凿出的窑洞里，这种窑洞在干旱的沙漠地区非常罕见。这一文化景观呈现了一套过去曾经非常普遍的游牧系统，一种典型的人类迁徙。

或者生活智慧，正代表了文化景观所说的"人"的要素对自然的作用结果。作为有"人"生活的遗产社区，无论其中的人们在后续的生产生活中是否能创造新的价值（价值的产生具有偶然性），但只要保持传承原有的文化传统，并加入现在这个时空的历史信息附加在遗产社区上便是一种演进。

2.2.2 "景观"概念的拓展：景观不分贵贱

"文化景观"的提出为人们提供了一种新的审视"景观"的视角，景观不仅是物质的要素，更包含文化的要素。2000年的欧洲景观公约拓展了"景观"的定义，认为除荒野地这种完全没有人类使用痕迹的土地之外，其他任何景观都是文化景观。《欧洲景观公约》是公认的21世纪对景观思考的一场革命，总结其突破与发展主要集中于以下两个方面：

2.2.2.1 "景观"概念的突破——从物质要素拓展到非物质要素

《欧洲景观公约》再次扩展了"景观"的概念与内涵，文中提出：**"景观是人们所能感知的一切人与自然相互作用的结果。"**[1]

景观不仅仅是肉眼所能看到的物质场所，其中还包含场所中的非物质要素，一切人所能感知到的事物都属于景观范畴，比如人对场所的记忆、认同感、归属感等。这一论断大大拓宽了景观的意义，对景观的理解更加全面、深刻。这一版对"景观"的定义也是至今为止得到最广泛认可的景观的定义。"景观"概念的拓展与外延让人们重新思考景观保护的方法与内容，全球的保护思路逐渐从保护景观中的有形要素延伸到还需要保护非物质要素。"景观"概念的突破是景观保护发展的一个新的契机。

《欧洲景观公约》通篇没有像《公约》那样特别提及"文化景观"，仅以"景观（landscape）"作为描述，因为，他们认为欧洲的所有景观都受到了人类活动的影响，都具有一定的人文属性，包含人文内涵不存在像美国那样的"荒野地"，因此无需特别强调"景观"与"文化景观"的区别。"景观"既是一种看待环境的方式，也是环境本身，"景观"的概念是高度文化性的，"文化景观"是在"景观"的基础上增加了描述性的前缀"文化（的）"，更加强调人与自然之间的关系以及景观中包含的有形的和无形的文化价值。[2] 文化与景

1　Council of Europe Landscape and sustainable development : Challenges of the European Landscape Convention[DB/OL]. 2001 : 2 https : //rm.coe.int/CoERMPublicCommonSearchServices/DisplayDCTMContent?documentId=09000016802f24d2　原文：Landscape means an area, as perceived by people, whose character is the result of the action and interaction of natural and/or human factors.
2　Nora Mitchell, et al. Cultural Landscape : A Handbook for Conservation and Management. World heritage paper series 2009

观两者是相互包含的，是无法割裂开来看待的。

2.2.2.2 "景观"不分贵贱

《欧洲风景公约》中从没有用"特殊的"或"好的""坏的"这一类判断性的词来形容景观。因为《欧洲风景公约》的根本思想是：所有的景观都是重要的。尤其不应该将通常认为的"杰出的"景观区域圈出，而牺牲周边其他景观的价值来保护圈出的所谓的杰出的景观价值。所有景观都是有价值的，都承载着人类活动的历史信息，不应该厚此薄彼，景观的发展不应该最终成为圈出的几个主题公园式的保护区，景观保护不是保护单独的几处"孤岛式的"所谓的"资源点"。"景观"不分贵贱观点的出现，颠覆了当时的遗产评估方式，继而从20世纪90年代起，在欧洲慢慢发展、衍生出一套完整的景观性格评估理论体系（LCA），用于管理景观的改变。这套体系已经在以英国为代表的欧洲大量国家的全国范围内全面实行。

景观不分贵贱。在文化景观世界遗产中，以往被忽略的遗产社区与历史遗迹一样有价值，同样值得保护，同样承载了在遗产文化价值熏陶下产生的内在发展逻辑。但是中国现在的文化景观世界遗产保护规划中关于遗产社区的部分一般采用风景名胜区居民调控办法，其对居民人口规模的控制有一定效果，但对社区文脉与地脉延续与传承方面的引导甚少提及。遗产社区是持续演进中的景观，在现代社会经济等外力影响下，社区的合理演进需要加以把控与引导。

2.2.3 文化景观保护方法的转变：场所精神

近代景观保护要求是从以欧洲为中心的保存与维护论到普世性、多样性保护方法的转变。近代遗产保护的重要依据是1931年的《雅典宪章》以及1964年的《威尼斯宪章》，后者是对前者的继承与发展。《威尼斯宪章》是由Piero Gazzlla(1908—1979)、Roberto Pane(1897—1987)、Guglielmo De Angelis d'Ossat(1907—1992)、Raymond Lemaire，及当时的ICCROM副主任Paul Philippot等人起草的。其中Pane是《雅典宪章》维护者Giovannoni的学生，Gazzlla是Giovannoni修复理论的拥护者，Giovannoni起草过意大利修复规范。因此《威尼斯宪章》深受意大利保存与维护理论影响，是一部以物质遗存保护为基础的文化保护思想体系。

《威尼斯宪章》无论从参与起草者到修复观点，都是以欧洲为出发点，因此在面对不同文化区域时必然有不适应性，尤其是当亚太地区世界遗产进入国际视线后，使1964年提出的遗产的"真实性"检验标准产生争议。亚太地区因气候、文化、经济等的差异孕育出的遗产在文化表现形式上有所不同，不仅包含有型要素，同时还包括无形要素。"遗产"不一定只是一栋建筑、一个花园，也可以是历史城镇、宗教圣地、文化线路……同时包括民俗节庆、神话传说、语言、舞蹈等。《华盛顿宪章》总结了各国20多年的保护实践经验，明确指出历史地段甚至更大范围的历史城镇、城区也应得到保护，并提出相应的保护意义、保护原则与保护方法。该宪章进一步扩充和升华了历史遗产保护的概念和内涵，意识到遗产保护和延续对当地居民的感化与教育作用。提出要保持历史城市的地区活力，满足现代生活的需求，解决保护与现代生活方面的问题。[1]

总的来说，"遗产"概念与内涵不断外延、拓展，遗产保护内容也越来越宽泛，从只保护"纪念物"转移至保护"包括周边的环境"；从仅仅保护宫殿、寺庙等历史建筑单体，发展到对传统民居、作坊等这一类与人类生存相关的，反映传统人居生活方式的物质实体的保护；从保护单体的文物建筑到保护建筑群及其周围环境；从保护历史名街到保护历史名城；从保护有形物质文化遗产到保护精神崇拜等无形文化遗产[2]。从遗产保护发展轨迹来看，保护理念从局部转变到整体；从单体建筑发展到包括周边环境；从对单一对象的保护扩展为对"场所"的保护。

文化景观概念的提出使得在以前可能会以文化遗产登陆的现在转而以文化景观登录。因此，才有了类似中国的庐山、五台山、西湖这些遗产作为文化景观登录，即不应单单从历史遗迹的角度去理解它们，更应从历史遗迹与遗迹周边的环境（包括遗产社区）之间的关系、遗产地内各要素一体化的角度去理解，它们相互间都有一定连结关系，不是孤立的。

1992年，世界遗产大会成为全球文化景观认定和保护的第一个国际性合法机构。在认定和保护过程中综合考虑了多样化的地域文化差别、当地居民与自然环境的文化碰撞和相互影响。文化景观遗产保护方法近年来最大的改变是不再拘泥于将遗产维持在过去的某一种状态，而是把"人"与"物"统一起来，强调遗产"人"介入"自然"后，随着时间推移产生的连续性演变。遗产保护的方法已经由孤立的、纪念碑式的保护方法向地域传承方式转变。遗产不再是单独保护物体的集合，还是一个随着时间推移累积的地域文化历史信息的集合。

---

1 肖竞. 历史村镇文化景观构成与保护研究 [D]. 重庆：重庆大学，2008
2 张凌云，刘威. 欧洲文化遗产保护及对中国的启示——评《旅游文化资源：格局、过程与政策》[J]. 世界地理研究，2010（9）：168-176

2.3 "可持续发展"理论的相关研究

2.3.1 "可持续发展"概念的产生与发展历程

2.3.1.1 "可持续发展"概念产生的背景

20世纪六七十年代，欧洲经济最发达的那一批国家在经历了又一次经济大飞跃后，开始重新审视之前的经济发展轨迹，以期探索未来经济发展的可能性，结果人们惊恐地发现：当时的经济发展模式是以资源毁灭性破坏为代价，而且发达国家年人均消耗资源量是非洲国家年人均消耗量的20倍，从而意识到在未来的发展中，发达国家高能耗的生产、生活模式是不能被全球推广的，否则人类社会将在很短的时间内耗尽一切不可更新资源，同时使污染达到空前，使人类迅速走向灭亡。基于经济增长与环境保护的两难抉择，从欧洲10个国家中挑选了大约30名科学家、社会学家、经济学家和计划专家组建了罗马俱乐部（Club of Rome），共同探讨全球性问题的解决方法。

他们发布的第一份研究报告，即《增长的极限》（The Limits to Growth）中首次提出"零增长"的概念，大胆预言地球上的自然资源是有限的，因此经济不可能无限增长。该论断在当时引起了全球性的关注。人们开始重新审视和反思经济增长的概念，期望延长经济增长时间，从而使这个概念增添了"质量增长""净化的增长"或"适度的增长"等方面的内容，这是"可持续发展"概念的雏形。

2.3.1.2 "可持续发展"概念演变历程：环境-经济-社会-文化

回顾"可持续发展"理念的发展与演变历程，可以用表2.2中的四次国际会议作为时间节点。

表 2.2 可持续理论发展的标志性成果

时间	会议	文件
1972	联合国人类环境研讨会	《人类环境宣言》
1987	世界环境与发展委员会	《我们共同的未来》
1992	里约高峰会议	《里约环境与发展宣言》
2012	"里约+20"峰会	《我们希望的未来》

资料来源：作者绘制

首先，在1972年的"联合国人类环境研讨会"(United Nations Conference

on the Human Environment)[1] 上发布的关于"可持续发展"的原始理论，明确了缔约国应履行的责任与享有的权利，并建议建立联合国环境规划署UN Environment Programme (UNEP) 来决定优先环境保护项目（priority conservation issues）与关键政策决策（key policy options）。当时讨论的"可持续发展"关注的核心是环境保护。

接着，在1983年的"世界环境与发展委员会"[2]上，各国对人类环境和自然资源恶化表达了忧虑。4年后，1987年发布了《我们共同的未来》(Our Common Future)，也叫《布伦特兰报告》(the Brundtland report)[3]，文件从人口、粮食、物种和遗传、资源、能源、工业和人类居住等方面提出应对策略，是当时各国可持续发展项目的指导手册。会议上还提出了迄今为止最广泛被接纳的"可持续发展"的定义："既满足当代人的需求，又不损害未来一代人满足他们需要的发展。"[4]《布伦特兰报告》具有里程碑意义，为1992年里约峰会推进全球可持续发展制度化奠定了基础。

1992年的"里约高峰会议"(The 1992 Rio Summit) 发布了《里约宣言》(Rio Declaration)，其附录《可持续发展21世纪章程》(Sustainable Development Agenda 21) 提出了全球互利互助、通力合作的可持续发展战略计划，是当时实施可持续发展的纲领性文件。通篇40多个独立章节，分别从经济、社会、环境三方面探讨可持续发展策略，并重申发达国家应贡献国民生产总值（GNP）的0.7%为其他国家提供发展援助，尤其是发展中国家的环保技术更新。[5] 有三个重要的环境管理工具在里约峰会达成：联合国气候变化框架公约 (UNFCCC)、生物多样性公约 (CBD) 和不具有法律约束力的森林原则声明（Forest Principles）。"可持续发展"理论框架在1972—1992年之间，通过一系列的国际会议慢慢演进完善。至《21世纪议程》，全球对可持续发展达成广泛共识，并开始将其广泛应用到各个领域。1998年，里约峰会前秘书长Maurice Strong 在其发言中表示，可持续发展已得到全球人们的广泛认可。[6] 然而，这一份发展规划主要是从社会、经济、环境三方面探讨，在文化方面

---

[1] 1972年在瑞典斯德哥尔摩召开。之后在1982年肯尼亚内罗毕的第二次会议上继续探讨相应的理论。
[2] World Commission on Environment and Development，简称WCED，1987年在东京召开，是第一个探讨全球可持续发展的国际会议。
[3] 因1983年的世界环境与发展委员会是由挪威首相Gro Harlem Brundtland主持,因此以他名字命名。
[4] John Drexhage, Deborah Murphy. Sustainable Development : From Brundtland to Rio 2012[R]. World Commission on Environment and Development (WCED), 2010 : 45
原文:"Development that meets the needs of current generations without compromising the ability of future generations to meet their own needs."
[5] 唐广良．可持续发展、多样性与文化遗产保护 [J]. 贵州师范大学学报(社会科学版)，2005(4)：26-33
[6] 原文："has been embraced by people throughout the world."

是缺失的。

2012年的"联合国可持续发展会议"[1]（United Nation Conference on Sustainable Development），即"里约+20"峰会（Rio+20）[2]，是自1992年"里约峰会"后最大的一次关于可持续发展的地球首脑会议，是20年后再次在巴西里约召开的重要会议。联合国秘书长潘基文曾将"里约+20"大会评价为联合国历史上最重要的会议之一。会议发布了《我们希望的未来》（The Future We Want）(2012)，文中的第6、10、11条提到：[3]

"6. 我们认识到，人民是可持续发展的中心。为此，我们努力创造公正、公平、包容的世界。我们决心共同奋斗，促进经济的持续包容性增长、社会发展、环境保护，造福万众。

10. 我们确认，国内和国际民主、善治、法治以及有利的环境对于可持续发展，（包括包容性的持续经济增长、社会发展、环境保护以及消除贫穷和饥馑的工作，）至关重要。我们重申，要实现我们的可持续发展目标，我们必须在各级建立有效、透明、接受问责、民主的机构。

11.……我们重申必须实现经济稳定，实现持续经济增长，促进社会公平，保护环境，同时增进性别平等，进一步赋予妇女权能，为所有人创造平等机会，增进儿童的保护、生存和发展，通过教育等途径使其充分发挥潜力。"

"穷人与富人之间有很大的落差，全球20%的人口消耗80%的资源。"

可持续发展就是在尊重自然规律的前提下维系生物多样性与文化表达的多样性，并在此基础上推动经济社会向前发展。关注的不仅仅是经济、社会、文化与环境四个维度的全面协调发展，同时还强调不同种族、国家、民族、地域之间的均衡发展及人与人之间的和谐共处问题。[4]

2.3.2 "可持续发展"概念进入遗产保护领域

"可持续发展"概念进入遗产保护领域可以追溯到1972年的《世界遗产公约》，虽然行文中并未正式提出"可持续发展"这种说法，但是，公约本身就是使遗产可持续发展的最佳佐证，制定《世界遗产公约》的目标旨在推动各缔约国相互合作与帮助，共同保护文化与自然遗产。保障世界遗产的永续

---

1 定于2012年6月在巴西里约热内卢举行，因为开会期间正值1992年里约峰会20周年，因此命名为"里约+20峰会"，也叫联合国可持续发展大会。
2 超过120个国家的元首和政府首脑出席，与会人数超过5万人。
3 UNESCO.The Future We Want[EB/OL].2012. www.un.org/disabilities/documents/rio20_outcome_document_complete.pdf
4 唐广良.可持续发展、多样性与文化遗产保护[J].贵州师范大学学报(社会科学版).2005(4)：26-33

存在与发展。

1978 年由 ICOMOS 在苏兹达尔举办的"当代社会中的历史与文化古迹"专题座谈会中的一个子论题为"历史古迹作为社会经济发展的支柱"。这表明，当时 ICOMOS 就已经开始思考遗产与发展之间的关系，只是文中并未出现"可持续发展"这一提法。

1994 年《操作指南》的第 38 段，关于"文化景观"定义的表述中，第一次正式出现了"可持续发展"[1]：

"（文化景观）是自然和人类的共同作品，通常反映了某种特殊的可持续土地利用技术（"sustainable use"）。"[2]

其中的"可持续发展"是以"可持续利用"这一说法提出的。2002 年的《布达佩斯宣言》，强调了要"确保平衡保护、可持续与发展三者之间的关系"。

2005 年，"可持续发展"被写入《操作指南》的开篇介绍（introduction）中，文中写道："自然和文化遗产的保护和保育本身就是对可持续发展理念的一个重要贡献。"（第 6 段）[3] 世界遗产的"可持续发展"与保护的目标是相同的。此后，世界遗产的可持续发展成为遗产界的主要热议话题之一。

2011 年（第 35 届会议，巴黎）的《操作指南》新增了关于可持续发展的条款，特别是在第 112，119，132 段，以及附件 5 中的 4.b 和 5.e。这些修订一方面是为了明确**遗产的可持续最主要是要保护遗产的突出普遍价值（OUV）的可持续性**，另一方面是确保世界遗产的管理系统"应结合可持续发展原则"，保护与管理两方面都应遵循可持续发展原则（第 64，111 和 123 段）。

2.3.3 "可持续发展"的重要条件：文化多样性

"文化多样性"是实现"遗产可持续发展"的重要条件之一。"可持续发展"概念在进入遗产保护领域的过程中，同样经历了从仅仅关注自然资源的保护到逐渐将经济、社会、文化三大要素共同纳入的过程。

人类关于"可持续发展"的思考源于人类发展与自然资源永续共存之间的矛盾：缘起自 20 世纪 60 年代，人类逐渐体会到对资源无节制利用与环境污染将会导致赖以生存的自然资源迅速枯竭和生态环境恶化，并将反过来阻碍经济发展甚至危及人类自身生存，因而提出了自然环境保护、生态多样性、

---

1 http://whc.UNESCO.org/en/sustainabledevelopment
2 《操作指南》第 88 页，原文："Cultural landscapes often reflect specific techniques of sustainable land-use."
3 《操作指南》第 2 页

有序开发等设想，并采取了一系列措施，包括《公约》的制定等，旨在保护自然环境，恢复自然的生态多样性。在很长一段时间内，遗产可持续发展的重点是保护遗产的自然生态环境，并没有将"文化"与可持续发展联系起来，忽略了人与人、文化与文化之间的和谐永续共处关系。

近十几年来，当人们的物质生活水平越来越高时，逐渐意识到在物质生活得到保障后，文化与精神追求是人类维持生存的精神食粮，是人类生活中不可缺少的元素之一。纵观人类发展史，承认与尊重文化的多样性是世界和平发展的前提，"二战"中的种族大屠杀便是由于信奉文化"一元论"导致的，一种文化征服和驱逐另一种文化，即文化分贵贱。"二战"的血泪教训是深刻的，然而在当代，类似现象仍在继续发酵，全球化进程可以被视为西方文明作为主流文化慢慢吞噬其他文明的过程，遗产保护过程中原住民文化被摈弃或被严重压缩的现象屡见不鲜。2000 年，以可持续发展为主题的约翰内斯堡峰会认为，文化多样性是可持续发展的第四大支柱，其他重要支柱分别是经济、社会和环境。[1]

2001 年《世界文化多样性宣言》的发布无疑是人类发展史上的一大进步，该宣言指出：对于自然界而言，文化多样性与生物多样性一样重要。第 1 条称：文化多样性是人类的共同遗产。

"文化在不同的时代和不同的地方其表现形式不同。这种多样性的具体表现是构成人类的各群体和各社会的特性所具有的独特性和多样化。文化多样性是交流、革新和创作的源泉，对人类来讲就象生物多样性对维持生物平衡那样必不可少。"[2]

《世界文化多样性宣言》的发布充分体现了人类对于人权与自由的向往。在 2010 年《联合国文化和发展决议》中称："**文化遗产及其多样性是可持续发展的媒介**"，决议强调"**认识到文化是丰富多样性的来源，也是当地社区、种族和国家可持续发展的重要推动力，这将促使他们在发展活动中起到积极且独一无二的作用。**"在这些目标的深化过程中，《世界遗产公约》进一步推动着可持续发展的讨论，不仅举办了多届专家会议，还依托遗产保护状况报告有效地直面这些问题。

"文化多样性"作为近年来的新概念，经常出现在 UNESCO 的各种文件和战略计划中，也逐渐出现在世界遗产中心等文化遗产保护领域中，并紧紧跟随世界遗产保护领域近年来发展的新方向。正是出于对文化多样性的尊重，

---

1 李毓美，刘一婷，陆磊. 基于多重文化叠合视角的古镇复兴研究——以南通柳茶古镇为例[Z]. 规划 60 年：成就与挑战——成就与挑中国城市规划年会论文集（08 城市文化），2016（9）：623-633
2 UNESCO.UNESCO universal declaration on cultural diversity[EB/OL].2001：45 unesdoc.unesco.org/images/0012/001271/127162e.pdf

才使人们重视并充分认识到文化的地域性差异，尤其是亚太文化遗产与西方文化遗产的文化特征非常不同。亚太地区的文化大多与人们的生活密切相关，并且表现出明显的连续性，这种文化的连续性使亚太地区的文化传统更具活力。[1]

"可持续发展"的概念发展历程反映了人类对自身发展史不断总结、反思、改进的过程。现今得到最广泛认可的是从环境、社会、经济、文化四方面共同考虑，来实现遗产的可持续。近年来，可持续发展越来越强调社区在遗产保护中的作用。

2.4 中国文化景观遗产社区的相关研究

2.4.1 起源：基于农业生产的文化景观

与一般的村落一样，文化景观内的社区的聚居是自发的。中国的文化景观遗产地很多是风景名胜区，有山有水，是风水宝地，宜居的环境不可避免地吸引了相当数量的人口居住。人们为了耕作方便定居在农田附近，农田又靠近水系便于灌溉。社区内可耕作土地面积决定该土地范围能承载的人口数量，从而决定了社区的规模。

虽然，引起文化景观内社区聚居的原因多种多样，但中国传统社区在形成后，它的发展呈现向内性、孤立、分散的特性。

向内性这一特征与中国传统自给自足的农耕经济有关。中国自古是以农业经济为主体，社区主要依赖血缘、宗族关系维系，与外部联系较少。比如西湖的翁家山社区，最初的祖先姓翁，明代从福建迁徙而来，子孙们世代延续在此居住，至今该社区仍是翁姓者居多。

孤立、分散的特性与中国传统社会以农为本的自然经济模式有关。自然经济的目标是实现自循环，社区自然经济从生产、流通、分配、消费、到再生产都是为了满足社区的自循环，满足社区的自我供给。中国传统自然经济模式使居民、家庭、村落与外界联系的需求降到很低的程度，居民本身没有多少从外界获取信息的必要性，土地可以为居民提供生活所需的一切基本生活资料。这种向内型经济模式以自给自足的家庭为细胞，家庭经济的同构化决定了社区经济的单一化，每个社区犹如一个自给自足的经济单元（图2.1），向内独立发展。再一方面，古代社会交通工具落后，社区间联络比较困难，使社区生活相对闭塞。

1　吕舟. 文化多样性语境下的亚太地区活态遗产保护[J]. 建筑遗产，2016(3)：32

中国传统社区是以宗族血缘为纽带的社会，当家中添加了新人口时，便按照住宅形制在原来房屋的基础上，或连结在一起或分开的添加新房，因此社区整体住宅形制是有规律可循的，每个社区内部无论布局、建筑或景观都呈现出内在的结构性与秩序感。遗产社区可持续发展即是要维护这种特征。

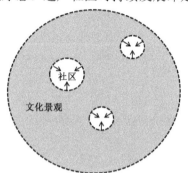

图 2.1　中国传统遗产社区向内、分散发展示意图
资料来源：作者绘制

随着科技的发展、先进交通工具的发明，社区间的联系开始增加，尤其是近些年遗产旅游发展较好，旅游经济的诞生打破了社区与社区之间一直保持着的原始的相对封闭绝状态，与传统自然经济不同，旅游经济是外向性的。促使遗产地内各社区在经济上联系在一起，围绕着旅游服务业，各社区进行合理分工，不同职能的社区形成社区发展体系，共同满足旅游服务及遗产保护的需求。我国各遗产地社区的区位分布是相对分散。比如牯岭社区在庐山文化景观的中部，而其他社区大多分布在山脚，位于边界附近。

2.4.2　本质：价值影响下的风景聚落

文化景观遗产类别的出现使与生活相关的社区景观有机会纳入世界遗产框架，社区中的人与自然的相互作用关系也进入景观价值体系中进行考量。这是一个重要的观念性转变，标志着世界遗产价值重点从精英的、审美的景观转向大众的、普通的景观。以往，文化景观中的社区景观可能因为太过熟悉或常见，所以其意义常被忽略或模糊了。

文化景观遗产社区绝不仅仅是一种理想化的意象或审美对象，而是以自然为背景的社会基本单元，是聚集在自然中的人们的日常生活场所，蕴含丰富的场所意义。社区的选址、景观结构、建筑空间形式等都体现了中国传统风水理念，以及遗产地社区文化基底的影响。

受传统儒家思想与道家哲学思想，长期影响着人们的意识形态和生活方式，因而创造的建筑、园林景观、风景诗词、山水画都是"天人合一"的。

中国人认为自然万物均处于相互联系、相互影响的过程中，主张把自然环境与人类作为一个整体去观察。正如孔子所言"生生之谓易"，即强调生活就是宇宙，宇宙就是生活，领略了大自然的妙处，也就领略了生命的意义。[1]《庄子·齐物论》曰："天地与我并生，而万物与我为一。""天人合一""物我合一"均是在中国传统的系统思维中，认为天、物、人三者之间存在着关联，人是自然的组成部分，天地运动往往直接与人有关，形成一种共生共存的关系。[2] 这点与"文化景观"中人与自然相互作用的共生关系是非常吻合的。比如西湖文化景观体现的山水美学是"天人合一"哲学思想的典型案例，景观园林的设计通过"情景交融""意在景先""景以境出"的方式追求"诗情画意""天然图画"的审美特殊性。[3] "雷锋夕照""三潭印月"等皆以风景风光隐喻精神境界，从而达到"天地与我并生，万物与我唯一"。如哈尼人在适应自然的过程中创造出一套完整的耕作体系，包含水牛、鸭、鱼类、鳝类、红米。在红米的耕种过程中，鸭子肥沃了稻米的幼苗，鸡和猪为更成熟的植株带来肥料，水牛为来年的耕作翻土，水田里的鱼、鳝消灭了各种害虫。社会、经济和宗教体系通过责任感以及自然的神圣性支撑着红米的耕种。这种弹性土地管理系统体现了社会和环境资源的最优化配置，展现了人与自然在精神、生态上的高度和谐，表现了对自然的精神崇拜以及对社会依存的崇敬，是"天人合一"的共生生态系统（详见第3.1.3节）。再如五台山文化景观。在一千多年佛教文化熏陶下，随着各种宗教活动、建设活动的开展，代表佛教道场的景观开始被创造出来，产生具有皇家佛教道场的韵味与特色，比如代表朝圣线路的五大朝台，以及相关宗教建筑、遗址、遗迹等。也因为佛教活动的举办与寺庙经济的开展，逐渐开拓出山、寺、田、佛、僧、众之间的相互依存关系。五台山的自然地貌和佛教文化融为一体，人们把对佛的尊崇寄托在对自然山体的感佩之中，是"天人合一"思想的完美体现。

中国传统"自然观"包含文化要素，文化也涵盖自然的方面，因为我们认为庭院、园林是人类自己建造的大自然，它是文化带来的想象。中国人说的自然是包含文化元素的，包含美学审美的。"天人合一"思想推崇动态平衡，具有整体性、主观体验性、模糊性等特征。而其最突出的特点便是系统之间的 种相互激荡、作用而又相互协调、相互适应的良性的调控关系。[4]

"景观"（landscape）是西方词汇，与中国人自古理解的"自然"类似。正如上文所提到的，自《欧洲景观公约》之后，西方尤其欧洲普遍认为，景

---

1 王其亨. 风水理论研究 [M]. 天津：天津大学出版社，2005：45
2 吕红医. 中国村落形态的可持续性模式及实验性规划研究 [D]. 西安：西安建筑科技大学，2005：78
3 汪菊渊. 中国山水园的历史发展 [J]. 中国园林，1985（4）：16
4 吕红医. 中国村落形态的可持续性模式及实验性规划研究 [D]. 西安：西安建筑科技大学，2005：141

观不仅具有自然属性,同样具有"文化的内涵"。而自古以来,中国人说的"自然"就包含一定的审美观,经过人类改造、美化过的风景。[1] 比如西湖、苏州园林等掇造的风景,其实是在中国传统审美指导下对纯天然的大自然经过艺术创造后的结果,是具有如诗如画般意境的想象中的"自然"。而非西方传统概念上的"无人介入的纯的自然风貌"。基于传统的审美文化,中国人相信经过艺术加工的自然比原始自然更美。

2.4.3 保护:景观与文化之间的转换

根据《欧洲景观公约》的定义,景观是"人们感知到的一切人与自然相互作用的结果。"[2] 社区景观是"人"行为之后形成的"果",无论原住民、长期居住者或短暂居住者在社区这一特定环境中生活、生产,他们对环境的作用结果构成了社区风貌,如图 2.2 所示。

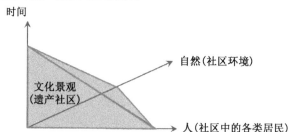

图 2.2 文化景观遗产社区构成要素示意图
资料来源:作者绘制

凯文·林奇在研究城市空间形态时曾提到:"社会中的文化和空间环境是相互关联的……两者之间的相互影响通过人这个变因而产生,两者都有复杂的内在逻辑,却又相互影响。"[3] 遗产社区中"人 - 文化 - 景观"之间的辩证关系如图 2.3 所示。社区是在人的聚集与生活中形成的不断演变的结构化空间,人的精神文化是社区形成的内在动因。因此,社区不仅是人的群居地,更是由不同人类精神文化组织和社交单元组成的集合。[4] 文化是无形的,并非物质实体,需要借助承载价值的客观实体而存在,也就是说,文化是以"寄生"的方式存在于一些物质实体上,或者说文化有其物质表现形式。

1　Han Feng. Cultural landscape : a Chinese way of seeing nature. In : Ken Taylor, Jane L. Lennon(eds), Managing Cultural Landscape[M].London : Routledge,2012 : 90-108
2　原文:Landscape means an area, as perceived by people, whose character is the result of the action and interaction of natural and/or human factors.
3　(美)凯文·林奇. 城市形态 [M]. 北京:华夏出版社,2007:36
4　齐骥. 城镇化视域下社区文化遗产发展研究 [J]. 中华文化论坛,2016(6):26-29

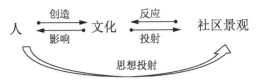

图 2.3　景观与文化之间的转换关系示意图
资料来源：作者绘制

社区中"人"的行为是影响社区景观物质特征的内在驱动因素。凯文·林奇在研究城市空间形态时曾提到："社会中的文化和空间环境是相互关联的……两者之间的相互影响通过'人'这个变因而产生，两者都有复杂的内在逻辑，却又相互影响。"[1] 文化景观遗产社区亦是如此，社区景观肌理、景观风貌都受社区人群结构、功能结构等社会因素的影响（社区人口流动对景观是有影响的）。比如一些外来人士购买某一区域的房屋，因他们的需要逐渐将景观改造的"高档化"，如在传统形式的庭院中修建游泳池，或者将原来居住的房子改造成商铺，亦或者新置换进入的人不再从事原始的农业生产，那么原有的生产性景观肌理就变得很难维系，类似的情况还有很多。由于外来人口的生活习惯、行为模式与原住民不同，遗产社区的建筑技术、空间形态、景观肌理等都会因此而发生改变。当外来人口比例达到一定程度时，遗产社区的整体风貌特点会随之改变甚至遗产社区的功能也会转变。原族群文化在外来新族群影响下发生改变，地方文化发生改变，文化景观也因此改变，影响了遗产的"真实性"和"完整性"。

2.5　文献综述

2.5.1　文化景观相关文献综述

国内对文化景观保护研究起步较晚，近年来以韩锋、严国泰、杨锐、邬东璠、庄优波、肖竞等为代表的专家学者正致力于文化景观在中国的推广。

韩锋教授一直致力于推动文化景观在国内的发展，自 2000 年初至今在国内外发表了诸多文章，一方面在国内推广文化景观认识论，加速中国在技术与理念上与国际文化景观保护体系接轨，例如《世界遗产文化景观及其国际新动向》阐述了对文化景观阶段性热点议题的看法以及她对文化景观发展前沿的思考[2];《文化景观——填补自然和文化之间的空白》指出文

1　（美）凯文·林奇. 城市形态 [M]. 北京：华夏出版社，2007：36
2　韩锋. 世界遗产文化景观及其国际新动向 [J]. 中国园林，2007(11)：18-21

化景观作为一种新的方法论为弥合世界自然和文化遗产之间的裂痕所作出的巨大贡献,并探讨了中国作为文化景观大国的现时机遇、潜在贡献及国家遗产预备清单的应对方法[1]。另一方面韩锋教授致力于在国际上为中国文化景观发声,强调中国的自然观与西方传统自然观之间存在认知差异,中国传统自然审美认知是对文化景观价值认知的扩充,中国传统的"天人合一"哲学思想是自然与文化的完美整合。Cross-Cultural Misconceptions: Application of World Heritage Concepts in Scenic and Historic Interest Areas in China重点阐释了由于文化差异性,外来词"景观"在中国的理解误区。中国传统风景名胜区的"景观"是自然与文化高度整合的,而非西方通常所指的是无人类介入的荒野地,两者存在很大差别。因此,若生搬硬套世界遗产体系的一些操作方法到中国作为风景名胜区的世界遗产中,比如以维护世界遗产生态自然为名将其中的原住民迁出是不妥的,是对遗产中活态要素的扼杀,严重破坏了遗产地几千年来形成的人与自然的关系。最后通过武陵源大量原住民外迁事件与九寨沟所有旅游服务设施一律退到沟外两个案例论证这个观点。Cultural landscape: a Chinese way of seeing nature[2]、the Chinese view of nature: tourism in China's scenic and historic interest areas[3]等文章向国际阐释了中国传统自然观与西方自然观之间的区别,强调中国风景名胜区对文化景观发展的特殊意义。

严国泰教授长期从事风景名胜区规划与文化景观保护发展等相关领域的研究,在文化景观理论融入中国风景名胜区规划发展实际方面做过很多探索,比如《建立文化景观管理预警制度的战略思考》构建技术预警系统解决遗产资源开发建设过程中出现的问题,确保遗产可持续发展。[4]《构建中国国家公园系列管理系统的战略思考》一文探讨了构建中国国家公园体系的可行性。[5] 在《中国国家公园系列规划体系研究》一文中提出中国国家公园系列分类方法,并探讨如何通过科学规划与制度管理手段走一条符合中国特色的发展之路。[6] 在《风景名胜与景观遗产的理论与实践》一文中提出基于环境哲学的"人与自然和谐为本"的风景名胜区生态文明发展理念,提倡风景名胜区规划设计尊重自然、结合自然,维护生物多样性,重视时空观与文化观,体现风景

---

1 韩锋. 文化景观——填补自然和文化之间的空白 [J]. 中国园林, 2010(9): 7-11
2 Han F. Cultural landscape: a Chinese way of seeing nature. In: Ken Taylor, Jane L. Lennon(eds), Managing Cultural Landscape[M]. London: Routledge, 2012: 90-108
3 Han F. The Chinese view of nature: tourism in China's scenic and historic interest areas[D]. Queensland University of Technology, 2006
4 严国泰, 赵书彬. 建立文化景观管理预警制度的战略思考 [J]. 中国园林, 2010(9): 12-14
5 严国泰, 张杨. 构建中国国家公园系列管理系统的战略思考 [J]. 中国园林, 2014(8): 12-16
6 严国泰, 沈豪. 中国国家公园系列规划体系研究 [J]. 中国园林, 2015(2): 15-18

名胜区的自然和文化多样性。[1]

此外，还有以清华大学杨锐教授为代表的一批专家学者近年来在探索符合我国国情的世界遗产保护与可持续发展方面也做了很多研究。邬东璠等研究了国内文化景观保护的现状，提出文化景观保护原则，认为文化景观保护尤其应保护人与自然之间的相互作用机制，重视对其中活态遗产的保护和展示。[2] 王应临、邬东璠等在《五台山风景区"僧民关系"探析》中探索当前情势下当地居民与佛寺间的相互关系，反思并提出一些改善策略。[3] 庄优波等人以九寨沟保护实践来阐明如何通过游客量的控制达到对遗产地生物多样性的保护。[4] 赵智聪等研究了作为文化景观的风景名胜区反映出的自然与文化的关系。[5] 贾丽奇、邬东璠从活态宗教遗产的概念与属性出发，分析五台山活态宗教遗产保护的关键因素，以及宗教社区在活态宗教遗产保护中的作用。[6] 庄优波、杨锐结合泰山、黄山、九寨沟等遗产地社区规划实践，提出社区规划范围应从区内到缓冲区再扩展到多层次区域。[7]

（1）真实性与完整性

1994 年的《奈良真实性文件》[8]是近年来关于真实性最权威的国际文献。2014 年的《NARA+20：on heritage practices，cultural values，and the concept of authenticity》对 1994 年提出的真实性评判标准进行了复议与完善，加入了这 20 年的实践经验总结。[9]真实性与完整性的相关研究论文也有很多。王毅、郑军等认为不同类型的文化景观在真实性与完整评估的侧重应有所不同，并总结文化景观的真实性与完整性两者应如何平衡。[10]例如，对于大型特别是活态的文化景观来说，比起真实性要求更重要的是其功能结构与视觉上的完整性。镇雪锋在研习大量国际文献原文后总结出对真实性与完整性的理解，[11]主要从建筑遗产保护的真实性与完整性角度来论述，为国内学者对文化景观的

1　严国泰，韩锋. 风景名胜与景观遗产的理论与实践 [J]. 中国园林，2013(12)：52-55
2　邬东璠，庄优波，杨锐. 五台山文化景观遗产突出普遍价值及其保护探讨 [J]. 风景园林，2012(1)：74-77
3　王应临，杨锐，邬东璠. 五台山风景区"僧民关系"探析 [J]. 中国园林，2014(4)：63-66
4　庄优波，徐荣林，杨锐. 九寨沟世界遗产地旅游可持续发展实践和讨论 [J]. 风景园林，2012(1)：78-81
5　赵智聪，刘雪华，杨锐. 作为文化景观的风景名胜区认知与保护问题识别 [J]. 中国园林，2013(11)：30-33
6　贾丽奇，邬东璠. 活态宗教遗产地与宗教社区的认知与保护——以五台山世界遗产文化景观为例 [J]. 中国园林，2015(2)：75-78
7　庄优波，杨锐. 世界自然遗产地社区规划若干实践与趋势分析 [J]. 中国园林，2012(9)：9-13
8　UNESCO. 奈良真实性文件 [EB/OL]，1994，http：//twh.boch.gov.tw/taiwan/learn_detail.aspx?id=145
9　《奈良+20》[EB/OL]，http：//www.japan-icomos.org/pdf/nara20_final_eng.pdf
10　王毅. 文化景观的真实性与完整性 [J]. 东南文化，2011(3)：13-17
11　镇雪锋. 文化遗产的完整性与整体性保护方法 [D]. 上海：同济大学，2007

真实性与完整性理解奠定了基础。曹译匀从设计与形式、材料与物质、使用与功能、位置与环境等七个方面及遗产价值真实性角度分析价值载体的真实性，重新审视庐山牯岭街改造情况，并对每栋建筑的改造提出建议与方案。[1] 张成渝论述了自然遗产的真实性与完整性内涵。[2] 吴晓等阐释了明显陵的真实性与完整性。[3] 温淑萍以沈阳故宫的保护管理为例论述其真实性与完整性。[4] 宋峰等分析了各个版本《操作指南》对遗产完整性认识的演变历程。[5]

（2）关于遗产价值的解读

韩锋等以历史断代研究方法解读扬州瘦西湖。[6] 王毅对 67 处已列入《世界遗产名录》的文化景观进行类型分析，根据《操作指南》中文化景观的 3 大类型，分析了各种类型的特征，抓住了 OUV 标准在各类型文化景观应用中的一些特点。[7] 文芸等论述了遗产在美学层面、历史层面、经济层面、艺术层面等的价值。[8] 徐青梳理了在中国传统自然观引导下的风景名胜区自然实践与西方文化景观理论实践的价值重点。[9] 孙文山介绍了解放前五台山寺庙经济情况。[10] 易红针对中国各类别的文化景观做出分析，提出基于地域的文化景观保护框架。[11] 冯铁宏详细追溯牯岭镇从相地到避暑地从建造到繁荣的这段历史。[12]

（3）文化景观与风景名胜区结合

学者们尝试将文化景观认识论应用于风景名胜区保护管理中，探讨如何使风景名胜区自然与文化水乳交融的特性更好地得到识别与保护。例如清华大学赵智聪博士以文化景观为着眼点，探讨作为文化景观的风景名胜区的自然资源与文化资源的保护与发展。[13] 王应临将社区价值体系分为价值

1　曹译匀. 庐山牯岭街文化景观价值的真实性研究 [D]. 上海：同济大学，2013
2　张成渝，谢凝高. 真实性和完整性"原则与世界遗产保护 [J]. 北京大学学报 (哲学社会科学版)，2003(02)：62-68
3　吴晓，李雁. 世界文化遗产明显陵原真性与完整性的保护与阐释 [J]. 中国文化遗产，2016(3)：16-21
4　温淑萍. 世界文化遗产"完整性"分析 [D]. 长春：吉林大学，2008
5　宋峰，祝佳杰，李雁飞. 世界遗产"完整性"原则的再思考——基于《实施世界遗产公约的操作指南》中 4 个概念的辨析 [J]. 中国园林，2009(5)：14-18
6　韩锋. 2500 年　战争与和平的交响：扬州瘦西湖文化景观的历史断代研究 [M]. 南京：东南大学出版社，2013
7　王毅. 文化景观的类型特征与评估标准 [J]. 中国园林，2012(1)：98-101
8　文芸，傅朝卿. 当代社会中遗产价值的保持与维护 [J]. 建筑学报，2013（6）：77-96
9　徐青. 庐山风景名胜区文化景观价值体系研究 [D]. 上海：同济大学，2017
10　孙文山，孙叔文. 五台山寺庙经济简述 [J]. 五台山研究，1986(6)：21-24
11　易红. 中国文化景观的保护研究 [D]. 西安：西北农林科技大学，2009
12　冯铁宏. 庐山早期开发之牯岭的形成 [J]. 中国园林，2012（3）：285-295
13　赵智聪. 作为文化景观的风景名胜区认知与保护 [D]. 北京：清华大学，2012

客体与价值主体两大部分。[1] 黄纳、袁宁、孙克勤采用相关分析法分析环境保护支出与旅游发展两者间的关系，得出西湖旅游发展与环保成本成正比的结论。[2]

（4）西湖文化景观研究

与西湖相关的研究不胜枚举，关于西湖文化景观的研究也很多。在价值解读方面，沈悦[3]指出颐和园和广州惠州西湖在景观整体空间结构、题名景观设计等方面深受杭州西湖的影响，并将三者进行了对比。沈悦、熊谷洋一等尝试分析西湖景观变迁过程。[4] 陈玲分析了西湖景观形成的过程，认为应分为层化、境化、名景化三个过程。[5] 潘杭分析了西湖景观与杭州城市空间设计之间的相互影响关系，提出西湖东岸建筑限高方案。[6] 宋涛等结合西湖历史遗迹，梳理了佛教文化在杭州的发展过程。[7] 傅舒兰分析了城市发展对西湖景观的影响。[8] 陈同滨、傅晶、刘剑从世界遗产标准、遗产价值承载要素、完整性与真实性评估等方面，详细阐释了什么是西湖文化景观的"突出普遍价值"。[9] 倪琪、许萍在研究了西湖文化景观物质表象与精神内涵的构成要素、本质特征的基础上，提出西湖文化景观是以物质表象传达文化精神，因文化精神彰显景观深度，依题词点景实现意境升华。[10] 陈文锦从西湖文化景观的特色、西湖文化景观的构成等方面解读西湖。[11] 杨小茹、张倩介绍了作为"活态遗产"的杭州西湖文化景观的历史变迁、普世价值、保护管理状况、保护利用对策等内容。[12] 胡海胜等对过去十余年西湖文化景观申遗历程进行梳理，并对西湖文化景观未来保护管理工作，尤其对文化景观监测预警体系的建立和小区公众参与策略的制定进行了展望。[13] 李杰等对西湖作为中国山水哲学典范的遗产地的价值

---

1 王应临.基于多重价值识别的风景名胜区社区规划研究[D].北京：清华大学，2014
2 黄纳，袁宁，孙克勤.基于主成分指标的西湖文化景观保护与旅游发展相关性研究[J]. Sustainable Development，2013(3)：63-68
3 （日）沈悦.中国杭州西湖的景观形成及其影响研究[J].景观研究，2000(2)：162-169
4 （日）沈悦，熊谷洋一，下村彰男.中国西湖的景观构成及形成相关研究[J].景观研究，1995(5)：156-160
5 （日）陈玲.景观生成过程之研究——以杭州西湖为中心[D].东京：东京大学，1996
6 潘杭.西湖景观与杭州城市空间设计[J].时代建筑，1994(4)：38-43
7 宋涛.杭州佛教研究[M].北京；宗教文化出版社，2014
8 傅舒兰.杭州风景城市的形成史——西湖与城市的形态关系演进过程研究[M].南京：东南大学出版社，2015
9 陈同滨，傅晶，刘剑.世界遗产杭州西湖文化景观突出普遍价值研究[J].风景园林，2012(2)：68-71
10 倪琪，许萍.杭州西湖世界文化景观的物质表象与精神内涵[J].中国园林，2012(8)：86-88
11 陈文锦.发现西湖——论西湖的世界遗产价值[M].杭州：中国古籍出版社，2006
12 杨小茹，张倩."活态遗产"——杭州西湖文化景观的保护与利用[J].杭州文博，2014(1)：29-35
13 胡海胜，唐代剑.西湖文化景观的回顾与展望[J].地理与地理信息科学，2006（5）：95-100

及其可持续发展模式进行了探索。[1]

关于"后申遗时代"的思考方面，吕剑、杨小茹、余杰提出，西湖文化景观区的交通发展应该从传统的管理模式转型为以过境分流、需求管理、公交优先为主导的管控模式。[2]华芳、孙凯旋、陈玮玮采用"阻""疏""通"相结合的手段调控杭州西湖文化景观的整体游客量。[3]王竹等总结"后申遗时代"西湖文化景观可持续发展面临的问题，并对交通压力难以缓解、旅游压力远超出生态承载力、保护与开发及公共利益与私有资本的矛盾突出等现象提出相应对策。[4]黄纳、袁宁等利用SWOT分析法对西湖进行分析，总结西湖的可持续发展趋势，并通过综合分析，提出我国文化景观申遗和保护的建议。[5]杨小茹认为，生态修复、环境保护，突出文化、挖掘文化内涵，以人为本、体现民本思想三方面是西湖综合整治工程的基本原则。[6]在遗产解说方面，张玉瑜专门为西湖文化景观设计了遗产标识解说系统。[7]

（5）文化景观可持续发展模式研究

Paul Selman、Melanie Knight认为文化景观的可持续发展应包含经济资本（economic capital）、文化资本（cultural capital）、自然资本（natural capital）、社会资本（social capital）四方面，并通过分析以上四方面对遗产发展的作用机制，构建文化景观可持续发展模型，定性地分析如何将文化景观发展从景观价值流失与景观退化的恶性循环引导向良性循环。[8]李如生构建了一套风景名胜区保护性开发的指标体系。[9]Ole将文化评估的方法引入景观评价，使景观具有文化的识别性和可持续的发展能力。[10]

---

1 李杰，李晓黎. 杭州西湖：山水哲学典范与遗产价值的可持续发展：中国风景园林学会2009年会[Z].2009：216-219

2 吕剑，杨小茹，余杰."后申遗时代"杭州西湖遗产区交通发展与管理转型的思考[J]. 风景园林，2012(2)：82-85

3 华芳，孙凯旋，陈玮玮. 杭州西湖文化景观游人量调控研究：转型与重构——2011中国城市规划年会[Z]. 南京，2011：3438-3447

4 王竹，吴盈颖，李咏华. 建立"后申遗时代"西湖文化景观可持续发展的科学决策机制[J]. 建筑与文化，2013(6)：10-13

5 黄纳，袁宁，张龙. 文化景观的可持续发展浅析——以杭州西湖为例[J]. 资源开发与市场，2012(02)：187-190

6 杨小茹. 自然与人文的交融——探索杭州西湖风景名胜区可持续发展的保护整治之路[J]. 中国园林，2008(3)：29-36

7 张玉瑜. 基于遗产价值阐释的标识解说系统设计——以杭州西湖文化景观世界遗产为例[J]. 建筑学报，2012(S2)：86-90

8 Paul Selman, Melanie Knight. On the nature of virtuous change in cultural landscapes: Exploring sustainability through qualitative models[J]. Landscape Research, 2006, 31(3): 295-307

9 李如生. 风景名胜区保护性开发的机制与评价模型研究[D]. 长春：东北师范大学，2011

10 Ole H. Caspersen. Public participation in strengthening cultural heritage: The role of landscape character assessment in Denmark[J]. Geografisk Tidsskrift-Danish Journal of Geography. 2009, 109(1): 33-45

2.5.2 遗产社区相关文献综述

不同学科都对遗产社区进行过大量研究,但研究角度不同。

(1) 文化经济学

文化经济学角度主要有经济成本、自然资本、遗产保护资本,包括经济价值、资源价值、环境价值、社会价值四方面,前两者是正面价值,后者为损耗成本。欧美发达国家通过立法,明确遗产地维护资金的来源,2004年美国国家公园管理维护资金75%来自政府拨款,25%由社会集资。[1] 杨小茹、华芳等记录了云南丽江、福建土楼、四川峨眉山、安徽西递和宏村、杭州龙井茶村五个遗产地社区一年内的保护实情与发展经验,并从社会学角度出发研究世界文化遗产与社区之间矛盾的形成与演进关系;从社会学角度剖析遗产地社区的社会关系、人口结构、生活品质的改变对遗产保护的影响;从经济学视角出发研究了遗产保护的经济状况、遗产社区的经济发展需求,以及两者之间的利益关系;从文化角度研究了遗产文化价值在社区环境中的传承与保护;从管理学角度研究了遗产管理体制存在的问题以及目前社区在其中扮演的角色。[2]

(2) 人类学

从人类学角度研究遗产社区大多侧重如何在社区居民与管理者之间构建良好的合作伙伴关系,如何化解两者之间的积怨与冲突。例如 Richard K. Walter 与 Richard J. Hamilton 从人类学角度,以原住民独特的价值观和理想为切入点,探讨如何构建专家与当地居民之间的合作伙伴关系,如何通过良好的沟通、宣传教育使原住民打开心扉,接受外族的领导,减少不必要的抵触心理或报复心理,从而促进遗产的可持续发展,例如文中提到原住民通过大量猎杀遗产地的重要旅游资源鲸鱼来抗议由于旅游发展导致他们的生活资源被占用,险些造成遗产地不可逆的生态失衡。[3] 华芳、穆吟等从遗产地社区的社会关系(血缘关系、地缘关系、业缘关系)、人口结构(人口构成特点与变化趋势)、生活条件(居住条件和公共服务设施)、社区意识(认同感和归属感、遗产保护意识)等方面剖析社区的现状角色,并从三个层面提出重构完善社

---

[1] Jo-Anne E. Cavanagh, Bob R. Frame, Michael Fraser, et al. Experiences of applying a sustainability assessment model[J], International Conference on Whole Life Urban Sustainability and Its Assessment, 2007:1-15

[2] 杭州西湖世界文化遗产检测管理中心. 中国世界文化遗产与社区发展研究:传承与共生 [M]. 北京:文物出版社,2014

[3] Richard K. Walter, Richard J. Hamilton, A cultural landscape approach to community-based conservation in Solomon Islands[J], Ecology and Society, 2014(4):1-10

区在世界文化遗产可持续发展中的角色的构想与建议。[1] 王淑佳系统性地整理和论述了社区营造概念和相关研究现状,展现了国内外社区营造理论的实践和研究成果。[2]

（3）城市规划学

如城市边缘理论。丹麦的 Kjell Nilson、Thomas Sick Nielsen 分析了城市扩张后形成"面包圈城"现象的原因,即有钱人搬往城市边缘居住,平均每人占据更大的建筑用地,从而导致市中心成了贫民窟。[3] 研究结果显示,人们从城区搬到城市边缘区居住的主要原因是新鲜空气、洁净的水源、绿色的环境和便于其子女成长的安全环境。根据这些原因,其提出发展拥有美丽内城区的紧凑型花园城市、采用多功能高质量公共空间、集成多中心发展(即以有组织的方式实现有限的扩张)等策略来提高城市中心地区的生活质量,从而达到吸引或留住居住在市中心的人,缓解"面包圈城"现象。吕红医将中国村落形态的演变分为自然态渐变型演变、突变态间断型演变和理想态间跃型演变三种形式。[4] Cari An Coe 的博士论文从家庭经济组织方式和邻里管理单元冲突两方面总结了越南 Tam Dao 国家公园社区自组织失败的原因。[5] 贾丽奇提出：缓冲区应该通过联席会议、规划督查制度等,形成多向合作与监管模式。[6] Sarah Bradbury 等的研究提出反对强制性拆迁,并提出以社区为基础的保护思路,建议通过 NPO 和 NGO 组织介入的方式增强遗产地内社区能量。[7]

（4）社会学

即从社会学角度探讨遗产社区居民对旅游的感知,比如旅游影响感知度、满意度等。易英霞、宋秋通过大量问卷分析乐山大佛遗产社区居民对旅游影响力的感知,统计数据包括旅游介入后居民对传统文化的认同感、对遗产价值的评价等 13 个指标,并得出结论。[8] 保继刚、孙九霞从可能导致相对负面

---

[1] 华芳,穆吟,汤海孺.社会学视角下文化遗产可持续发展的社区角色：多元与包容[Z],2012 中国城市划年会,昆明：967-981

[2] 王淑佳.社区营造视角的古村落旅游开发与保护研究[D].广州：华南理工大学,2013

[3] F Müller. Peri-urban Land Use Relationships—Strategies and Sustainability Assessment Tools forUrban-Rural Linkages[J]. Sustainable Development, 2011(8)：121-133

[4] 吕红医.中国村落形态的可持续性模式及实验性规划研究[D].西安：西安建筑科技大学,2005

[5] Cari An Coe.A Tragedy,but No Commons：The Failure of "Community-based" Forestry in the Buffer Zone of Tam Dao National Park,Vietnam,and the Role of Household Property Rights and Bureaucratic Conflict,University of California,2008

[6] 贾丽奇.风景名胜区视野下的世界遗产缓冲区规划及实施机制研究[D].北京：清华大学,2015

[7] Sarah Bradbury, Lucie Middlemiss. The role of learning in sustainable communities of practice[J]. Local Environment. 2015, 20(7)：796-810

[8] 易英霞,宋秋.世界遗产地社区居民旅游影响感知实证分析——以乐山大佛世界遗产地为例[J].企业技与发展,2010(23)：51-55

影响的因素包括：旅游引起本地物价上涨、旅游干扰了居民的正常生活等，通过公式运算，导出旅游剥夺感的评分，从而得出旅游带给社区的满意度。[1]Bill Bramwell、Bernard Lane 通过横向对比多国可持续旅游管理方案，批判英国本土管理中的不足，并提出更有效的管理方案。[2]陶伟探讨了国外遗产地旅游开发成功案例对未来中国遗产地旅游发展的启示。[3]

2.5.2.1 风景名胜区社区保护与发展

我国对风景名胜区社区的研究渊源甚早、成果颇丰。关于现在的遗产社区包括牯岭镇、龙井村、灵隐村等都有不少研究，虽大多都是在风景名胜区框架下的研究，但对文化景观遗产社区的研究也有可借鉴之处。

研究的讨论角度多数是从风景名胜区社区配合遗产社区出发，控制旅游发展，很少有考虑到社区内自身的价值，不认为社区是风景名胜区价值的一部分，这一点与文化景观社区的出发点是不同的，根据《欧洲景观公约》（详述见第 2.2.2 节），任何景观都是有自身的价值的，景观不分贵贱。遗产社区被划到遗产提名范围内，是通过充分的价值论证的结果，是遗产不可或缺的一部分。

从 20 世纪 90 年代风景名胜区加快发展速度后，很多学者便已注意到旅游、经济等因素快速渗入风景名胜区社区，已经阻碍了风景名胜区的良性发展，需要调和居民社会系统与风景名胜区之间的矛盾关系。严国泰、韩锋[4]根据风景名胜区遗产资源利用过程中出现的破坏性开发问题，提出建立风景名胜区遗产资源利用系统。蔡立力将我国风景名胜区规划管理的主要问题归纳为：现实与理想的相悖、统一与多头管理的尴尬、规划与实施的背离、保护与利用的两难以及所有与占有的神离五方面。[5]胡洋、金笠铭总结了风景名胜区居民社会存在的问题。[6]陈彦君对庐山风景名胜区概况、庐山牯岭正街历史溯源与价值定位进行了探究，提出世界遗产保护下的商业文化空间再生应遵循的保护策略。[7]

在风景名胜区发展的根本问题逐渐清晰与明朗之后，学者们开始探讨解

---

1 保继刚，孙九霞. 旅游规划的社区参与研究——以阳朔遇龙河风景旅游区为例 [J]. 规划师. 2003(07)：32-38
2 Bill Bramwell, Bernard Lane. Critical research on the governance of tourism and sustainability[J], Journal of Sustainable Tourism，2011(6)：411-421
3 陶伟. 中国世界遗产地的旅游研究进展 [J]. 城市规划汇刊，2002(3)：54-56
4 严国泰，韩锋. 风景名胜与景观遗产的理论与实践 [J]. 中国园林，2013(12)：52-55
5 蔡立力. 我国风景名胜区规划和管理的问题与对策 [J]. 城市规划，2004(10)：74-80
6 胡洋，金笠铭. 庐山风景名胜区居民社会问题与整合规划 [J]. 城市规划，2006(10)：55-59
7 陈彦君. 世界遗产保护区的商业文化空间再生研究——以改造后的庐山牯岭正街为例：多元与包容——2012 中国城市规划年会 [Z]. 昆明：2012(10)：85-89

决的对策与方法。2004年，罗婷婷提出风景名胜区社区规划应遵循的原则，从空间物质形态和非物质形态两大方面提出了规划对策，并以黄山风景名胜区社区规划实践为案例进行论述。[1] 赵书彬构建了风景名胜区村镇发展潜力的评价体系。[2] 陶一舟建立了风景名胜区"城市化"现象的动力机制模型。[3] 丁玲、李毅艺认为解决风景区内居民社会问题不仅仅是控制居民点规模，还应包含对居民社会的文化环境、社会环境、经济环境的调控。[4] 李海红[5]将旅游社区分为自然导向型旅游社区、文化导向型旅游社区、综合服务型旅游社区三类。侯雯娜等指出西湖景中村现状存在的典型问题。[6] 孙喆分析了杭州西湖风景名胜区农村的特点，并提出衡量风景名胜区新农村建设成功与否的标准。[7] 贾格新总结出西湖景中村旅游当前的发展趋势是遗产旅游、养生旅游、教育旅游。[8] 李王鸣、高沂琛等总结了杭州景中村在"景""村"双重属性作用下的土地使用情况。[9] 龚一红根据景中村改造的多样性，指出"项目带动"是杭州城"景中村"的重要特色和主要经验。[10]

2.5.2.2 村落、聚落保护与发展

彭思涛认为可通过构建社区文化集体记忆的方式，提升村民对本土文化的自信心，从而达到促进村落文化传承的作用。[11] 阮仪三、吴承照提出历史村落可能的两种发展方式以及历史古城的两条发展道路。[12] 单霁翔根据不同乡村类文化景观特色制定了相应的保护管理办法，确定保护项目和整治目标。[13] 周睿等认为乡村类世界遗产地是指凝结了具有世界性突出的普遍价值的民居建

1　罗婷婷.黄山风景名胜区社区问题与社区规划研究[D].北京：清华大学，2004
2　赵书彬.风景名胜区村镇体系研究[D].上海：同济大学，2007
3　陶一舟.风景名胜区城市化现象及其对策研究[D].上海：同济大学，2008
4　丁玲，李毅艺.风景区规划中居民社会调控规划探讨——以《广西龙脊风景名胜区总体规划》为例[J].广西城镇建设，2011(9)：16-20
5　李海红，风景名胜区旅游社区规划的研究[D]，上海：同济大学，2012
6　侯雯娜，胡巍，尤劲.景中村的管理对策分析——以西湖风景区为例[J].安徽农业科学．2007(5)：1348-1350
7　孙喆.西湖风景名胜区新农村建设的实践与思考[J].中国园林，2007(9)：39-45
8　贾格新.西湖景中村旅游开发新趋势研究[Z].风景园林协会论文集，2013：122-125
9　李王鸣，高沂琛，王颖.景中村空间和谐发展研究——以杭州西湖风景区龙井村为例[J].城市规划，2013(8)：46-51
10　龚一红.杭州"景中村"的改造模式的探究[J].建筑与文化，2012(6)：72-73
11　彭思涛.基于社区参与的村落文化景观遗产保护模式研究——以贵州省雷山县控拜社区为例[J].原生态族文化学刊，2009(2)：94-98
12　阮仪三，吴承照.历史城镇可持续发展机制和对策——以平遥古城为例[J].城市发展研究，2001(03)：15-17
13　单霁翔.乡村类文化景观保护的探索与实践[J].中国名城，2010(4)：4-11

筑、乡村聚落等。[1] 拉纳 P. B. 辛格等强调集约管理和公众参与，并以印度为例举例说明。[2] Jerry W. Robinson, Jr. and Brent D. Hales 表述了在广大农村社区创建可持续社区的一种可操作性框架。[3] 以知识层面上的启发、负责任的自由、社会和心理支持、可持续性关注度、接纳新事物、自我洞察力等六个变量来判断是否是可持续社区。另外，作者推荐了用于估算基于可持续社区的发展组织的七大产出指标的有效方法：社区的一致性、归属感、社区团结、社区荣誉、成就感、完成感和可持续进行中的项目。这个模型在研究以非洲裔美国人为主的密西西比三角洲的多样化人种时取得成功。作者认为这篇文章中的模型和方法能够有效帮助将原本隔离的农村和城镇社区融合来带动社会变革。张中华梳理了可持续社区的概念内涵、目标理念、评价指标、发展准则等。[4]

2.5.2.3 文化景观遗产社区保护与发展

（1）文化景观遗产社区分类

中国的文化景观大多是风景名胜区，因此遗产社区的分类可借鉴风景名胜区村镇的分类方式。这方面的研究比较多。根据《风景名胜区规划规范》（GB 50298—1999），居民社会调控主要根据规模大小分为两类，风景名胜区内有城镇的，需编制小城镇发展规划；只有农村居民点的，则编制居民点调控规划。风景名胜区居民点调控规划一般根据常住人口的多少分为无居民区、居民控制区和居民衰减区。根据资源保护和新农村建设发展需要，同样以人口规模为划分标准，分为聚居型居民点、搬迁型居民点、控制型居民点、缩小型居民点。赵书彬以社区在风景区中承担的功能为分类依据，对五大连池风景区社区进行了分类。[5]《中国世界文化遗产与社区发展研究——传承与共生》一书介绍了多种社区分类方法，根据社区与文化遗产地的地缘关系，可分为遗产地内含社区、社区簇拥在遗产地周边、遗产地串联起社区、遗产地与社区较独立四类。根据社区与文化遗产的经济利益关系，可分为社区经济较依赖遗产地、社区经济半依赖遗产地、社区经济独立于遗产地三种类型。根据社区与遗产价值 OUV 之间的关系，分为原生型遗产地、共生型遗产地、伴

---

1 周睿，钟林生，刘家明.乡村类世界遗产地的内涵及旅游利用[J].地理研究，2015(5)：991-1000
2 拉纳 P. B. 辛格，武鑫，陈英瑾，等.印度的乡村文化景观[J].中国园林，2013(11)：18-24
3 Jerry W. Robinson Jr., Brent D. Hales. Models and Methods for Creating Sustainable Community-Based Development Organizations in Diverse Communities[J], Community Development,2009(12)：33-51
4 张中华.国际视野下的生态可持续性社区发展研究[J].建筑学报，2011(02)：9-12
5 赵书彬.风景名胜区村镇体系研究[D].上海：同济大学，2007

生型遗产地、遗产地内无居民四类。[1] 王应临以风景区中社区所主导的产业类型，将五台山风景名胜区中的社区进行分类。[2] 王淑芳通过探讨风景区与原住民的关系得出三种关系类型：共生型、共存型和冲突型。[3] 陈勇认为风景区核心区社区根据未来发展方向不同可细分为原生型、迁居型等5类。[4]

（2）遗产社区参与保护管理

社区参与遗产管理是近几年的热点议题，也是实现社区可持续发展的主要途径之一。Barbara Enengel、Marianne Penker等人分析了社区参与文化景观管理的利弊、管理成效、管理成本与风险之间的内在联系，构建了社区管理成本-利益-风险评估框架（Effort-Benefit-Risk），用以评估该遗产是否适合社区参与管理模式，并用两个奥地利的真实案例进行论证。[5] 王玉、周俭等通过对社区参与村落文化景观的角色职能、保护内容、操作程序的解读，并以贞丰县岩鱼村的社区参与保护实践为例，提出社区参与村落文化景观保护的建议。[6] 刘敏探讨了我国公众参与的现状及困境。[7] 张晓霞将居民社区参与模式划分为社区组织动员型等3种模式。[8] 日本的Etsuko Okazaki构建了以社区为基础的旅游发展框架。[9] Alister Scott介绍了在实施《欧洲景观公约》时碰到的与社区相关的问题。[10] Michael Jones，Marie Stenseke分别介绍了德国、西班牙、波兰等欧洲列国实施欧洲景观公约的情况，尤其是在社区参与遗产管理中碰到的困难及解决方法。[11]

---

1 杭州西湖世界文化遗产检测管理中心．中国世界文化遗产与社区发展研究——传承与共生[M]．北京：文物出版社，2014

2 王应临．基于多重价值识别的风景名胜区社区规划研究[D]．北京：清华大学，2014：35

3 王淑芳．基于游客体验的山岳风景区旅游路线研究——以太白山风景区为例[J]．现代商业，2009（11）：56-57

4 陈勇．风景名胜区发展控制区的演进与规划调控[D]．上海：同济大学，2006

5 Barbara Enengel, Marianne Penker, Andreas Muhar, et al. Benefits, efforts and risks of participants in landscape co-management：An analytical framework and results from two case studies in Austria[J]. Journel of Environmental Management，2011(4)：1256-1267

6 王玉，周俭，林森．社区参与村落文化景观保护实践框架与方法的初步探讨——以贵州省贞丰县岩鱼为例[J]．上海城市规划，2013(2)：83-87

7 刘敏．天津建筑遗产保护公众参与机制与实践研究[D]．天津：天津大学，2012

8 张晓霞．城市居民社区参与模式及动员机制研究[D]．长春：吉林大学，2010.

9 Etsuko Okazaki. A Community-Based Tourism Model：Its Conception and Use[J], Journal Of Sustainable Tourism，2008，(16)5：511-529

10 Alister Scott. Beyond the conventional：Meeting the challenges of landscape governance within the European Landscape Convention?[J]. Journal of Environmental Management，2011, (92)10：2754–2762

11 Jones Michael, Stenseke Marie (Eds.), The European Landscape Convention Challenges ofParticipation[M], Berlin：Springer，2011

2.5.3 可持续相关文献综述

John Drexhage、Deborah Murphy 梳理了可持续概念从产生到完善的整个历史脉络。[1] 唐广良阐述了从文化遗产保护思路转变到保护遗产的文化多样性的过程。[2] 刘大伟认为"复合生态"理念是重庆 EBD 产业园区可行的发展模式，产业园发展战略应遵循"产城融合"原则。[3] 吴志强教授等提出了一种新的城市可持续发展分析方法——系统要素分析法。[4] 徐知兰研究了 UNESCO 不同时期的"文化多样性"概念如何影响世界文化遗产保护，并总结出 5 种主要的途径与 3 种主要的方式。[5] 2013 年 4 月的 UNESCO 大会决议报告梳理了"可持续"理念进入遗产领域的发展过程。[6] Marc Antrop[7] 论证了可持续景观存在的可能性。Jolande W. Termorshuizen 等[8]将生态多样性理论应用于景观规划中。Joanneke Hélène Joséphine Kruijsen 等[9]以苏格兰的 Huntly 为例论证文中提出的可持续社区发展策略。Colin Trier、Olya Maiboroda[10] 通过长期跟踪问卷调查论证乡村自治的必要性，说明专家只能在乡村发展的第一个阶段起到积极作用。Susan O. Keitumetse[11] 分析了可持续发展与文化遗产保护发展之间的关系。Indre Grazuleviciute Vileniske[12] 认为文化遗产的可持续发展与社会、经济、文化、社会四方面相关。

1　John Drexhage, Deborah Murphy. Sustainable Development: From Brundtland to Rio 2012[R]. World Commission on Environment and Development (WCED). 2010
2　唐广良. 可持续发展、多样性与文化遗产保护 [J]. 贵州师范大学学报(社会科学版), 2005(4): 26-33
3　刘大伟. 重庆北部新区 EBD 园区可持续发展理论研究 [D]. 重庆：重庆大学, 2014
4　吴志强, 吕荟. "欧洲绿色之都"评选与城市可持续性评估的思议 [J]. 上海城市规划, 2012(6): 81-84
5　徐知兰. UNESCO 文化多样性理念对世界遗产体系的影响 [D]. 清华大学, 2012
6　UNESCO. Introducing Cultural Heritage into the Sustainable Development Agenda[R]. Sessions 3A and 3A-a.2013 April
7　Marc Antrop. Sustainable landscapes: contradiction, fiction or Utopia?[J]. Landscape and Urban Planning, 2006, 75: 187-197
8　Jolande W. Termorshuizen, Paul Opdam, Adri van den Brink. Incorporating ecological sustainability into landscape planning[J]. Landscape and Urban Planning. 2007, 79: 374-384
9　Joanneke Hélène Joséphine Kruijsen, Alan Owen, Donald Murray Gordon Boyd. Community Sustainability Plans to enable change towards sustainable practice—a Scottish case study[J]. Local Environment, 2014, 19(7): 748-766
10　Colin Trier, Olya Maiboroda. The Green Village project: a rural community's journey towards sustainability[J].Local Environment, 2009, 14(9): 819-831
11　Susan O. Keitumetse. Sustainable Development and Cultural Heritage Management in Botswana: Towards Sustainable Communities[J]. Sustainable Development, 2009, 19: 49-59
12　Indre Grazuleviciute Vileniske. Influence of Built Heritage on Sustainable Development of Landscape[J]. Landscape Research. 2008, 33(4): 425-437

2.6 本章小结

从以上分析可以看出，人类对于文化景观的认识在不断加深，遗产保护方法也随着认知的拓展而不断更新。遗产保护方法从仅仅保护纪念物、历史遗迹到保护"由于时间流逝而获得意义"的环境；从仅仅保护具有美学价值的要素到保护生活、环境的连续性这种非物质要素上。人们意识到不具有特别突出的艺术、文化价值的景观同样能体现该城市或乡村的特征，遗产社区景观同样能体现遗产价值，也有保护的必要性，《华盛顿宪章》进一步扩大和深化了历史遗产保护的概念和内涵，意识到保护和延续遗产所在地人们生活的意义。

"可持续发展"概念的发展历程反映了人类对自身发展史不断总结、反思、改进的过程，也是遗产保护必然的落脚点。可持续发展理论强调文化对于人类生存的意义，强调多样性的文化对可持续的帮助作用。近年来遗产保护的视线更多地投向社区，希望尽可能发挥遗产社区的作用，为遗产可持续做贡献，遗产保护理论也越来越强调社区在遗产整体保护中的重要作用。

中国的社区充分体现了"天人合一"的思想，从选址、布局方式、建筑等空间构造方式都体现了对自然环境的适应。社区中的物质要素受人的行为等非物质要素的影响，文化等非物质要素在社区中有其物质的表现方式。

纵观社区发展规律、文化景观保护发展历史、可持续发展历程，各大理论体系都渐渐回归到"人"这一本质。文化景观理论强调人对土地的永续利用，尤其是其中包含社区的遗产，社区作为遗产中"活的"要素，要维持它的社会功能。只有维持了这种功能，才能保证持续性景观的生存。

文化景观遗产社区作为文化景观"体现了人类社会与聚落在自然环境的物质性制约（或机会）下以及在社会、经济、文化等内在外在因素的持续作用用下随着时间推移而形成的演进过程"，是一个人类在适应自然过程中创造的人与自然环境的合体，包括物质与非物质的要素。中国的风景名胜文化景观遗产社区可能较一般的文化景观遗产社区复杂，既是人们聚集在自然中创造的日常生活场所，又深受遗产地文化基底的辐射、影响，是一个在遗产价值影响下发展起来的风景聚落，蕴含丰富的场所意义。在与文化景观长期共存、相互作用过程中，遗产社区对遗产核心价值的形成有一定协作作用，因此是一个多元复杂的综合体。

第 3 章 中国文化景观遗产社区认知

截至 2017 年 10 月，我国已登录 5 处文化景观，分别为庐山文化景观（Lushan National Park，1996）、五台山文化景观（Mount Wutai，2009）、杭州西湖文化景观（West Lake Cultural Landscape of Hangzhou，2011）、哈尼梯田文化景观（Cultural Landscape of Honghe Hani Rice Terraces，2013）以及左江花山岩画文化景观（Zuojiang Huashan Rock Art Cultrual Landscape，2016）。前三处为我国 1982 年第一批国家级风景名胜区，具体如表 3.1 所示。

表 3.1 中国文化景观类型分类一览表（截至 2017 年 10 月）

序列	中文名称	登录时间	提名标准
1	庐山文化景观	1996	(ii) (iii) (iv) (vi)
2	五台山文化景观	2009	(ii) (iii) (iv) (vi)
3	杭州西湖文化景观	2011	(ii) (iii) (vi)
4	哈尼梯田文化景观	2013	(iii) (v)
5	左江花山岩画文化景观	2016	(iii) (vi)

文化景观是人与自然相互作用的结果，其中的遗产社区集中体现了"人类社会和聚居地长期的演化过程""可持续土地利用的特殊技术以及人类与自然特定的精神关系"。文化景观遗产社区可持续发展即是要保持这种相互作用关系可持续。为研究这一问题，首先要知道社区与遗产整体之间的关系，其次是遗产社区中，"人"与"自然"的作用关系是什么，以下分别阐述。

3.1 中国文化景观遗产社区的形成与发展

本节从历史角度论述遗产社区与遗产整体在形成发展过程中的内在联系。文化景观是一个在社会、经济、文化等多方面因素共同作用下，经过漫长的历史沉淀而逐渐形成的复杂综合体。遗产社区的发展与遗产价值的形成和变迁均息息相关。遗产社区聚居人口会随着遗产地经济的腾飞而增加；遗产社区的布局、建筑形态会受当时文化与文明的熏陶而演变；社区居民的审美情趣、价值观、生活习俗会因为宗教等文化的影响而改变。

可以说，遗产社区形成过程与遗产价值形成过程犹如 DNA 双螺旋机构（图 3.1），两条脉络分别记载着各自的形成与变迁历史，但在很多时间节点上又相互关联。两条脉络相互影响、相互交融拧成了一条综合脉络，最终成为遗产这个整体。讨论遗产社区与遗产价值之间的关系应根植于文化历史语境。

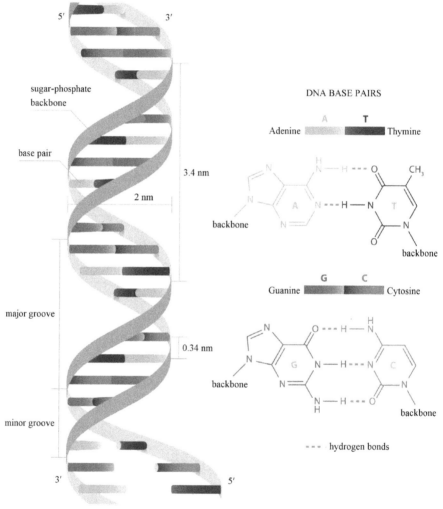

图 3.1　DNA 双螺旋结构示意图
资料来源：网络[1]

1　数据来源：https : //biologydictionary.net/double-helix/

3.1.1 庐山遗产社区的形成与发展

庐山社区的发展历程跟随着当时中国政治、经济、文化的发展浪潮，经历了一个个波峰与波谷，它们的形成与发展历程充分见证和展示了自公元前 3 世纪起的两汉时期，到 21 世纪初叶这段时间庐山文化的变迁，从隐士文化的兴盛到衰落，到传教士兴建庐山避暑地；从民国时的夏都到庐山风景名胜区的建立，整个过程充分体现了中国两千多年悠久历史的价值变迁，几度繁华几度萧索。

3.1.1.1 新石器晚期—秦

据庐山流传的故事记载，庐山周边人居活动最早可追溯到 6000 年前的新石器晚期。[1]20 世纪 80 年代，考古学家在庐山南麓亭子墩发现人类活动和生活遗迹，[2]证明至少从秦汉时期开始，庐山周边地区已有较稳定、成规模的居民定居，如永修吴城镇至今有 2200 多年历史。[3]夏商时期开始以"庐"来命名这座山，从当时的文字——钟鼎文来看，"庐"即依山建造房屋，说明人类有了稳定的居住空间，狩猎能力增强。"庐"字也体现了人类生存空间、生存方式与山的联系，劳作者对祖先所创造的房屋的崇拜表达在这座大山的名称上[4]。

但这些聚居都在距离庐山山脚 30 km 左右的地方，秦以前山上尚未发现人类居住的记载。

3.1.1.2 两汉时期—魏晋时期

两汉时期，我国的政治经济中心仍然在中原地区，南方经济落后，正如西汉历史学家司马迁在《史记·货殖列传》中所记载："楚越之地，地广人希，饭稻羹鱼，或火耕而水耨，果隋蠃蛤，不待贾而足，地势饶食，无饥馑之患，以故呰窳偷生，无积聚而多贫。"[5]恰是这种远离中原统治中心、政治色彩淡薄、自然环境闲适、生活条件富庶的庐山，正符合隐逸文化的"在野之山"，是隐士居住的理想场所。[6]据《庐山志》记载，东汉时，佛教传入中国，当时的庐山梵宫寺院多至 300 余座，僧侣云集。庐山从那时起便已是宗教名山。

---

1 徐青.庐山风景名胜区文化景观价值体系研究 [D].上海：同济大学，2016：148
2 徐顺民，熊炜，徐效钢，等.庐山学——庐山文化研究 [M].南昌：江西人民出版社，2001：318-320
3 甘筱青.庐山文化大观 [M].南昌：江西人民出版社，2009：262
4 罗时叙.人类文化交响乐——庐山别墅大观 [M].北京：中国建筑工业出版社，2005：21-22
5 （汉）司马迁.《货殖列传第六十九》见：（汉）司马迁，（译）韩兆琦.《史记·四》.北京：中华书局，2008：2542
6 肖妮妮.唐人选择庐山隐居的功利化倾向 [J].华南师范大学学报（社会科学版），2007（3）：75-78

文人隐居于庐山始于汉代，魏晋南北朝时期达到顶峰。那时战事频繁、社会动荡、政权更迭频繁，使得文人的境遇尤其悲壮。262 年，名士嵇康被杀；300 年，文学家张华被杀；303 年，江南名士陆机、陆云兄弟被处死，并被夷灭三族；324 年，思想家郭璞被害；350 年，诗人卢谌遇害；445 年，大史学家范晔被诛……一连串的血腥屠戮令当时的名士不寒而栗，陶渊明在《感士不遇赋》中借汉代王商惨遭杀害的事例反映当时士人参政的危险："商（王商）尽规以拯弊，言始顺而患入。奚良辰之易倾，胡害胜其乃急。"[1] 在这种历史环境下，出仕不仅不能一展抱负，反而有生命之忧，于是很多士人选择隐居山林来表达对现实的不忿，通过寄情山野来平衡内心的秩序，带动了以自然美为核心的美学思想的新发展。

自东晋以来，在庐山隐居多年的名人甚多，著名的有"翟家四世"（翟汤、翟庄、翟矫、翟法赐）、"浔阳三隐"（周续之、刘遗民、陶渊明）、慧远大师、陆修静等，享有"隐逸诗人之宗"之誉的陶渊明隐居庐山 20 年。根据蒋星煌先生在他的《中国隐士与中国文化》一书中给出的数据，庐山隐士数量高居全国各大名山之首。[2] 据民国吴宗慈编撰的《庐山志》中的统计，仅魏晋时期在庐山隐居的士人就有数十位之多。

到了南北朝时期，北方连年战乱，九江作为南朝重镇成了北方移民的重要落脚点，这也是我国移民史上第一次人口迁移热潮。当时北方经济发达，北方移民进入九江后，既为九江带来了充足的劳动力，同时也带来了相对先进的生产技术。他们在九江开荒垦山，使得九江经济出现了前所未有的发展势头。隋朝起，主要漕运线路由东西向转变为南北向，中国的经济重心也由北向南转换，漕运成为当时长途运输的重要交通工具。九江濒临长江，境内水网密布，漕运便利，突出的交通区位带来了经济发展的契机。彼时，庐山上也有了明显变化，据《庐山志》记载："庐山登山大道有三：自云峰寺入者为北道，自含都口入者为南道，自净慧寺入者为东道，道比可舆。诸他道及小径、山僧樵子所往来者多不可缕数。"[3] 可见，庐山周边的居民增多，不少人上山拾柴，山上居住的僧侣也不少。

3.1.1.3 唐宋—清中叶

（1）庐山理学文化

庐山浓厚的隐士文化为后世书院文化的勃兴奠定了基础。士大夫们效仿佛道教徒，隐居山林，筑室读书讲学，成为白鹿洞书院的开端。

1　袁行霈. 陶渊明集笺注 [M]. 北京：中华书局，2003：431
2　童子乐. 古代庐山隐士文化研究 [D]. 武汉：华中师范大学，2013：15
3　(民国) 吴宗慈 编撰. 庐山志 [M]. 南昌：江西人民出版社，1996：455

北宋年间，朱熹重整白鹿洞书院，修葺房屋，订立教规，征集图书，不但亲自登台讲学，还摒弃门户之见，盛邀自己的"论敌"——哲学大师陆九渊到书院讲学，广开学术争鸣之风。此外，朱熹所制定的《白鹿洞书院揭示》(也叫《朱子教条》)后来成为封建社会700余年书院教育的准则。其中提出的修身之道："正其义不谋其利。明其道不计其功"，处事之道："己所不欲，勿施于人。行有不得，反求诸己"等教规至今仍受用。自朱熹之后，白鹿洞书院"一时文风士习之盛济济焉，彬彬焉"，成为宋代传习礼学的重要基地。由于多年来秉承开放的学风与独特的教育方式，从北宋直到光绪二十九年（1903年）全国书院停办，白鹿洞书院一直是中国古代重要学府之一，享有"天下书院之首""海内书院第一"的美誉。明代初年大学士解缙如是记载，白鹿洞书院在元尤盛。都昌先贤、白鹿洞主陈澔（元顺帝至元初任教于书院）所作的《礼记集说》是明代各类学校御定的教材和科考的统一标准。清末同治年间，白鹿洞书院达到鼎盛时期，有房屋360余间，亭台24座，有确切记载的学生527人。[1]

白鹿洞书院每年吸引众多生徒前来求学，一直为庐山注入新鲜血液，一定程度上带动了社区经济与文化发展。据记载朱熹首创的会讲式教学方法颇受欢迎，生徒多时可达数百人，来听课的学生不仅有书院学生，还有居住在庐山山脚或周边的农夫、樵夫等体力劳动者[2]。

（2）庐山云雾茶

庐山以地势奇险著称，出产的庐山云雾茶主要生长在海拔 800 m 以上山区。庐山云雾茶系我国十大名茶之一，据《庐山志》记载："东汉时……僧侣云集。攀危岩，冒飞泉。更采野茶以充饥渴。各寺于白云深处劈岩削谷，栽种茶树，焙制茶叶，名云雾茶。"可见庐山上茶叶种植始产汉代，已有一千多年的栽种历史。唐朝大诗人白居易曾在庐山香炉峰建草堂居住，亲自开辟茶园种茶，并留有茶诗数首。北宋时，庐山云雾茶曾列为"贡茶"。清代的李绂（1673—1750年）著《六过庐记》载："山中皆种茶，循茶径而直下清溪。"可见清中叶庐山茶业相当兴盛。

白鹿洞书院的兴盛带动人潮涌入庐山，但在本书的研究过程中作者并未发现庐山上有成片居民区的明确记载，可能是由于庐山险峻的山势与可建设面积少，只偶有零星农户，其他是隐士或书院学生。茶叶主要也是宗教人士或隐士栽种。一般居民选择在地势平坦的庐山山脚或周边村镇居住。

---

1 高峰.白鹿洞书院的历史、现状及文化意义 [J].江西教育学院学报，2009(5)：97
2 高峰.白鹿洞书院的历史、现状及文化意义 [J].江西教育学院学报，2009(5)：99

3.1.1.4 清末民国初：庐山上最大社区"牯岭"的形成

清末民国初，由于外国人在庐山上大规模开发避暑地，庐山上的社区"牯岭镇"才真正形成。近代中国沦为半殖民地半封建社会，以外国人李德立为首的商人在庐山开建别墅群为起点，庐山最大的居民点"牯岭"一点点形成，作为庐山遗产价值一大特色的万国建筑群也在这段时间建成。

1858年，清政府被迫与英法列强签订《天津条约》，同时开放九江等十个城市作为通商口岸，允许外国人到内地游历、通商或自由传教。当时有大批外国人涌入中国，英国传教士李德立便是其中一位。他1886年来到中国，后来在庐山山麓狮子庵附近建了自己的避暑小别墅，但面积不大，不但不够招待朋友，仅自家人居住也略显局促。他曾在《牯岭开辟记》中写道："我们的别墅，常有人满之患。招待住客，竟有供不应求之势。我个人也有另筑住宅的必要。如不另筑，我的家眷，势必仍要归到山下去受热，因为七年以来，我的妻室儿女，受尽了苦恼生活。"[1] 由于那时庐山上度假别墅数量少，存在供不应求的状态，因此他决定大量租借庐山土地来开辟避暑地。

1895年，李德立正式向清政府提出租借土地，地块正是庐山北端海拔1165 m的牯牛岭长冲约莫$3 \sim 5 \text{ km}^2$的平坦空地，其地处两山谷中间，非常适合建造度假别墅（图3.2）。牯岭的宜居性可以用著名地质学家李四光对它的一段评价来表述："牯岭之最大利益，即在山顶有谷，且谷向西南倾斜，四周有较硬之岩层（即女儿城砂岩）以为屏障。谷中岩石性极疏松，无潮湿之虑。仰天坪地势非不优美，四周亦有屏障。然其中规模甚小，且泥质之岩石，终年潮湿，决不适于居住。女儿城砂岩不独为牯牛岭之屏障，且能供给构造房屋之原料。是皆人烟繁盛必需之条件，而牯岭则兼而有之，宜乎其为山林城市也。"[2] 实际上，根据第二次鸦片战争后中法签订的《北京条约》，外国宗教团体只可以在通商口岸置产，民间不准涉外卖地卖产。九江是通商口岸，但庐山距九江12公里，不在合法范围内，所以无论外国宗教团体还是个人，在庐山购地建屋都是缺乏法律和条约依据的。但是当时正值中日战争（1894年），清政府谕令全国加意保护外国人，故几经周折李德立首次承租庐山土地（牯牛岭长冲）还是得到了清政府的官方许可。

李德立的第一批别墅建成后很快销售一空，于是他便开始着手第二批的开发，在看到可人的销售情况后，俄、美、法等国也有商人相继来庐山开发别墅以避暑。后来到庐山购地建屋避暑的外国人数量不断增加，庐山避暑地从而大规模开发。虽然，起初购买庐山别墅的都是外国人，但别墅的施工及

---

1 （英）李德立. 牯岭开辟记[M]. 文南斗，译. 南昌：庐山眠石书屋发行，1932：8-9
2 （民国）吴宗慈 编撰. 庐山志[M]. 南昌：江西人民出版社，1996：25

避暑地基础设施建设却用了大量中国工人，包括建筑工人、修路工人等，据记载，"历时两周，筑路的工人最多时达到两千人。道路基本沿计划路线修筑……"随着当地社区人口急剧增加，形成了中国人住"西谷"、外国人住"东谷"这样的牯岭基本格局。现在牯岭镇的大多数居民正是从清末民国初开始移居进来的这批工人的后裔。

图 3.2　牯岭避暑地分布图　　　建设中的牯岭（20 世纪 30 年代）

资料来源：庐山档案馆

3.1.1.5　民国时期以及新中国成立后：庐山风景名胜区的建立

民国时期，庐山是蒋介石政府除南京外的第二处政治中心，据载，1926—1938 年，蒋介石在庐山召开的全国性重要军政会议有 11 次之多，还不包括其他小型会议。通过这里的历次会议，他导演了历史上的许多重大事件。同时庐山作为重要的休疗养基地与风景名胜区，这促进了庐山居民社区的进一步发展。国民政府时期，中央政府于 1924 年将庐山列为避暑游览区域，1926 年成立庐山管理局，1934 年收回牯岭租界。据庐山管理局 1931 年调查统计，租借区内有别墅 560 栋，非租界区有 262 栋，正街及下街有店铺 86 栋，全山有固定建筑 850 栋。1936 年统计，牯岭地区人口达 14 052 人。[1] 由于蒋介石执政南京政府期间辟庐山为"夏都"，作为夏季办公之用，故每年夏季这里军政要员云集，牯岭居住片区不断扩大，人数最多时达到了 6 万人。

新中国成立后，庐山仍然是重要的休疗养基地，各大企事业单位，如铁路、民航等纷纷在此设立疗养机构，以 1996—2000 年为例，人口增长如表 3.2 所示，1999 年牯岭镇常住人口几乎翻倍。庐山作为国家级风景名胜区，休疗养及旅游服务功能促进了庐山居民社区的进一步发展，最终形成了现在社区的基本格局。

1　数据来源：陈彦君.庐山牯岭西谷控制性详细规划[D].武汉：华中科技大学，2013：3

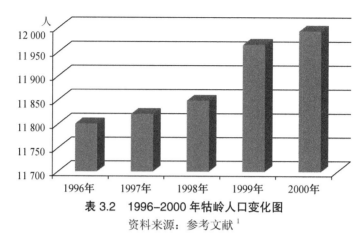

表 3.2　1996—2000 年牯岭人口变化图
资料来源：参考文献[1]

庐山上的牯岭社区分为东谷与西谷，西谷自形成以来一直发挥着协助遗产价值形成功能。牯岭社区是典型的中国风景名胜文化景观遗产社区，既是发挥协作功能的协作社区，又是出产茶叶的原生社区。

庐山出产的云雾茶主要生长在海拔 800 m 以上的含鄱口、五老峰、小天池、仙人洞等地。庐山常年云雾缭绕的气候与特别的土壤，孕育出的茶叶有"六绝"：条索粗壮、青翠多毫、汤色明亮、叶嫩匀齐、香凛持久、醇厚味甘。庐山云雾茶是绿茶的一种，也是中国十大名茶之一，始种于汉代，从僧侣们种植演变到居民种植，现有茶园 5000 余亩。茶园体现了庐山自然地址、气候条件下的生存和生活智慧。

2016 年初，笔者在庐山调研时恰逢大雪，有幸见证庐山雾凇之美。站在街心公园眺望西谷的窑洼，如图 3.3 所示，该片区开端为 20 世纪初开窑烧砖之处，建筑密度大。近期该片区的改造规划正在制定中，希望逐步转型成为文化艺术街区（据庐山国土资源局公告）。

图 3.3　2016 年 1 月，站在街心公园看窑洼片区的雾凇
图片来源：作者拍摄

1　胡洋. 庐山风景名胜区相关社会问题整合规划方法初探——基于庐山社会调控专项研究[D]. 北京：清华大学，2005：79

3.1.2 五台山遗产社区的形成与发展

五台山是我国四大佛教名山之一,是世界文殊信仰的中心,同时也是内地现存唯一一处汉、藏两系佛教并存的圣地。五台山有东亚现存最庞大的佛教古建筑群,享有"佛国"盛誉,由东台、南台、西台、北台和中台五座台顶组成(图3.4),五台山的自然地貌和佛教文化融为一体,人们对佛的崇信寄托在对自然山体的崇拜之中,完美地体现了中国"天人合一"的思想。

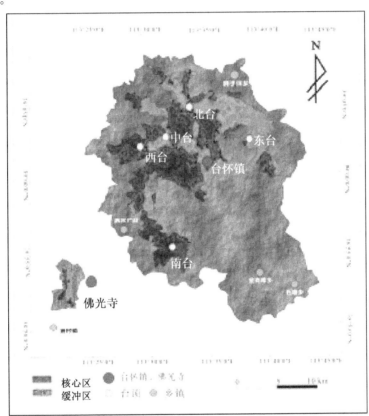

图 3.4 五台山遗产社区分布图
资料来源:五台山申遗文本

五台山遗产社区的发展历程可以简要概括为:山、寺、田、佛、僧、众之间的相互依存关系(图3.5)。[1] 五台山是中国皇家佛教道场文化最典型和最突出的例证。在中国封建社会,宗教是历代帝王用来护国佑民、加强民族团

---
1 邬东璠,庄优波,杨锐.五台山文化景观突出普遍价值及其保护探讨[J].风景园林,2012(1):76

结的工具之一，每年帝王都会或亲自或派代表在宗教圣地举行法会祈福消灾，也由此形成了皇家宗教道场文化，历代传承不绝。

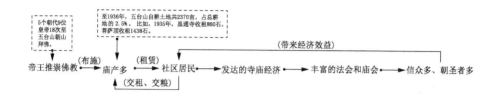

图 3.5　五台山山、寺、田、佛、僧、众之间的相互依存关系示意图
资料来源：作者绘制

　　从北魏孝文帝 (471—499) 开始，1000 多年来共有 5 个朝代 9 位皇帝 18 次至五台山朝山拜佛。[1] 帝王的重视加之中外僧侣的辛勤耕耘，五台山作为佛教圣地的地位越来越高，寺庙建筑不断增加，建筑规模也得到发展，寺庙经济也随之发达。五台山拥有很多产业，大多是受帝王封赠的土地。据《五台山寺庙经济简述》描述，"七七事变"前的 1935 年，山内寺庙以 41 处统计，共有耕地 83817 亩，分布于 193 个庄子，每年可收租 4330 石，折 2165 千斤。[2] 此外寺庙还有其他产业比如矿产、林业、商铺等。由于寺庙拥有的资产远远大于僧侣们的劳作能力，便转租给当地居民耕种，从而形成了与当地居民之间的租赁关系（至 1936 年，五台山自耕土地共 2370 亩，仅占总耕地的 2.5%。1935 年，显通寺收租 860 石，菩萨顶收租 1438 石）。[3] 此外，五台山丰富的法会和庙会活动提供了文化休闲旅游发展和商品交易的机会，也使历代居民拥有源源不断的经济来源。因为居民生活有所保障，吸引了更多人在社区中居住。居住的人越多，耕种的土地越多，继而产生更多租金。寺庙将获得的资金加大力度投入庙会、法会中，使五台山佛教文化的影响力越来越大。

　　正是因为山、寺、田、佛、僧、众之间构建了稳定的循环关系，所以五台山上的社区一直传承延续着，僧侣与信众以及当地居民之间的依存关系也一直维系着，社区的存在是佛教文化传播的重要环节之一。在历代高僧和众多信众的经济、技术和精神支持下，五台山逐渐形成人与自然、佛教音乐、礼仪等非物质文化要素交融的独特格局。[4] 如果遗产社区消失，历史上所形成

1　李中元.五台山佛教文化独特的人文价值与当代研发利用[J].五台山研究，2014(1)：3-7
2　数据来自：孙文山，孙叔文.五台山寺庙经济简述[J].五台山研究，1986(6)：21-24
3　王应临，杨锐，邬东璠.五台山风景区"僧民关系"探析[J].中国园林，2014(4)：63-66
4　贾丽奇，邬东璠.活态宗教遗产地与宗教社区的认知与保护——以五台山世界遗产文化景观为例[J].中国园林，2015(2)：75-78

的寺庙与社区相互扶持，共同光大佛教文化的关系也将随之消逝。

3.1.3 哈尼梯田遗产社区的形成与发展

哈尼梯田社区的形成就是哈尼人适应环境、适应梯田农耕生产的结果，充分体现了哈尼人顺应自然、利用自然、与自然和谐相处的智慧，也体现了哈尼人惊人的创造力、耐受力与意志力。对当今保护文化和自然的多样性以及人类的可持续发展有着重要的示范作用。哈尼族人在元阳生活生产的过程就是哈尼文化景观形成的过程。

（1）耕作系统的产生是对环境的适应

哈尼族在族源上属古羌系民族，属北方游牧部落，以畜牧为生，无耕作习惯。哈尼族的祖先们在经历漫长而艰辛的迁徙—定居—迁徙的过程后，逐渐形成了耕作、定居的生活习惯。春秋战国时期、哈尼族的先民"和夷"便活动于今四川省大渡河南岸及雅砻江以东地带，并已从事农耕。由于民族矛盾和战争的原因，哈尼族被迫离开其起源地，经辗转迁徙，至隋唐时期、一部分定居于滇南哀牢山区。唐人樊绰《蛮书·云南管内物产》说："蛮治山田、殊为精好。"从当时云南各少数民族治理"山田"的技术来看，唯有哀牢山区的哈尼族梯田达到"殊为精好"的水平。[1] 他们是在南迁过程中，受四川凉山彝族的启发，开始学习耕耘山亩。之后，受到南方夷越族群（如傣族）的先进稻作技术的影响，耕作技术有所提高。在南迁的过程中，游牧文化与各族文化融合，到迁徙至元阳时已基本形成了定居生活习惯。由于当时元阳耕作条件较好的坝区与山谷地区早已被当地土著傣族等南方夷越民族占据，因此，哈尼族退而求其次，选择在山区定居。

哈尼族先民在哀牢山定居后的相当长的时间里，他们仍然需要通过狩猎、采集果实等方法来填补农耕产品产量少的粮食空缺。他们刀耕火种，种植旱稻、荞子、芋类等旱地作物，为了保持土壤肥力，将坡地改造为台地，后来又开渠引水、灌溉田地，渐渐形成了梯田。

元阳的立体气候十分突出，可谓"一山分四季，十里不同天"。高原山区、狭窄的山谷纵横交错，极高的年降雨量（大约 1400 mm）和多变的亚热带山谷气候给稻田耕作带来环境上的困难。但是与此同时，由于定居的生活较迁徙的生活安定，部落人口仍然在增长。为了满足人们对粮食的需求，哈尼族创造了独特而又复杂的稻作梯田系统，既适应当地的气候与地貌条件，又能增产。如图 3.6 所示，梯田主要产出的是红米，梯田下同时还有鱼类、螺蛳、

---
[1] 黄绍文，尹绍亭.中国云南哀牢山区哈尼族梯田传统农耕生态文化与变迁 [J]. 喜马拉雅学志，2011（12）：182

黄鳝、泥鳅等水产，田埂上有各种野生植物，如水芹菜、鱼腥草等等。据《元阳县志》记载："哈尼族作为一个群体出现，至今至少已有两千多年的历史，现在一般70代左右,最长的可追溯到90代。"[1]哈尼梯田是通过千百年来对农耕实践不断摸索和完善的产物。

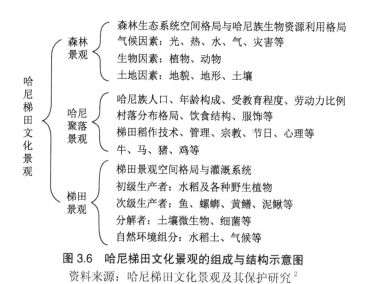

图 3.6　哈尼梯田文化景观的组成与结构示意图
资料来源：哈尼梯田文化景观及其保护研究[2]

（2）哈尼人择山腰而居是对环境的适应

一方面是因为半山腰气候相对温和。元阳的亚热带山谷气候十分多变，可谓"一山分四季，十里不同天"，因此，在哈尼族有句俗话："要种田在山下，要生娃娃在山腰"，足见山腰的气候更适合人居住。另一方面，择山腰而居客观上形成了森林在上、村落居中、梯田在下、水系贯穿其中的景观格局（图3.7），这种格局让生活变得非常方便，上山可到森林里拾柴，下山便到梯田耕作和收获，负阴抱阳、坐南朝北、靠山临水，完全克服了原本相对恶劣的气候与地理环境。

---

[1] 冯铁宏. 红河哈尼梯田的见证价值：首届中国民族聚居区建筑文化遗产国际研讨会[Z]. 成都，2010：13

[2] 角媛梅，程国栋，肖笃宁. 哈尼梯田文化景观及其保护研究[J]. 地理研究，2002(6)：733-741

图 3.7 坐落在半山腰的哈尼文化景观遗产社区
资料来源：红河州宣传部官网

（3）建筑形制是对环境的适应

哈尼传统蘑菇房的建筑形制是对当地潮湿气候适应的结果。蘑菇房一般有三层，最下面一层是牲口圈，中间一层居住，最顶层用于储藏粮食。可见哈尼人在元阳独特的生活方式本身就是对环境的适应。

哈尼族聚居的自然环境孕育了与之相适应的梯田农耕文化，而这一文化又对自然环境起到了改造作用。哈尼族的梯田稻作系统是人们在生产生活过程中，将自身需求与环境条件结合后的智慧产出，它是一种哈尼人自己发明的、基于当地地域条件的、独具特色的农耕技术。红河哈尼梯田的开拓和形成过程，展现了以哈尼族为主的当地各世居民族迁徙、定居和生存发展的历史。在这 1000 余年的演变进程中，以哈尼族为代表的当地世居民族文化传统与哈尼游牧民族文化融合。哈尼遗产价值产生的过程反映了哈尼人适应自然、利用自然的历程。

3.1.4 西湖遗产社区的形成与发展

西湖遗产地内最初开始有较大规模居民聚居很大程度上是受当时政治、经济因素影响。从隋唐开始，杭州城扩张速度加剧，宋朝建都临安（今杭州），政治经济中心向南方转移，北方大量人口因战争等因素南下，临安作为南方重镇之一，城内人口增长进一步加快。从隋朝到唐朝再到南宋，杭州城市建成范围迅速往南拓展，从西湖东侧一半的位置（隋朝）建设到吴山一带（唐朝），再到凤凰山（南宋），今净慈寺一带，城墙范围演变如图 3.8 所示。与此同时西湖水面到宋代基本已经收缩一半，湖面西侧出现大量陆地，因此部分移民开始到西湖西侧群山内扎根。

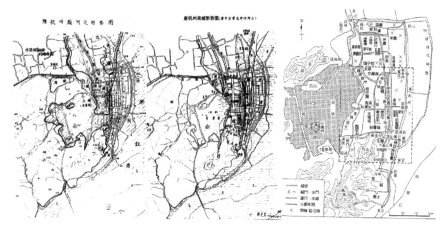

图 3.8　隋－唐－南宋临安城墙对比图
资料来源：参考文献[1]

西湖遗产社区原始聚居形成与政治经济时局有关，然后这些社区不断壮大并延续近千年的两大重要因素是宗教文化与茶文化。一方面，依托长年累月络绎不绝的香客们，"上香古道"两侧的遗产社区如茅家埠、灵隐一带获得了稳定的经济来源，沿路的社区逐渐形成并达到一定规模。另一方面，随着饮茶方式简易化，茶文化普及到民间，龙井茶名气攀升，茶叶需求量不断增加，当地居民依靠种植茶叶便可获得生计。社区拥有稳定的经济来源，遗产地环境优越，使聚居人数持续增长，逐渐形成了我们如今所看到的大规模的龙井茶园景观，现今仅一级龙井茶园便有240公顷[2]。

西湖遗产社区经过历代演变，附着在遗产社区中的历史记忆是龙井茶文化发展史的缩影，它见证了自东晋以来陆续发展的宗教、茶文化对社区经济文化生活的影响。

3.1.4.1　形成之初

西湖遗产社区的历史与西湖湖面的变迁、杭州城的发展史紧密相关。西湖原本是一个海湾，由于南面的吴山和北面的宝石山两边对峙，随着地质的"沉积作用"的加速与人类活动的加剧，海水流速大减，大量泥沙逐渐在吴山、宝石山一线堆积起来，湖东逐渐形成一块冲积平原，最终西湖与大海隔绝，形成了一个潟湖。[3] 西湖水面与城郭的变迁示意如图3.9所示。

1　任俠时.南宋以前杭州城郭考[D].杭州：浙江大学，2002：98
2　数据来自：《杭州市西湖龙井茶基地保护条例》，2001年6月29日浙江省第九届人民代表大会常务委员会第二十七次会议批准，2010年11月25日批准修改。
3　陈文锦.发现西湖——论西湖的世界遗产价值[M].杭州：浙江古籍出版社，2007：20

第 3 章 中国文化景观遗产社区认知

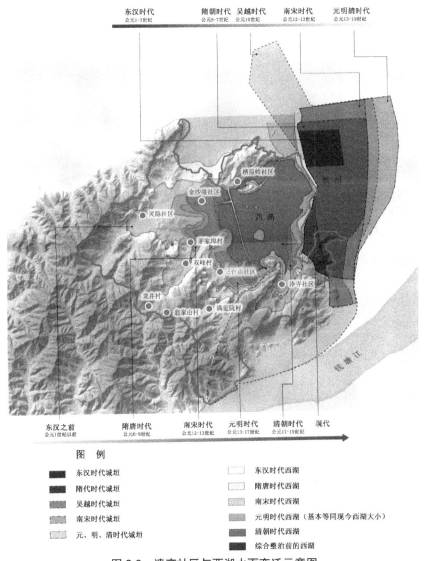

图 3.9 遗产社区与西湖水面变迁示意图
资料来源：作者整理绘制（底图来自西湖申遗文本）

东汉以前，除去龙井社区、翁家山社区与满觉陇社区这三个位于山腰地势较高的社区，其余社区所在位置仍是水面。

隋唐时期，西湖水面大面积收缩，现灵隐、双峰社区所在区域成为陆地，但仍靠近水面。这一点在唐代不少文人在诗中有提及，比如杨巨源有诗："曾过灵隐江边寺，独宿东楼看海门"，说明灵隐寺距离湖面不远，仍是江边寺。张祜有诗："月色荒城外，江声野寺中。"在夜晚的寺庙中能听到江水的声音。

065

李绅有诗:"时有猿猱扰钟磬,老僧无复得安禅。"说明灵隐寺所在地在当时仍是郊野,山林之中虎猿较多,使得僧人无心参禅念佛。彼时,西湖水面仍较大,由于西湖的阻隔,西湖西侧的群山对杭州一般市民来说是非常遥远、荒芜的郊野之地。

南宋时期,除去金沙港与净寺,其余社区所在位置均已是陆地。茅家埠在宋代是有名的埠头。

明清时期,随着西湖水面持续缩小,上述两处也已成为陆地。西湖各社区所在地成为陆地时间如表3.3所示,西湖各社区开始有成片居民聚居时间如表3.4所示。

表3.3 西湖各社区所在地成为陆地时间统计表

序号	名称	东汉以前	隋唐时期	宋朝时期	元明时期	清代时期
1	龙井社区	○				
2	翁家山社区	○				
3	满觉陇社区	○				
4	灵隐社区		○			
5	双峰社区		○			
6	茅家埠社区			○		
7	净寺社区				○	
8	金沙港社区					○
9	三台山社区		○			

表3.4 西湖各社区开始有成片居民聚居时间统计表

序号	名称	东汉时期	隋朝时期	唐宋时期	元明时期	清代时期
1	龙井社区				○	
2	翁家山社区				○	
3	满觉陇社区				○	
4	灵隐社区			○		
5	双峰社区				○	
6	茅家埠社区			○		
7	净寺社区					○
8	金沙港社区					○
9	三台山社区			○		

唐代以前，西湖山上的居住者基本只有僧人，进山的人也是到寺庙拜会友人，并无成片居民居住。比如唐代白居易自称"在郡六百日，入山十二回"[1]。当时白居易与灵隐韬光寺的开山和尚韬光禅师是好友，白居易时到寺内拜访，两人汲泉烹茗、吟诗论道，相谈甚欢。白居易也曾以诗相邀，请韬光禅师入城做客，但被婉拒。[2] 北宋苏东坡的诗《书辩才白云堂壁》[3]记录了他到上天竺白云堂造访辩才高僧，恰逢辩才外出讲法，他久等未归的事件。此外，也有隐士文人隐居在山中，比如北宋著名诗人林逋隐居于孤山，他的《山园小梅》中以"疏影横斜水清浅，暗香浮动月黄昏"来描述西湖边冬日里梅花盛开的情景，也是咏梅的千古绝唱。

西湖西侧自唐宋时期开始有社区形成，最早的是茅家埠社区与灵隐社区。茅家埠是宋代有名的埠头，据宋人周密的《武林旧事》记载，旧时居住在周边的大多是茅姓人家，以采茶养蚕为生；又因茅家埠是前往灵隐寺上香的香客们登岸必经之地，因此这一带商埠云集，面馆、酒楼、茶馆林立，相当热闹。[4] 灵隐社区中最早形成的片区是现在的天竺路商业街一带（图3.10），即沿着天竺路，从灵隐寺山门到上天竺这一段路两侧，这里是曾经的古天竺香市。如今的沿街老建筑构造仍具有鲜明的唐宋时期民宅特点。

图 3.10　灵隐社区的古天竺香市片区现状（形成于唐宋时期）
资料来源：作者拍摄

1　白氏长庆集，卷五十三《留题天竺灵隐两寺》见：鲍志成，关于西湖龙井茶起源的若干问题[J]，东方博物，2004（5）：95
2　白居易《长庆四年正旦招韬光斋》诗："白屋炊香饭，荤膻不入家。滤泉澄葛粉，洗手摘藤花。青芥除黄叶，红姜带紫芽。命师来伴食，斋罢一瓯茶。"韬光《因白太守见招有答》诗："山僧野性好林泉，每向岩阿倚石眠。不懈栽松陪玉勒，惟能引水种金莲。白云乍可来青嶂，明月难教下碧天。城市不堪飞锡到，恐妨莺啭翠楼前。"见鲍志成．关于西湖龙井茶起源的若干问题[J]．东方博物，2004（5）：81
3　《书辩才白云堂壁》："不辞清晓扣松扉，却值支公久不归。山鸟不鸣天欲雪，卷帘唯见白云飞。"
4　（宋）周密．武林旧事·卷六[DB/OL]．https：//zh.wikisource.org/zh/%E6%AD%A6%E6%9E%97%E8%88%8A%E4%BA%8B

元明时期，杭城面积持续扩张，城市与西湖之间的距离进一步拉近，城区居民与西湖西岸的互动渐渐增多。从元末到明代，龙井社区、满觉陇社区、翁家山社区、双峰社区先后开始有成规模居民聚居，形成社区距今500～700年[1]。元明时期文人到龙井社区、虎跑社区的饮茶记载详见第5.4.2节。彼时，饮茶工序简化——从团饼茶转变成散茶，散茶减少了团饼茶烹煮的过程，只需撮一把冲水泡开即可，非常适合家常饮用，因而龙井茶文化逐渐在民间普及，龙井茶在全国的需求量增加。当时社区中的居民大多以种植茶叶为生。

明末清初，在佛教、道教文化发展的引领下，"上香古道"开始变得十分繁华，也曾经一度带动古道两侧的聚居，居民不再仅仅聚居于茅家埠埠头附近，而逐渐呈带状分布。清末民国初，龙井茶已然成为全国名茶，茶叶需求量稳定。民国期间西湖社区人口仍在持续增长，因此，新陆地区域——滨水的净寺社区与金沙港社区也开始有居民聚居。

西湖对杭州城最直接的作用就是提供饮用水源。唐代初年，杭州的户口已超过十万，而杭州临近江海，城内江水咸苦[2]，因此对于饮用水之源的西湖的依赖是显而易见的。唐代杭州刺史李泌（722—789）在杭城外开凿六井为市民供水，而被当时的居民所津津乐道。该六井分别为相国井、西井、金牛池、方井、白龟池以及小方井。相国井、方井和西井在涌金门外，其他三个是运用暗渠将水井与水源连结起来，形成城市供水系统[3]。然而西湖本身是泻湖，周边泥沙经年累月在湖底沉积，若不疏浚西湖便会跟一般泻湖一样从湖泊变为沼泽，再从沼泽变成农田，最后成为城市的建设用地。以白居易、苏轼等为代表的杭州地方官员一方面出于杭城民生问题考虑，一方面怜惜西湖之美景，不希望她消失，因此才有大规模的疏浚工程，同时将挖出的淤泥堆积成白堤、苏堤、杨公堤。

3.1.4.2 宗教文化

杭州佛教文化的发展是促成西湖遗产社区持续演进的一大因素。

（1）天竺一带寺院建成

佛教于西汉末年传入中国，东晋时期佛寺的建造盛极一时，广凿石窟造像，雕刻佛经，建造佛塔。东晋咸和年间（约326年），西印度僧人慧理在杭州登武林山时惊觉这一带跟印度中天竺灵鹫山出奇的相似，问曰："此乃天竺灵鹫山一小峰，不知何代飞来？佛在世日，多为仙灵所隐。""此峰向有黑白

---

1 维基百科：https://zh.wikipedia.org/wiki/%E7%BF%81%E5%AE%B6%E5%B1%B1%E6%9D%91
2 郑瑾.杭州西湖治理史研究[M].杭州：浙江大学出版社，2010：58
3 宋仁正.宋代的西湖[D].台北：台湾政治大学，2006：18

二猿，在洞修行，必相随至此。"[1]言罢，慧理一行果然碰到两只猿，同行者颇为震惊。于是，慧理将此山取名曰"天竺山"，其峰谓之"飞来峰"，并留在西湖天竺一带，陆续建五刹，分别为灵鹫寺、灵山寺、灵峰寺、灵隐寺、灵顺寺。这些寺院就是西湖天竺一带寺庙群的雏形，其他几座寺院或废或更或与灵隐寺合并，只有灵隐寺延续至今。

南北朝时期，江南地区佛教更兴盛。名士谢灵运曾游历西湖，并留下《三生石》。宋代，天竺一带寺院的影响力已不小。据《灵隐寺志》记载："宋真宗皇帝景德四年，敕赐额，改灵隐寺作灵隐山景德寺。敕赐金牌一面。敕赐御书牌一轴。仁宗皇帝天圣三年，皇太后赐脂粉钱九千五十四贯。庆历七年，敕赐御制歌领等件。"[2]苏东坡还曾有"西湖三百六十寺"之说，可见当时佛寺之多，堪称"佛国"。

（2）"朝山进香"习俗形成

靖康之变后，南宋定都临安，政治中心南移，北方大量人口南迁，其中不少到杭州定居，杭城人口剧增。南宋的皇帝推崇佛教，宋孝宗每岁佛诞日，例赐帛五十匹。乾道八年，车驾幸灵隐。明日，赐慧远直指堂印。乾道九年，宣灵隐慧远内殿称旨。[3]而历代皇帝每年正月朔日（元旦）都会亲临灵隐烧香敬佛，祈求五谷丰登，故文武百官、市民百姓纷纷效仿。

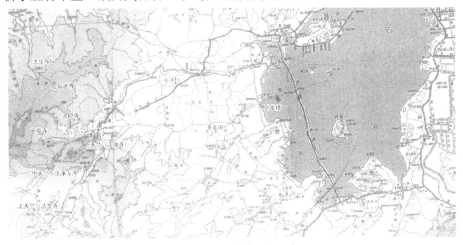

图 3.11　上香古道线路示意图
资料来源：作者整理绘制（底图为 20 世纪 30 年代杭州地图）

1　（清）孙治（初辑），徐增（重修）.灵隐寺志[M].杭州：杭州出版社，2006：3-4，见 高伟军.佛教中国化视野下的杭州灵隐寺[D].武汉：华中师范大学，2012：4
2　高伟军.佛教中国化视野下的杭州灵隐寺[D].武汉：华中师范大学，2012：5
3　高伟军.佛教中国化视野下的杭州灵隐寺[D].武汉：华中师范大学，2012：6

慢慢地，在帝王与文武百官的影响下，二月到天竺一带"朝山进香"成为一种习俗，周边各地的蚕农为祈求蚕花丰收，春季也会结伴前来上香。

古时，西湖东侧尚无现在的北山路，更无素有"九里云松"之称的灵隐路。从城里到西湖西侧只能走水路，茅家埠是人们去灵隐上香的必经之路。多数香客在茅家埠吃了素斋，沿着"上香古道"直奔天竺、灵隐，从茅家埠码头到上天竺长约三公里，沿途寺庵、斋堂、商铺鳞次栉比。香客们先去灵隐寺，从灵隐烧完香出来，继续沿着青石步道往西走，到下天竺(法镜寺)、中天竺(法净寺)和上天竺(法喜寺)拜完才算上完香。《儒林外史》中有一段对马二先生游西湖的著名描写，他独自一人步出钱塘门后，便看到"那一船一船乡下妇女来烧香"，她们坐船来到杭州，穿过城里的河道进入西湖。道光年间所撰的《吴郡岁华纪丽》[1]中，描写了那时春天，苏州妇女去杭州进香的情境，"城乡士女，买舟结队，檀香柏烛，置办精凑。富豪之族，则买画舫，两三人为伴，或挈眷偕行，留连弥月。"也数十人合资雇一艘船，出钱最多的那位被称为"香头"，船上多插小黄旗，写着"天竺进香"或"朝山进香"。[2]这一整段上香必经之路就是在历史上享有盛名的"上香古道"。

明清时期，佛教、道家在杭州都很繁盛。天竺山一带聚集了杭州大部分著名的佛教寺院，比如当时的"四大丛林"昭庆寺、圣因寺、净慈寺和灵隐寺都位于天竺山上。据民国《西湖志》记载，当时西湖内大小寺院80处、道观数4处[3]。民国初年，美国传教士费佩德博士[4]捕捉到一些香客们的身影，如图3.13所示。

图3.12　上天竺　中天竺　下天竺（1911）
资料来源：美国传教士费佩德博士（摄于民国初年）《天城记忆》[5]

1　(清)袁景澜，撰．甘兰经，吴琴，校点．吴郡岁华纪丽[M]．南京：江苏古籍出版社，1998
2　耿朔．从俗尘到佛境重走杭州上香古道[J]．遗产之旅，2016（3）：121
3　(民国)何振岱．西湖志．福州：海风出版社，2001：214-231
4　费佩德博士：1874年生于上海，在美国获得神学博士之后与新婚妻子艾莎于1898年重回中国，并在中国几乎度过了剩下的所有时光，主要地点在杭州。在杭时曾担任之江大学第四任校长，深为西湖之美景所动，每逢周末便带着相机在西湖周边地区转悠并拍照留念，因此留下了很多宝贵的历史记录。其外孙罗伊·休厄尔将他所拍摄的照片整理成《天城记忆》出版。
5　罗伊·休厄尔，沈弘．天城记忆[M]．济南：山东人民出版社，2010：79，139

图 3.13　上香古道旧景，以及路上年迈的香客　资料来源：《天城记忆》
原昭庆律寺¹天王殿与大雄宝殿之间的香炉，云栖寺²门口石狮

（3）"天竺香市"

　　每年二月是朝圣人数最多的时候，也是这条进香道路最繁忙的时节。沿路，尤其靠近各大寺庙的位置，在香客们必经之路上，商贩们自发集结成了诸如"昭庆香市""天竺香市""三山香市"等香市，统称为"西湖香市"，持续时间长达两个月。据明代张岱《陶庵梦忆》记载："西湖香市，起于花朝（农历二月十八），尽于端午（五月初五）。"清代范祖述在《杭俗遗风》中记载了文武百官与一般老百姓参与香市的行程情况，可见参与人数极多，步行或坐轿都有。文武百官于观音圣诞前日祭拜；普通老百姓有的连夜赶往寺庙祭拜，有的十九日清早前往："二月十九，观音圣诞。十八日，文武百官自抚台以下，亲往拈香，一切执事，城门口即便打落，不敢开锣喝道，其敬畏有如此者。百姓有忏会者，均于十八晚间出城。所以自茅家埠起，一路夜灯，至庙不绝。当日去者，自城门至山门，十五里中，挨肩擦背，何止万万行人，坐轿者不必言矣。"³当时灵隐一带的茶楼面馆因香市生意火爆，存在哄抬价格的情况。天竺路上有一二十家饭馆，其中最有名的是"陈三房"，一碗饭四文钱，量却少得可怜，口大者只一口便能吃完，范祖述本人便有过一顿吃 16 碗的记录，而商家仅春季香市生意所得已够一年生计："天竺山饭店自三天竺至灵隐寺山门内有一二十家，惟陈三房最有名，所卖之饭每碗四文，口大者只须一口，予曾经吃过一顿十六碗，菜惟件儿豆腐，如要炒素菜、煎豆腐或皮笋汤之类，三文之本要秤十文之利，春香一市生意要安享坐吃一年也。"

1　昭庆律寺：杭州佛教五大名刹之一，与灵隐、净慈、虎跑、云栖齐名。曾经是一个规模宏大的寺院，院外围建筑一直延伸到西湖边。但解放后它被改造成杭州市少年宫，现为杭州青少年活动中心所在地。
2　云栖寺：又称"云栖山寺"，清代康、乾之际是云栖寺空前鼎盛的时期，清康熙三十八年圣祖御题"云栖"及"松云间"二额，乾隆十六年题"香门净土""悦性亭""修篁深竹"三额，二十七年又题"西方极乐世界安养道场"额。康熙帝也曾多次来此，并写了不少诗篇。此后寺院虽屡有毁建，始终不复昔日繁盛。民国时期，寺院终因年久失修，落没草莽。1962 年原寺址辟为杭州市工人休养院。
3　（清）范祖述. 杭俗遗风·天竺香市篇 [M]. 上海：上海文艺出版社，1989：148

香市贩售的物品非常广泛，用张岱的话来说："厂外又棚，棚外又摊，节节寸寸，凡胭脂簪珥、牙尺剪刀以至经典木鱼、伢儿嬉具之类，无不集。"非常热闹的一番景象。对香客们来说，进香完后在香市为家里老小添置一年所用日用品也是一大乐趣。

"上香古道"繁华数百年，也是带动沿线两侧社区发展的重要因素。茅家埠依托埠头稳定的人流量发展饭馆、茶馆等，社区定居人口也不断增加。直到20世纪40年代后期，因为湖滨到灵隐开通了公路，游客大多改乘汽车前往灵隐寺，这条古道才渐渐沉寂，茅家埠也随之衰败。1911年的灵隐寺主殿规模已与现今相同（图 3.14）。

图 3.14　灵隐寺主殿（1911 与 2015）
资料来源：页下注[1]

3.1.4.3　禅茶文化

南宋以前，西湖群山仍是山高路险、甚是偏僻的地方，除去僧人与零星文人隐士外，无成片居民聚居。明清时期"龙井禅茶"在全国声名远扬以及茶文化的普及是西湖群山中遗产社区形成、壮大的一大原因，禅茶文化与遗产社区关系如图 3.15 所示。

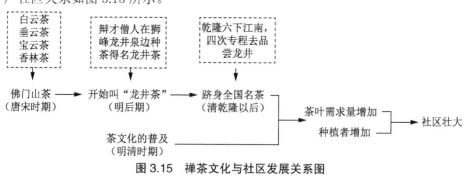

图 3.15　禅茶文化与社区发展关系图
资料来源：作者绘制

---

[1] 2015 年图片为作者拍摄，1911 年图片来自：罗伊•休厄尔, 沈弘. 天城记忆 [M]. 济南：山东人民出版社, 2010：76

（1）唐宋时期

"龙井茶"最早的记载可追溯到唐代,那时尚未有特定的茶名,因是天竺、灵隐寺一带僧侣们栽种的佛门山茶,而被笼统地称为"天竺、灵隐二寺所产茶"。唐代著名"茶圣"陆羽曾去杭州西湖、余杭苕溪等产茶区考察,并在《茶经·八之出》记:"杭州临安、于潜二线生天目山,与舒州同;钱塘生天竺、灵隐二寺。"[1]明确记载了钱塘（今杭州）天竺寺与灵隐寺生产茶叶,这是杭州出产茶叶最早的文字记载[2]。北宋苏轼在杭州任知州时曾对西湖种茶历史进行过考证,他认为最早在西湖种植茶叶的是南北朝诗人谢灵运,谢在下天竺翻译佛经期间将从天台山带来的茶树种子栽下,开始栽培茶树在灵隐、下天竺香林洞一带。[3]

北宋高僧辩才被认为是"龙井茶鼻祖",他嗜好饮茶,在上天竺做住持时带领弟子在寺庙周边开始较大面积地种植茶叶,晚年退居到狮子峰下的寿圣院,在狮子峰山麓开山种茶。[4]后世认为狮峰山为龙井茶的发祥地,也是现在龙井茶的主要产区。其与苏东坡品茗吟诗,苏东坡手写"老龙井"等匾额,至今尚存在寿圣寺胡公庙中。辩才所在的天竺寺是上天竺、中天竺、下天竺三个寺院的统称,下天竺在地理上与灵隐寺相接,茶园也连到一起,"天竺、灵隐二寺所产茶"就出自这一片茶园。

天竺、灵隐一带种茶的传统一直延续了下来,到南宋时期,种植茶叶的寺庙越来越多,各寺院自采自制自用,也用以招待施主香客。《淳祐临安志》记载:"下天竺岩石下,石洞深窈,可通往来,名曰香林洞,慈云法师有诗:'天竺出草茶,因号香林茶'。其洞与香桂林相近。"茶叶品种具体如表3.5所示。这些也都属于"天竺、灵隐二寺所产茶"系列,也是龙井茶的前身。

表3.5 天竺、灵隐二寺所产茶一览表

产地	茶名
上天竺白云峰	白云茶
葛岭路宝严院垂云亭	垂云茶
葛岭宝云山	宝云茶
下天竺香林洞	香林茶

（2）元明时期

元代以后,龙井一带所产茶开始有些许名气。元代的林右在《龙井志》序中写道:"龙井距钱塘十余里,山水靓深,宋辩才法师行道处也。……钱塘

---

1 （唐）陆羽. 茶经 [M]. 北京：中华书局, 1991：19
2 鲍志成. 关于西湖龙井茶起源的若干问题 [J]. 东方博物, 2004（5）：79
3 王国平. 西湖龙井茶 [M]. 杭州：杭州出版社, 2004：3
4 鲍志成. 关于西湖龙井茶起源的若干问题 [J]. 东方博物, 2004（5）：80

虽多胜刹，至语清迹，必曰龙井，凡东西游者，不之龙井，必以为恨。"[1] 龙井茶已是游客必饮的茶。

明代以后，关于老龙井一带所产茶叶的记载开始变多。明万历年的《西湖游览志》写道："龙井之上为老龙井""老龙井有水一泓，寒碧异常，泯泯丛薄间。……其地产茶，为两山绝品，郡志称宝云、香林、白云诸茶，乃在灵竺、葛岭之间，未若龙井之清馥隽永也。"[2] 田艺蘅《茶谱·煮泉小品》："武林（指杭州）诸泉，惟龙泓入品，而茶亦惟龙泓山为最，其上为老龙泓，寒碧倍之，其地产茶，为南北山绝品。"[3] 明代《五杂俎》中写道："今茶品之上者，松罗也，罗芥也，虎丘也，龙井也。"《钱塘县志》也有记载："凤凰之北为棋盘山，为狮子峰，为老龙井。老龙井茶品，武林第一。"[4] 说明明朝末年，龙井茶在杭州当地已经颇有名气。

（3）清朝时期

清代，因为乾隆帝尤爱龙井茶，在全国推崇，故龙井茶声名远扬。乾隆六下江南，四次巡幸西湖天竺、云栖、龙井，到山中观茶品茶赋诗，流连于问茶古道的秀丽风景，沿途留下诸多御笔亲题，胡公庙前的十八棵茶树还被封为"御茶"。这使得"龙井茶"在全国独占鳌头，成为当之无愧的全国名茶，问茶者络绎不绝。清末民国初，西湖的西侧、南侧都开始种龙井茶。龙井茶园现状如图3.16所示。

图3.16　龙井路两侧的一级龙井茶园现状（2015）
资料来源：作者拍摄

3.2　中国文化景观遗产社区分类

3.2.1　中国文化景观分类

中国的文化景观可分为两类：风景名胜文化景观和生活智慧文化景观（表

1　鲍志成.关于西湖龙井茶起源的若干问题[J].东方博物，2004（5）：81
2　（明）田汝成.西湖游览志·卷四南山胜迹[M].杭州：浙江人民出版社，2008：69
3　（明）朱权，田艺蘅.煮泉小品·茶谱篇[M].北京：中华书局，2012：21
4　许敏蓓.明清时期太湖地区茶叶生产研究[D].南京：南京农业大学，2011：9

3.6）。截至目前中国已登录的文化景观中，第一类风景名胜文化景观有：庐山文化景观、五台山文化景观、西湖文化景观三处，这一类是以中国特有的风景名胜区体系为基础的。第二类生活智慧文化景观有元阳哈尼梯田文化景观和左江花山文化景观两处。这一类文化景观的遗产价值完全由遗产社区中的居民创造，充分体现了人类聚落在遗产地生活生产过程中所产生的生活智慧。

根据遗产价值形成过程中社区所起的作用，社区与遗产之间的关系总结如图 3.17 所示。

表 3.6　中国文化景观类型分类表

	遗产类型	举例
1	风景名胜文化景观	庐山文化景观
		五台山文化景观
		杭州西湖文化景观
2	生活智慧文化景观	元阳哈尼梯田文化景观
		左江花山岩画文化景观

资料来源：作者绘制

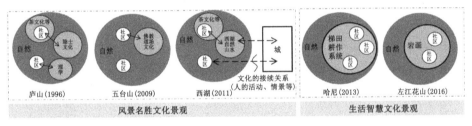

图 3.17　中国 5 处文化景观价值构成示意图
资料来源：作者绘制

以下分别阐述上述两种类型文化景观的特征。

生活智慧文化景观是国际上较普遍的、典型的文化景观类型，也是当初"文化景观"概念提出时希望填补的遗产类型中的空白部分，它们既不属于传统文化遗产，也不是自然遗产，遗产价值体现在人对土地特殊而又持续地利用过程中，比如菲律宾的科迪勒拉水稻梯田（Rice Terraces of the Philippine Cordilleras，1995）、葡萄牙上杜罗葡萄酒产区（Alto Douro Wine Region，2001）、托卡伊葡萄酒产地历史文化景观（Tokaj Wine Region Historic Cultural Landscape，2002）等。

而以风景名胜为基础的文化景观，是中国特有的，是在中国传统精英文化中酝酿出的遗产表达形式，其价值构成是多元的，既有风景名胜又有人类生活智慧。风景名胜文化景观特点如下：

（1）风景名胜区文化景观的价值创造者是复合的——由两类人创造

中国的文化景观很多是复合的产物，一方面是在某种文化或文明影响下催生出的反映特定时代的精神审美、代表这种文明精粹的文化产物——历史建筑群、园林等等。比如理学研讨圣地白鹿洞书院，它清晰展现了理学发展的思想足迹；如位于西湖孤山的林逋故居，它反映了当时文人士大夫的审美和精神世界。这类的价值一般由隐士、宗教人士、文人士大夫等文化精英创造。另一方面是风景名胜区中的社区居民在长期生活过程中产生的生存智慧——特殊的土地利用方式，比如西湖遗产社区居民在杭州西湖特殊土壤条件和气候因素下创造了独特的龙井茶种植、采摘技术等。风景名胜部分是精英们内观世界的外部物质投射，社区部分代表朴实无华的人类生活智慧的结晶。

中国风景名胜类文化景观价值创造者来自五湖四海，不一定局限于当地居民，这一点与哈尼梯田这一类文化景观不同。哈尼梯田文化景观的核心价值完全由原住民创造，是原住民为了生存适应环境的成果——当地人创造了一整套具有代表性的农业耕作方式，其聚居生活本身就是遗产价值的形成过程，而风景名胜区文化景观价值则是由文化精英与当地居民共同创造的，更为复杂。

（2）风景名胜区文化景观的价值是复合的——精英文化和朴素文化

风景名胜区文化景观价值包含由文人士大夫创造的精英文化和由普通百姓创造的朴素平民文化。后者可能因为太熟悉，反而时常被我们忽视或模糊了。

这些朴素的平民文化展现了人们日常生活中适应自然的聚居智慧，体现在社区建筑布局、建筑结构等特征中，展示了与生活紧密相关的日常生活场所蕴含丰富的场所意义和价值。文化景观类型的提出正是让这些原先不被认为是"突出普遍价值"的、与生活相关的、与非物质要素相关的价值被纳入世界遗产框架，被人们理解和认识。

综上，总体来说风景名胜区文化景观比生活智慧类文化景观复杂，其中的遗产社区也是如此，发挥的功能更多样化。

3.2.2 中国文化景观遗产社区类型

以遗产社区对遗产地价值形成起到的作用为分类标准，中国文化景观遗产社区可分三类：协作型遗产社区、原生型遗产社区和复合型遗产社区。各类型在社区中发挥的作用如表3.7整理。

表 3.7 中国文化景观遗产社区分类表

	遗产类型	遗产社区类型	遗产社区的作用	是否具有突出普遍价值	举例
1	生活智慧文化景观	原生型遗产社区	该类遗产社区居民创造了遗产价值，并且遗产地价值完全由社区创造，社区具有突出普遍价值，社区消失，遗产核心价值消失	有	阿者科等（哈尼）
2	风景名胜文化景观	协作型遗产社区	该类遗产社区居民或许没有直接创造具有突出普遍价值的物质实体，但是其自身发展深受遗产价值文化影响。此外，该类遗产社区在发展过程中与遗产地价值相互协作，形成稳定的相互依赖关系（良性循环），并且正是由于这种架构关系促使遗产地价值不断产生、传播、发扬光大，遗产社区是遗产文化结构完整性的一部分	没有*	台怀镇（五台山）
		复合型遗产社区	兼具两者，社区既发挥了协作功能，同时也创造了代表社区居民生活智慧的突出普遍价值	有	龙井社区等（西湖）

*注：《操作指南》中的提名标准主要从西方文化中提炼出来，用来解析中国文化时仍有多种不适应性。根据2014年修订的《操作指南》提名标准，协作型遗产社区在遗产整体价值发展过程中所起的作用尚不构成突出普遍价值，但事实上应该具备的。该部分内容随着今后提名标准中东方属性的增加，应该会得到改善。

3.2.2.1 原生型遗产社区——具备遗产价值——创造关系

"原生型遗产社区"是一个生造词，旨在表达这一类社区价值是社区居民原始创造的，社区所在遗产地的突出普遍价值由且只由社区居民创造。比如元阳哈尼梯田文化景观的阿者科、上主鲁等，遗产价值累积从哈尼族在元阳聚居时便已开始，完全依赖原住民自主创造。遗产地的突出普遍价值是社区居民在耕作过程中形成的森林、村寨、梯田、水系"四素同构格局"。这是社区居民在生活过程中总结的经验，体现了人类的智慧。如果说梯田是遗产价值的物质承载者，那么社区是使梯田存在的内在驱动因素。社区本身是突出普遍价值的一部分，本身就是遗产。

3.2.2.2 协作型遗产社区——非直接产生遗产价值——协作关系

这一类遗产社区虽然没有直接创造价值，但它们与精英文化引导下产生的风景名胜形成相互依赖、相互哺育的协作关系，相辅相成，共同促使遗产价值形成、传播、光大。它们是遗产地文化结构完整性的重要组成部分。比如五台山的台怀镇，若没有社区居民租赁寺庙多余的农田，寺庙不可能有如此充足的资金来大规模扩建寺庙建筑,也没有经济实力如此频繁、持久地(持续一个月)举办盛大的庙会活动,佛乐等佛教文化不会如此丰富,也不会吸引那么多信徒前来参加法会,五台山佛教的影响力也不会这么大。正是社区居民与寺庙构建的发达的寺庙经济供养了佛教文化在五台山地区乃至全国的传播与发展,才使五台山佛教文化影响力不断扩大。当地一部分居民也依赖庙会、法会吸引来的香客,通过为他们提供住宿、餐饮等旅游接待服务,从而维持生计,如此形成了社区-寺庙-佛教文化三者之间的相互供养关系,良性的循环促进佛教文化发展。社区居民对佛教文化的精神崇拜与敬畏从未间断,在如是文化熏陶下,社区格局也受影响,至今为止,台怀镇的金岗库村依然设有地方庙和庙前广场,可供村内百姓拜佛所用[1]。这一类遗产社区随着时间的推移,在经济、文化、政治等因素促成下与遗产价值交织在一起。

3.2.2.3 复合型遗产社区——以上两者兼具

这一类社区是中国特有的风景名胜区文化景观中的一种,成分复杂,兼具前两者功能,社区既发挥了协作功能,同时也创造了代表社区居民生活智慧的突出普遍价值,比如西湖的龙井社区。龙井社区居民在西湖特殊的地域环境下形成了从种植、采摘、炒制到品饮这一系列技术工艺(详见第5.4.3节),确保创造出的龙井茶有"色绿、香郁、味甘、形美"这四绝。因此龙井社区是体现居民生存和生活智慧的杰出典范,具有突出普遍价值。

同时,龙井等社区的存在为西湖龙井茶文化的广泛传播起到了重要作用,至今仍在发挥协助功能。龙井茶原来只是北宋时期天竺一带僧人自产自销的佛门山茶,是为了避免饭后做午课犯瞌睡而喝的醒觉茶。到了明代,随着茶叶品饮方式简单化,茶文化逐渐被大众接纳,茶文化的普及促使茶叶需求量的增加,彼时西湖龙井茶并不有名,产量极少,知之者甚少。周边居民加入茶叶种植对龙井茶文化的影响力是一个推动,并且当地居民对龙井茶制作方式进行了二次创造,在原制作基础上结合徽茶的制作方法对炒制工艺加以改进,至乾隆年间,"辉锅十字诀"基本完善,始出"四绝"之龙井茶。这种炒制方法不仅沿用至今,而且还同化了整个西湖地区的炒制方法。茶叶品质的提升促成西湖龙井茶名气的提高,种植茶叶的社区居民越来越多,产量增加,影响力也增大,这是一个"社区-茶叶-茶叶文化"之间的相辅相成关系,乾隆对龙井茶极其推崇,使龙井成为全国名茶,茶叶需求量增加,茶叶生产规模增加,造就了现在我们看到的大规模的龙井茶种植园。

---

1 王应临.基于多重价值识别的风景名胜区社区规划研究[D].北京:清华大学,2014:89

3.3 中国文化景观遗产社区的作用

3.3.1 遗产社区是遗产文化传承的主力军

遗产社区的居民是遗产地价值传承的主力军，社区生活的延续是传统生活方式、土地利用技术得以延续的前提。社区居民对于遗产价值的认同感较外来人口高，对遗产的情感依赖度也更高，是保护与传承景观文化的载体，是遗产中不可分割的一部分。

（1）生产技艺的传承

至今为止，哈尼当地农民仍会沿用当地独创的传统月历来指导耕作，（表3.8）。这个月历以花、鸟等动植物的物候为指导判断季节变化，结合耕作习惯，从而确定各种作物播种栽插的时令。因为每个村寨都有自己特定的用于观察物候的动植物，因此，具体安排耕作或节日的日期各村寨略有不同，相差几天也很常见。在这个月历之前，哈尼人用的是自己独创的"十月历"，一年分10个月，后来受汉族农历影响改为现在的12月历。

表 3.8 哈尼十二月历

月份	寓意	
十一月"岩腊"	即蜡梅花开月，既称冬月，又称新年月	农闲季节
十二月"哈俄仲腊"	即彝族(包括汉族)过年，既称腊月，又称多余的月。（注：因为该月历是从"十月历"改过来的，所以有2个月略显多余）	
正月"杯约"	即昆虫冬眠萌动	
二月"昂玛吐"	即祭献寨神	
三月"扫兰卡窝朋"	即水稻秧苗开始栽插，俗称开秧门或春插，过黄饭节。每户杀鸡、染彩蛋和染黄色糯米饭，举行送秧苗出门的仪式	耕田种植和田间管理时期
四月"元腊登安大乌里所"	即五谷种下地后，祭祀水源神。在山区和半山区，往往是水资源贫乏，到了干旱季节，农业生产急需有水，人、畜饮用水也感困难，盼望水源旺盛	
五月"阿腊苗昂南"	即庄稼栽种结束后，耕牛劳累得"魂不附体"，要做粑粑为牛叫魂	
六月"热南苦扎扎"	即六月节，又称苦扎扎节。太阳回归，一年过半，庄稼长得漂亮(苗壮)。各村寨根据稻谷秧苗返青、农事活动有空隙来安排，节期不统一	

续表

月份	寓意	
七月"施腊阿保捏、嘎玛独"	即捉蚂蚱、修道路，为迎接收获新庄稼做准备。这个时节是烟雨茫茫的天气	收获季节
八月"希腊车施扎"	即尝新米饭。这时阴雨天气基本结束，雾散开	
九月"为腊和威然汗俄"	即旧年（末）月。做糯米粑粑送长工回家	
十月"车兰乎施"	即十月新年。谚语说："车兰矣尼起半"，意为樱桃花开一半过新年，也就是野樱桃含苞待放的时节。过完十月年，还要进行一次"矣尼札来来"，即樱桃花红时做汤圆吃，这时对应的是冬至节气附近	

*注：以上月份对应的是汉族农历，资料来源：根据《哈尼族历法的演变》[1] 整理

  哈尼月历是以一年农耕活动结束的农历十月为年末，十一月为新年月。季节也是根据农耕忙碌程度来划分的，一年分三季，分别为"冷季"（农历十月至次年二月）、"暖季"（农历三月至六月）和"温热多雨季"（农历七至十月）。冷季为农闲季节，主要从事梯田养护维修和春耕准备工作；暖季为耕田种植和田间管理时期；湿热多雨季则是收获的季节。[2]

  此外，哈尼居民仍然保留了中国农耕技术中最传统的"穗选法"，每家种植红米2～4年后，把自家田地的种子与本村或其他村寨的人交换；由经验丰富的村民在收获的时候挑选最饱满健壮的谷穗作为次年的种稻，既保证了种子品种的优良性，又保证了水稻基因的多样性，这样才能让哈尼梯田水稻传承千年。农田生产经验、生产知识现在主要还是通过父亲、母亲向子女讲授这种口耳传承的方式在延续。[3]

（2）生活方式的传承

  在元阳哈尼，传统节日很多，其中最重要的三个哈尼族民族节日是"昂玛吐""矻扎扎"和"扎勒特"。

  "昂玛吐"意为祭寨神。在遗产地，"昂玛吐"是各村寨对寨神最隆重的集体公祭，一般在农历二月进行，是一年农耕生产全面开始的标志性节日。其中最具特色的是"寨神祭祀仪典"和"长街宴"。寨神祭祀活动在本村"寨神林"中举行，由祭司主持，祭毕共同就餐。"昂玛吐"一般过节三天，不事生产。节日的最后一晚，全村人都来参加"长街宴"，如图3.18所示。"长街宴"在祭司家门前的场地上布置，席间由祭司领头，同唱古老的哈尼酒歌，边吃

---

[1] 李维宝，张佩芝，白祖额. 哈尼族历法的演变 [J]. 云南天文台台刊，1993(4)：59-64
[2] 冯铁宏. 红河哈尼梯田独特的历史、环境与传统文化 [Z]. 中国文化遗产保护论坛论文集，2012：381-385
[3] 王喆，冯铁宏. 哈尼族的梯田稻作农业文化传统 [J]. 住区，2011(3)：83-87

边唱，哈尼族称这一夜为"埃玛支拔多"。[1] 村里的喜事在此统一通报，大家相互敬酒祝福，既表达对大家的美好祝愿，也是对来年稻作收成的祈福。"长街宴"一结束标志着新一年的农耕生产将全面开始。哈尼的许多节庆活动都与农耕生产息息相关。

图 3.18　云南哈尼的长街宴
资料来源：网络[2]

此外，哈尼文化景观核心区社区也延续了对于传统语言、服饰、饮食、信仰、音乐、舞蹈、祭祀等的传承，行走在社区内经常能见到身着土布民族服、佩戴银饰的哈尼族妇女身背树藤筐穿梭其间，基本保留着传统的生活方式。社区是文化景观"完整性"的基因库。[3]

3.3.2　遗产社区是维持人类与遗产之间的精神关联的关键

遗产社区所承载的历史信息是遗产联系过去与未来的纽带。遗产社区的发展轨迹是当地历史文化发展的浓缩。

文化景观强调人和自然之间的相互作用关系，是人与自然相互作用的产物，既有文化遗产属性又有自然遗产属性，是"人类社会和居住点长期演化过程的例证"，是"可持续土地利用的特殊技术以及人类与自然特定的精神关系"的反映。遗产社区正是这一见证的关键。遗产社区作为生活在遗产地这样一个特定地方的社会群体，其所蕴含的知识体与价值体是遗产整体真实性与功能结构完整性的一部分，是不可分割的。遗产社区的永续存在是一种集体记忆或时代记忆的延续。遗产社区的可持续演进是以景观的方式（形态、肌理）记录当地历史发展轨迹。

（1）遗产作用下的统一价值取向

1　冯铁宏. 红河哈尼梯田独特的历史、环境与传统文化 [Z]. 中国文化遗产保护论坛论文集，2012：381-385
2　数据来源：http : //honghe.yunnan.cn/system/2019/11/15/030520986.shtml
3　齐骥. 城镇化视域下社区文化遗产发展研究 [J]. 中华文化论坛，2016(6)：26

由于千百年来受佛教文化与僧尼生活的影响，佛教元素与生活方式已扎根于五台山当地的民俗风情中。佛教环境伦理观念也深深影响着当地居民。

当地居民为人质朴忠厚，乡土情结厚重，心中存佛，内心向善，文殊信仰广为流传。从五台山当地居民的传统礼仪习俗可以看出与佛教浓厚的关联性，比如中国农历腊月（十二月）初八之日有食腊八粥的风俗，其来历便与释迦牟尼修行有关。相传释迦牟尼是在腊月初八这天饮牧女所献乳糜（乳汁或酥油调制的粥），感到神清气爽，随即在菩提树下得道，之后每逢农历腊月初八，便仿效牧女献乳糜，用各类干果、豆类熬粥敬佛，逐步形成腊八粥的习俗。

每当五台山有盛大的佛事活动，当地居民会成为主要的参与者。法会是宗教活动的主要形式，春节期间各个寺庙都会举办纪念弥勒菩萨的法会和僧众拜万佛、放禄马、拜五方文殊等寺庙活动，当地信众会和众多的各地善男信女们一起祈祷祝福，吃斋饭，体味1080台阶。到了六月份，会有两场最热闹的活动，一个是五台山六月庙会[1]（六月骡马大会）。据传说农历六月十四为文殊菩萨诞辰，作为文殊菩萨的演教道场[2]，每年从六月初一开始，会举行规模最大的法会，为期1个月到40天。这是当地最有名的古庙会，早在隋唐时期就已初具规模，清代乾隆时期达到高峰。举办地就是台怀镇。古时候庙会上的主要活动是唱戏、牲畜交易。现在会有丰富多彩的文艺节目。还有一个是跳布扎，在农历六月十五前后举行。跳布扎来源于藏传佛教，所以都是由寺内喇嘛来举行的，一般会在前一天就开始念护法经、跳金刚舞、在菩萨顶"镇鬼"；当天会有很多喇嘛走出寺庙，穿街绕巷，从菩萨顶一直行进到罗目侯寺。

（2）遗产作用下的宗教信仰

哈尼每个村寨的梯田都分为森林、水源、台地和房屋四个系统。梯田里没有水库，山顶森林是台地获取水源和灌溉用水的水库。森林分为四种类型：古老的"补水"林、寨神林、巩固林和用以提供建筑、食物和柴火的村寨用林。寨神林颇具神秘感，在村寨上方，是供奉"寨神"和"地神"的地方。千百年来哈尼的居民们一直信奉着森林里住着"寨神"昂玛（Angma）和"地神"咪松（Misong），他们会保佑村寨平安、健康、繁荣昌盛。倘若森林遭到破坏便会惊扰神灵，从而失去太平的生活。因此，哈尼族人小心翼翼地捍卫着他们神圣的森林，任何外来人不得闯入。正是这种自然崇拜约束着哈尼人，才使梯田系统一直传承下来。

1　后因五台山地区六月牧草茂盛，又吸引了四方牧民前来放牧，因而改名为"六月骡马大会"。
2　凌伯雄. 五台山世界文化景观保护研究 [D]. 北京：中国地质大学，2013：29

至今传统的哈尼农民仍然信奉寨神,"祭寨神林"的传承人是"寨神"及其他神灵的具象化身,在哈尼语中叫"咪谷",只有当地德高望重、夫妻恩爱、儿女双全、家庭和睦、无违纪行为的人才能胜任。咪谷的主要职责是为祭祀挑选吉日并主持祭祀仪式。人们对护寨神和护林神的崇拜是哈尼族依赖崇山峻岭和河流水域等自然要素的精神体现。保护好这些村寨是延续人与梯田之间精神联系的关键。

3.3.3 遗产社区居民是遗产地经济的主要创造者

社区居民是维持遗产地经济运转与社会稳定的主体,同时,社区所拥有的文化烙印和文化价值吸引了更多旅游者来创造更大的经济价值。遗产社区居民创造了自给自足的经济来源。

(1) 农业经济

五台山当地居民就创造了自给自足的农业经济,并反过来哺育佛教文化的发展。从北魏到民国,五台山的寺庙经济一直很发达,当地居民收入主要来自两大块,一块是租赁各寺庙的田地,每年上交粮食(具体详见第3.1.2节);另一块来自做旅游接待相关服务,例如接待前来云游的僧人与信众,解决他们的住宿问题,或销售一些基本生活用品。这样就形成了僧、众之间既相互依赖又相互促进的良性循环。正是因为五台山当地居民租赁寺庙多余的、无力种植的土地,才促成了五台山寺庙经济的发达,因为单凭僧侣们的耕种能力是非常有限的。寺庙经济的发达让各寺院有充足的资金可以举办更好的法会,使慕名前来朝拜与学习的香客与僧人更多,五台山的佛教文化在全国的影响力更加显著。

正是僧、众之间的相互依存关系才使五台山遗产社区一直延续至今,同时增强了佛教文化的影响力。历史上五台山地区的寺庙和僧人与当地民众之间的文化、经济、社会和景观风貌联系充分体现了中国大乘佛教与世俗生活紧密结合的特点。

(2) 商品经济

庐山的牯岭镇形成了一套商品经济体系。自李德立成功开发第一批别墅并迅速销售一空后,俄、美、法等国人也来庐山开辟避暑地,庐山上的建设源源不断,一般是外国人绘制好图纸后雇佣中国工人施工建造。长时间大规模的建筑活动带动了庐山建造业的迅速发展,其他附属产业也跟着发展了起来,成为当时国内建筑人才的汇集地。进入20世纪20年代之后,庐山"营建筑业者……一日千里,称极盛焉"[1]。那时,庐山建筑产业整体非常发达,有

---

1 (民国)吴宗慈. 庐山志[M]. 南昌:江西人民出版社,1996:455

三大行会：石帮建筑业、木帮建筑业和泥水帮建筑业。据1937年统计，在牯岭注册的建筑厂已达34家。当时统领经商的有30个行业，共226家，建筑业列为三十个行业之首。建筑业中资金雄厚、实力较强的有和昌营造厂，还有黄森记建筑厂和蔡维志建筑厂。[1]

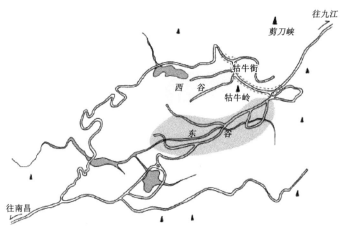

图 3.19　正街位置示意图（虚线位置）
资料来源：作者绘制

庐山上的社区越来越壮大，但无论外国人还是中国人，他们的日常生活必需品都需要从山下运至山上。正街恰好位于剪刀峡与牯岭之间，是九江到牯岭避暑地的必经之路，如图3.19所示，于是正街顺理成章地成了生活必需品的集散地，正街的英文名"Market Street"便是由此而来。很多中国人在正街做起了小本买卖，为山上的人提供生活必需品，作为牯岭避暑地的后勤服务点。逐渐地正街的功能越来越拓展，邮局、银行等办事机构也开始设置在正街上。民国时期，庐山成为长江流域著名的风景名胜区，来山上避暑旅游的中外人士日益增多。以旅馆业为首的旅游行业也很快发展起来，彼时正街上各种功能设施齐全。根据徐珂编纂的《庐山指南》的描述："膳食费一人一日银币二元至五元。华洋旅馆、胡金芳客栈之膳宿费，一人一日均一元五角。又有云天旅馆、匡庐旅馆、大观楼，则六角或四元。"[2] 1931年时，正街及下街已有店铺86家，出现的行业种类主要有：杂货（包括食用杂品）、旅馆、洋货布匹、书肆、药房、医院、成衣、照相等，服务设施非常完善，甚至还有网球场、游泳池等体育设施。此外，还建立了市政议会(the Kuling Municipal Council) 相当于今天的业主委员会对牯岭避暑地进行管理。"牯岭西人董事

1　彭开福. 庐山牯岭地区建筑活动的研究. 见：汪坦，张复合. 第三次中国近代建筑史研究讨论会论文集 [Z]. 北京：中国建筑工业出版社，1991：106-109
2　（民国）徐珂. 庐山指南 [M]. 上海：商务印书馆，1921：5

会调查 1931 年（即民国二十年）中外人来山数目……合计成丁 1978，小孩 862，总数为 2840。又所携来山仆役共为 1138。"

避暑地的开辟、建设和发展为周围地区的中国人带来了新的谋生的机会。庐山上从那时起开始有中国普通百姓居住生活（此前主要是宗教人士或隐居之人），山上山下这种商品经济体系逐渐形成，山上的社区也开始成熟起来。

3.3.4 遗产社区居民的聚居生活是遗产价值形成的过程

遗产社区居民在千百年的生活、生产中对自然环境的利用、改造与保护实践正是文化景观中"人"作用于自然环境的过程。

（1）对自然环境的利用与保护

哈尼人通过智慧、信仰和勤劳，将这片曾经茂密的森林开拓成如今狭窄山谷间的茫茫稻田，森林边缘和峡谷之间的台地多达 3 000 多块。拥有最大片梯田的区域是坝达、多依树、老虎嘴等三处。坝达梯田的梯度较缓，多依树则较为陡峭，老虎嘴梯田最为陡峭。梯田、蘑菇房、寨神林、棕林、竹林、茶园、寨门、磨秋场和水碾，是哈尼族蘑菇山寨的基本景观。但是这些物品在使用过程中透露着很多自然保护的观念，比如哈尼人择山腰而居，某方面正是为了尽量少占用平坦的可耕地；每年春季栽种水稻前，灌水养护、修整田埂、去除杂草、精心耕犁，以保证土壤的肥力；推选沟长管理水资源的分配，避免局部地区缺水情况发生……从表面看是适应自然的过程，但其结果对自然是有保护作用的。

哈尼人通过智慧、信仰和勤劳，把种地变成了伟大的艺术创作（图 3.20），实现了人类与自然之间的微妙平衡。哈尼人既是哈尼梯田遗产价值物质载体的管理者，也是遗产无形文化价值的传承者，土地也不仅仅是维系生命存在的一种本能的简单劳动对象。

图 3.20　哈尼耕作系统
资料来源：UNESCO 官网

西湖的龙井田，现今保留的茶园面积近 200 km²，世界遗产提名范围超过一半是茶园，主要分布在灵隐、龙井、翁家山、满觉陇、双峰、茅家埠等。茶园傍湖依山，分布在西湖群山的丘陵山坡上，呈曲线阶梯状（图 3.21），排列错落有致，形成了优美独特的茶园景观，与西湖景观相映成辉、相得益彰。

龙井茶园的产生是因为西湖的秀丽山水与文化底蕴吸引了众多僧侣们到西湖归隐，他们在山中建起了大量寺庙，继而促使佛教、道教文化在杭州乃至江南地区深入人心。没有西湖，就不会有灵隐寺、天竺寺等这些寺庙，不会有僧侣喜欢喝茶，也就不会有大规模的龙井茶田景观。可以说，龙井茶 - 僧侣 - 居民之间的依存关系促成了如今我们所看到的茶园景观。

图 3.21　龙井社区茶田
资料来源：作者拍摄

（2）对自然环境的改造与保护

在庐山避暑地开发初期，李德立组织建造了第一条从九江直达牯岭的道路，如图 3.23 所示。他从汉口找来三个从事地形勘察工作的外国人：亚基伯（Archibald）、贵雷（Gray）、米尔乌（Milward），一起勘测庐山地形，最终选定从剪刀峡到莲花洞的上下山路线。避暑地管理规划工作，具体分工如表 3.9 所示。

表 3.9　避暑地管理规划负责人统计表

波赫尔（A. Hudson Braomhall）	专门负责牯岭避暑地规划的制定
班波睿（Banbury）	专门负责道路规划
博金（Berkin）	专门负责用地规划

1905 年完成的牯岭避暑地规划非常成功，规划以"尽量结合地段环境""严格控制建筑密度"为根本原则，即依照长冲山地的自然走向，将山地规划成长方形和不规则的多边形，充分利用原有地形条件。规划中的每块地的建筑占地面积与地块面积的比例，都控制在 15% 左右，使规划范围内仍有 80% 以上的绿地，尽可能保持山地自然环境。这种规划思想的客观效果是使这一地区的建筑既有群体性，又有相对独立的特点。别墅间的距离、别墅的体量及造型都有严格的控制。长冲地区的建筑密度目前为 18% 左右，且东谷别墅区

仍为庐山规划最好的区域（图 3.22）。此外李德立还将长冲河沿岸两块较为平坦的地段规划为公园和主要交通用地。著名的林赛公园 (Linsayd Park) 就是此规划的重要成果之一。

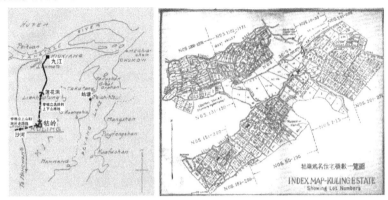

图 3.22　李德立建造的上山道路示意图、牯岭避暑地住宅号数一览图
资料来源：底图来自 Albert H. Stone，J. Hammond Reed. Historic Lushan-The Kuling Mountains. Hankow：the Arthington Press，Religious Tract society，1921

从 19 世纪末到 20 世纪中叶，从庐山避暑地建设到蒋介石所认定的"夏都"，从哥特式、巴洛克等风格的多国别墅群到蒋介石时期建造的传习学舍、大礼堂、图书馆等，都是依靠遗产社区的中国工人完成的，他们采石、筑屋，艰辛地付出一砖一瓦，掇造了体现中西方文化交汇的世界遗产。

石工是别墅建造的一大重要工种，还可分为很多任务种，比如糙工开采建造别墅的石材；打眼工三人为一组，一人手扶钢钎，两人挥舞着大锤对着钢钎轮番猛击；打工负责加工石材，各个技艺精湛，都会錾花、浮雕、透雕，刻飞禽走兽；砌工负责石墙的安砌；抬工负责将打磨好的石材运送到工地，在运送过程中要特别注意保护石材的"角"。整个过程从开采、打磨、搬运、安砌，形成一整套"人工流水作业"，工序非常复杂，工地上到处可见工人们穿梭的身影；如图 3.23 所示。

图 3.23　庐山抬石工工作图（20 世纪初）
资料来源：《营造庐山别墅的故事》[1]

1　张雷. 营造庐山别墅的故事 [M]. 南昌：江西美术出版社，2008：56

在工地上经常可以听到那些喜欢喊两声的石工为了解愁随口唱民歌：清早上工把石抬，八个师傅站两排。两根麻纤兜四角，千斤大石抬起来……庐山别墅群是世界文化遗产的重要组成部分，庐山石工是营造庐山别墅的"活体"，他们独特的营造别墅的方式和在劳动中唱的"庐山石工号歌"是别墅建筑最好的非物质文化展示。

当时居住在庐山的别墅建造者，很多来自外省，石工主要是清光绪年间来自湖北大冶县，他们集居在窑洼一带，结茅为家。他们之中以周瑞莲、胡天成、胡祥彩等为杰出代表，是他们将野兽出没的荒山建成了人间仙境。并且凭着精湛的技术和坚忍不拔的创业精神，他们在庐山站稳了脚跟，占据庐山石工行业长达半个多世纪。[1] 当年，庐山石工队伍，大冶人占十之九。本地（高垄、海会乡）石工通过各种渠道渗透到大冶石工队伍中来。大冶石工与本地石工互相取长补短，结合庐山特殊环境从开采到安砌逐步形成了庐山本地的营造特点，并进一步传承光大。久而久之，大家不再叫他们大冶石工，而是笼统地称他们为庐山石工。

3.4 中国各遗产地遗产社区现状分析

截至 2017 年 10 月，我国已登录 5 处文化景观，分别为：庐山风景名胜区（Lushan National Park，1996）、五台山文化景观（Mount Wutai，2009）、杭州西湖文化景观（West Lake Cultural Landscape of Hangzhou，2011）、哈尼梯田文化景观（Cultural Landscape of Honghe Hani Rice Terraces，2013）以及左江花山岩画文化景观（Zuojiang Huashan Rock Art Cultrual Landscape，2016）。

3.4.1 庐山文化景观遗产社区现状

3.4.1.1 庐山文化景观概况

（1）关于 Lushan National Park 译名的商榷

首先直译为"庐山国家公园"并不合理，因为 Lushan National Park 是根据庐山风景名胜区译的英文，而中文"中国国家风景名胜区"的对应英文是"National Park of China"。2000 年 1 月 1 日由中华人民共和国建设部发布施行的《风景名胜规划规范》（GB 50298—1999）术语第 2.0.1 条："风景名胜区——也称风景区，海外的国家公园相当于国家级风景区。"可见，National Park 是

---

[1] 张雷. 营造庐山别墅的故事 [M]. 南昌：江西美术出版社，2008：67

将中国的"风景名胜区"比照国外的"国家公园"而形成的译文。所以"Lushan National Park"中文应该用回"庐山风景名胜区"。不过仍有不妥之处，因为庐山文化景观提名范围与原先的庐山风景名胜区范围不是完全吻合，遗产区范围比风景名胜区范围多出一个角——南康镇，如图3.24所示。

综上，笔者认为"Lushan National Park"译为"庐山文化景观"更合理。而"风景名胜区"译为"Scenic and Historic Interest Area（风景与历史名胜区）"较合理。

图3.24　庐山文化景观范围比风景名胜区多纳入南康镇部分示意
资料来源：根据UNESCO官网资料绘制

（2）庐山文化景观特色

庐山文化景观（ii, iii, iv, vi, 1996）坐落于江西省九江市。占地30200 ha，最高峰汉阳峰海拔1474 m，来北临长江、南面鄱阳湖。庐山展现了山、河、湖融合的美丽画卷，吸引了众多文人墨客。庐山国家公园内有200多座历史建筑，重层叠构的参拜殿经过多次翻修，随着时间的流逝逐渐转变为僧侣们授课和弘法的中心地。公元386年慧远法师建东林寺；公元730年建西林塔；简寂观建于唐代是作为道教藏经阁；白鹿洞书院最早建于公元940年，在12世纪的宋朝朱熹宣讲儒家经典传道授业时得以发展。到19世纪时，庐山已经包含了诸多寺庙、学堂和书院。其他著名景点还包括建于1015年的石造单孔桥——观音桥、900多幅摩崖石刻和石碑。除此之外，还有600多座建于19世纪和20世纪的别墅。

庐山早在1996年就已是文化景观世界遗产，世界遗产委员会第20届大会（Report of the 20th Session of the Committee，1996）在决议中明确声明将庐山以文化景观类别列入《世界遗产名录》，如图3.25所示。

```
Lushan National        778        China        C(ii)(iii)(iv)(vi)
Park
The Committee decided to inscribe this property on the basis of
cultural cultural criteria (ii), (iii), (iv) and (vi) as a
cultural landscape of outstanding aesthetic value and its
powerful associations with Chinese spiritual and cultural life.
```

图 3.25　世界遗产委员会第 20 届大会的决议（1996 年）
资料来源：UNESCO 官网[1]

但不知为何，曾经有长达十几年的时间，UNESCO 官网上的文化景观列表中都没有将庐山列入其中，包括 2009 年出版的《世界遗产系列丛书 26：文化景观世界遗产——保护与管理手册》（以下简称《保护与管理手册》）文化景观列表也没有将庐山列入，直到近年，UNESCO 官网上的文化景观列表[2] 才将庐山加入。国内也曾经沉浸在盲目崇拜双重遗产的认识论中，认为双重遗产是双重保障，事实上只是遗产保护的侧重点不同而已，这种情况近几年有所改观。世界遗产委员会评定庐山满足标准（ii）（iii）（iv）（vi），对庐山的评语如下[3]：

"庐山是中华文明的发祥地之一。这里的佛教和道教庙观，以及代表理学观念的白鹿洞书院，完全融汇在美不胜收的自然景观之中，形成了具有极高美学价值的与中华民族精神和文化生活紧密相连的文化景观。赋予无数艺术家以灵感，而这些艺术家开创了中国文化中对于自然的审美方式。"

标准 (ii)：　庐山的寺庙建筑和格局以及风景区内的书院建筑群共同呈现了这样一个文化景观，展现了自公元前 3 世纪的汉朝到 20 世纪初叶以来悠久历史中的价值变迁。

标准 (iii)：　庐山风景区激发了哲学和艺术的思辨。风景区中高品质文化属性的洗练和融合是中华文明对于自然美和文化和谐交融的最好证明。

标准 (iv)：　白鹿洞书院的古建筑群展现了中华传统书院的建筑模式。凹凸榫结、卯榫相联的石拱桥观音桥在中国桥梁建筑中扮演了重要的角色。现代别墅群是 19 世纪到 20 世纪中叶西方文化进入中国内陆腹地的象征。

标准 (vi)：　慧远禅师在庐山东林寺创建了佛教净土宗，开创了中国佛教本土化的先河。朱熹复兴了白鹿洞书院，使之成为弘扬宋、明儒家哲学以及书院教育的典范。他的影响在宋朝之后持续了 700 年之久，经过朱熹诠释的儒家哲学及其教育模式传播到日、韩以及印度尼西亚等地，在世界教育史上也扮演了重要的角色。

1　World Heritage Committee. Convention Concerning The Protection Of The World Cultural And Natural Heritage. Report of the 20th Session of the Committee. Merida, Mexico .1996：64
2　邬东璠. 议文化景观及其景观文化的保护 [J]. 中国园林，2011(4)：1-3
3　译自：联合国教科文组织官网 http://whc.UNESCO.org/en/list/778

3.4.1.2　庐山遗产社区分布情况

庐山文化景观提名遗产范围内有 2 个遗产社区，一个是山上的牯岭镇，一个是位于山脚的白鹿镇（表 3.10）。牯岭镇包括正街、橄榄、日照三个片区。庐山地处高山，盛产茶叶，特产有石鸡、石鱼、石耳、云雾茶。现仍保存了英、美、法等近 20 个国家不同建筑风格的别墅群。

表 3.10　庐山文化景观社区一览表

序号	社区名称	片区	面积（km²）	2015 年常住人口（人）
1	牯岭镇	正街	46.6	14 705
		橄榄		
		日照		
2	白鹿镇	-	86	24 636

* 数据来源：http://www.tcmap.com.cn/jiangxi/jiujiang.html

3.4.2　五台山文化景观遗产社区现状

3.4.2.1　遗产社区分布情况

五台山地处山西省东北部忻州市五台县境内，遗产地核心区地理坐标为：东经 113°33′48″，北纬 39°1′50″。核心区面积 18415 hm²，缓冲区面积 42312 hm²，主要分 2 个片区 (表 3.11)。

表 3.11　五台山文化景观构成统计表

遗产地	位置	核心区面积（hm²）	缓冲区面积（hm²）
台怀镇片区	五台县台怀镇	17 946	41 337
佛光寺片区	五台县佛光山	469	975
合计		18 415	42 312

五台山由五座山峰环抱而成，五峰高耸，峰顶平坦宽阔，形如垒土之台，俗称台地，故称五台。五台中东台曰"望海峰"，西台曰"挂月峰"，南台曰"锦绣峰"，北台曰"叶斗峰"，中台曰"翠岩峰"，北台最高，海拔 3058 m，为"华北屋脊"。

五台山因地形独特造就了凉爽的气候，每年 4 月解冻，9 月飞雪，盛夏气候凉爽，故又名"清凉山"。五台山文化景观范围包括台怀镇中心区及台怀镇西南侧的佛光寺两部分，台怀镇距五县台县城 78 km、忻州市 150 km、山西省省会太原市 240 km。

3.4.2.2 五台山评语[1]

　　五台山是一座佛教圣山，其文化景观包括53座庙宇。佛光寺东大殿是现存最高的唐代木结构建筑，殿内所有的泥塑都按真人比例建造。建于明代的殊像寺是五台山另外一处令人叹为观止的奇景。殿内供奉有五百尊罗汉佛像，这些惟妙惟肖的佛像将佛教故事演绎在一幅构图巧妙、造型逼真的山水画幅中。寺与山相依相存，山顶常年积雪，茂密的五针松、水杉、杨柳和葱翠的草地展现的自然美从唐朝以来就广为文人骚客赞美。2000年的寺庙建筑传承了佛教建筑的发展道路以及对宫殿建筑在中国广大区域和亚洲的影响。自北魏（471—499年）起的1000多年来，9个皇帝18次朝觐，并广修石碑石刻。此外，五台山有丰富的佛经典藏，也因此吸引了来自亚洲各国的朝觐者来一睹风采。

　　标准（ii）：五台山的宗教寺庙景观、佛教建筑、佛塔和佛像展现了五台山成为佛教圣地的过程，以及尼泊尔和蒙古等外来文化影响的庙宇建筑（它们在后来影响了全中国的佛教寺庙），反映了其间密切的思想交流。

　　标准（iii）：五台山是中国庙宇文化传统独一无二的见证。这座圣地的形成是随着寺院的建立而发展起来的。亚洲与多地区的人民都以此为朝圣中心，这个文化传统一直延续到现在。

　　标准（iv）：以建筑、雕像、绘画和碑林等为代表的五台山整体景观和建筑群传承了一千多年来独一无二的皇家道场文化。

　　标准（vi）：五台山反映了自然景观和佛教文化的融合，体现了宗教信仰与中国"天人合一"哲学思想之间的完美融合。五台山的影响超越国界，在日本和韩国以及中国其他地区如甘肃、山西、河北和广东都有类似的山体被命名为五台山。

　　对于五台山文化景观来说，视觉的完整性主要是要将承载这些寺庙的山体一同划为提名范围，因为寺庙和山体是不可分割的，它们之间有宗教上的关联性，人们不仅对寺庙中的佛像、碑文等有精神崇拜，对周边的山体也有深深的敬畏之意，因此山体是五台山景观完整性的一部分。寺庙展现了建筑和不断修复的历史风貌（一个特例是佛光寺的东大殿，这里的佛像仍然完整保持着唐朝时期的模样，期间几乎没有经历修复）。寺庙群落和建筑也展现了文化的交互和山体的关联、朝觐道路和历代匠人的高超技艺，充分展现了该文化景观的普世价值。

1　译自：联合国教科文组织官网 http://whc.UNESCO.org/en/list/1279

3.4.3 元阳哈尼梯田文化景观遗产社区现状

3.4.3.1 遗产社区分布情况

元阳红河哈尼梯田文化景观位于云南省红河哈尼族彝族自治州元阳县的哀牢山,地理坐标 N23°05′35″,E102°46′47″。遗产核心区及缓冲区总面积为461.04 km², 其中遗产核心区面积为166.03 km²,缓冲区面积295.01 km²,如图3.26所示。

图 3.26 哈尼梯田文化景观提名范围与缓冲区边界示意图
资料来源:哈尼申遗文本

核心区域主要有坝达、多依树、老虎嘴等3个片区,包括了最具代表性的集中连片分布的水稻梯田及其所依存的水源林、灌溉系统、民族村寨。核心区域内的82个村庄里住着8万名哈尼族及其他6个少数民族村民。红河哈尼梯田所展现的生产生活方式,反映了人与自然的和谐相处,展现了人类在极限自然条件下顽强的生存能力、伟大的创造力和乐观精神。

哈尼梯田至今已有1300多年历史,规模宏大,分布于云南南部红河州元阳、红河、金平、绿春四县,总面积约100万亩,其中元阳县哀牢山是哈尼梯田的核心区,当地的梯田修筑在山坡上,如等高线般从海拔2000 m的山巅一路蜿蜒至山脚下,级数最多处有3700多级,最陡的山坡达到45°,景观壮丽,哀牢山哈尼梯田作为云南梯田的代表作,被誉为"中国最美的山岭雕刻"。

核心区内 82 个村寨的每个寨大约有 50~100 户人家，坐落于山顶树林正下方的台地上。传统的当地建筑墙面由泥土、砖块和石块垒成，高高的屋顶上铺满稻草，形成独特的蘑菇状。半数以上的村寨住宅都是这样用传统材料建造而成。寨民们建造起复杂的水渠系统来引导山谷间不同梯田的引流用水。四根大管道和 392 条壕沟形成了总共 445.83 km 的公用水渠系统。

每家每户耕作一到两块梯田。梯田间复杂和共生的农耕养殖系统中包含着水牛、家禽、鱼鳝，并生产出红米。这个系统长久以来带有社会和宗教的韵味，既根植于农作物与动物之间相互依存的自然神圣性，又反映了个体与社会、人与神之间相互依存的共生关系（图 3.27）。

图 3.27　插秧前的哈尼梯田景色
资料来源：UNESCO 官网[1]

红河哈尼梯田文化景观所体现的森林、水系、梯田和村寨"四素同构"系统符合世界遗产标准，其完美反映的精密复杂的农业、林业和水分配系统，彰显了人与环境互动的一种重要模式，尤其是五大核心村寨，包括全福庄中寨、上主鲁、牛保普、阿者科、垭口。

1　数据来源：http：//whc.UNESCO.org/en/list/1111

3.4.3.2 哈尼评语[1]

红河哈尼梯田是弹性土地管理系统的卓越代表，体现了社会和环境资源的最优化配置，展现了人与自然在精神、生态上的高度和谐，表现了人类对自然的精神崇拜以及对个体和社会依存的崇敬，是"天人合一"的共生生态系统。

标准(iii)：红河哈尼梯田是特色农业、林业和导水系统的杰出代表，源自长期以来形成的独特社会、经济和宗教体系。他们还创造出一个完整的耕作体系，包含水牛、鸭、鱼类和鳝类，同时产出红米。在红米的耕种过程中，鸭子肥沃了稻米的幼苗，鸡和猪为更成熟的植株带来肥料，水牛为来年的耕作翻土，水田里的鳝类消灭了各种害虫。社会、经济和宗教体系通过土地和社会的责任感以及自然的神圣性来支撑着红米的耕种。传统的"天人合一"思想在此得以展现。

标准(v)：红河哈尼梯田景观通过耕作和导水系统的融合展现了自然协调的美妙作用。其受长久以来的社会、经济和宗教体系影响，并反映了人与神、个体与社会之间的共生关系，存在了至少上千年。

3.5 本章小结

中国文化景观遗产社区经过历代变迁，其上附着的历史记忆是遗产地文化发展史的缩影，见证了中国历史上宗教文化、茶文化、隐士文化等的发展对社区经济文化生活的影响。

本章分三部分，第一部分主要探索我国遗产社区与遗产价值之间的内在联系，该部分内容顺着历史脉络，阐述了我国各处文化景观社区形成、发展、壮大及至衰落的演变历程中，遗产社区与遗产价值之间直接间接的联系。

第二部分是遗产社区存在的现世意义，包括：① 遗产社区是遗产文化传承的主力军；② 是维持人类与遗产之间的精神关联的关键；③ 遗产社区居民是遗产地经济的主要创造者；④ 社区居民对自然环境的利用、改造与保护实践正是文化景观中"人"作用于自然环境的过程。

第三部分基于调研资料的分析，阐述中国文化景观遗产社区发展现状。不同的文化景观遗产社区处在发展的不同阶段，西湖的遗产社区发展阶段较其他几处遗产地遗产社区发展最成熟，它的发展经历对其他文化景观遗产社区的发展有借鉴意义。

---

[1] 译自：联合国教科文组织官网 http://whc.UNESCO.org/en/list/1111

中国文化景观遗产社区的形成发展过程糅合了政治、经济等多方因素，是遗产地发展变迁历史的最佳见证。社区居民在遗产价值形成过程中或发挥了主力军的作用，或发挥了承接功能。遗产社区展现了人类与自然和谐相处的生活方式，记录了"人"与"自然"相互作用、共同演进的历史文化信息。

第 4 章　中国文化景观遗产社区可持续发展框架构建

4.1 遗产社区的职能认知

遗产社区是遗产与社区两层关系的叠加，因此其应具有的职能比一般社区复杂。一方面，作为居民居住的社区应满足生活职能，提供居民生活生产所需的物质资料与生活空间，创造维持社区运转的经济能力；另一方面，遗产社区作为遗产的一部分，必定具有遗产保护职能。各职能关系具体如图 4.1 所示，社区相关职能包括：生活职能与经济职能；遗产相关职能包括：文化传承与传播职能、遗产环境保护职能、科学研究与教育职能、游赏体验职能以及参与管理职能。遗产社区可持续发展应确保社区所包含的多种功能均得到满足，不同功能需求之间保持和谐均衡关系。以下分别从这几方面展开阐述。

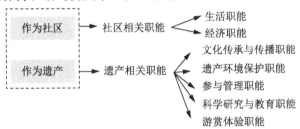

图 4.1　遗产社区职能关系框架图
资料来源：作者绘制

4.1.1 社区相关职能

4.1.1.1 生活职能

遗产社区的可持续发展理应满足"真实性"与"完整性"的要求。保持遗产社区的生活职能正是基于遗产整体"真实性"与"完整性"的考虑。对于社区这种动态演进的持续性文化景观而言，其社会功能的"真实性"比仅仅保护建筑材料、建筑布局等物质要素要重要。文化景观的"完整性"则要求理解景观中经时间沉淀的多层级文化价值和意义，在有形和无形价值、过去和现在之间建立联系，体现历史连续感。[1] 遗产社区可以看作是一代代人长期生活在特定区域，通过对自然的适应与利用从而创造的结果。保持这种功能的永续性有助于维系遗产过去、现在和将来的连续性，文化传统比如语言、服饰、饮食、信仰、音乐、舞蹈等在这样的持续利用中得到延续。遗产被继续使用所带来的物质变化非但不会影响遗产整体的"真实性"与"完整性"，反而会增加它的历史意义。

遗产社区的生活职能是指其为本地居民提供生产、生活所需的物质资料与空间环境，以及医疗、教育、购物等附属基础设施。遗产社区的首要服务对象是本地居民，以原住民为最优先，应满足他们基本的日常生活功能。

世代生活在遗产社区的原住民是遗产价值演变过程的见证者，他们仍然保持的民俗传统、对遗产地的精神崇拜是遗产价值的一部分，又或者他们的生产生活方式、对土地的特殊利用方式具有突出普遍价值，同时，遗产社区的存在也对遗产价值的传承起着不可替代的作用，因为遗产居民（尤其是原住民）是遗产价值传播的主力军（详见第3.3.1节）。因此，为了确保遗产社区的可持续发展，首先要保证它的存在，应该构建健康的、良性循环的社区人口结构，实现人口一代代地更替。

4.1.1.2 经济职能

经济职能是指在遗产保护前提下，通过商品交换或旅游开发等其他经济手段为社区居民创造最大的经济价值，为遗产地居民提供生产生活所需的经济基础。自古，中国传统社区的发展都带有明显的自发性与向内性（如第2.4.1节所述）。每一个遗产社区是一个独立的系统，在经济上自给自足是维持遗产社区永续存在的前提。遗产社区开发旅游是当下最常见的创造经济收益的手段，合理利用和开发遗产社区能为当地居民带来就业机会。

从我国各处遗产地遗产社区形成历史来看（如第3.1节所述），能获得经济效益、能解决温饱问题是居民除了地缘之外在此聚居的另一个重要原因，也是社区发展、演进的驱动力之一。比如西湖的茅家埠社区因茅家埠码头人流量大，能产生业态，人们才开始聚居。从我国各处遗产地遗产社区的形成可以看出，经济效益是社区存在的基础。

4.1.2 遗产相关职能

与遗产相关的职能统一归纳为遗产职能，共5项，其中文化传承与传播

---

[1] Jane Lennon, Ken Taylor. Managing Cultural Landscape[M]. London：Routledge, 2012：50

职能、遗产环境保护职能、参与管理职能与遗产保护相关，另外两项是基于遗产价值的科研与游赏职能。

原住民与遗产地共存千百年，他们与遗产地和谐共生。因此，遗产社区作为"原住民"与"遗产地"相互作用的结果，同时也是遗产地发展变迁的最佳见证，是文化景观的一部分。保持遗产社区持续演进的能力是遗产整体"真实性"与"完整性"的要求，综上，作为遗产的一部分，应尽最大可能发挥它的保护遗产能力。

4.1.2.1 文化传承与传播职能

遗产社区居民是有形与无形遗产价值的直接承载者与传承者。比如他们的传统聚居模式、土地利用方式、宗教信仰或节庆活动等都是遗产价值的一部分，倘若社区居民不再作为这些遗产价值的主要传承者延续传统节庆与生活生产方式，那么，这些遗产地的传统文化将逐渐走向消亡。

过去，遗产作为一个受保护的客观事物总是与大众隔离开来，划定保护圈，并通过特殊的技术手段精心维护，因而忽略了它的普世意义。遗产价值的解读往往耗费申遗团队专家学者们十余年甚至数十年时间，呕心沥血将所学凝结成厚厚一叠文件，然而这些文件对一般大众来说很难理解，需要被翻译成浅显易懂的文字，通过喜闻乐见的传媒方式普及给社会大众。[1] 如果遗产社区居民甚至大众都能理解、欣赏、认同遗产价值，那么在如此广泛的群众基础下，遗产保护政策与措施必将更有效地执行。发挥公众参与遗产保护的能力是遗产价值传播的目的。制定《世界遗产公约》的主要目的是将世界遗产进行识别、保护、保存后，展示和传承给后代。对于不断演进的文化景观，展示与传播是十分关键的环节，让当代及下一代人都能理解文化景观的整个变迁过程是保护和价值传承的核心。[2] 我们应当重视和发挥遗产在社会中的教育、启迪和感化功能，鼓励免费向大众尤其向青少年、学生和老年人免费开放。而社区居民是向外界解说以及与遗产地外沟通的直接操作者。

4.1.2.2 遗产环境保护职能

遗产地居民与遗产环境是互利共生的关系，遗产地的自然环境哺育着世代聚居的当地居民，是遗产地居民赖以生存的摇篮，土地为当地居民提供生活所需的基本生活资料，因此，保护好遗产地的自然环境是社区居民的义务。由于自然环境的不可再生性，保证环境可持续是一切行为的根本出发点，既保护了自己生存的家园，又为遗产环境保护贡献一份力量。

---

1 韩锋.能力建设——世界遗产未来行动之根本 [J]. 风景园林，2012（1）：155
2 邬东璠，庄优波，杨锐.五台山文化景观突出普遍价值及其保护探讨 [J]. 风景园林，2012(1)：74

4.1.2.3 参与管理职能

遗产价值与遗产社区之间有错综复杂的关系，遗产保护已经由孤立的、纪念碑式的保护方法向地域传承方式转变。遗产不再是单独保护物体的集合，还是一个保护随着时间推移累积的地域文化的集合。

《奈良+20》继承了《奈良文件》强调"社区"在保护中的作用的基本精神，并基于20年遗产保护实践总结出利益相关者的"复杂性"。《奈良+20》中明确呼吁"拥有权威的群体"应尽量将所有利益相关者都纳入遗产认定和管理体系，尤其是那些"声音弱小的群体"，且遗产保护的专业人士应当在制定保护规划过程中积极听取当地人的声音。[1]

遗产社区居民应积极加入遗产地规划保护方案的制定、管理监测等一系列遗产保护实践中，因为他们的生活中蕴含着很多文化传统还未得到保护，由于这些传统可能并未被文字记载下来，专家学者不曾知晓，因此，必须由社区居民自己发声。比如澳大利亚乌汝鲁原住民阿男古人（Anangu）主动提出游客攀爬圣山经过"梦幻时光"轨道这种行为会惊扰到他们信仰的神灵，是对他们传统文化的亵渎，这种行为应禁止；此外还应该禁止游客在阿南古人两性结合的宗教仪式的地点拍照。此后，澳大利亚政府根据建议，提议禁止游客攀爬，相关法律法规还在进一步探讨中，相应的位置也设置了禁止拍照标识以示对原住民的尊重。再比如"大不儿罕·合勒敦山及其周边的神圣景观"，当地人对萨满教和佛教共同崇拜的"神圣景观"的传统保护方式具有很强的约束性，例如，禁止打扰山上的土地、水、树木植物、动物等，也禁止打猎或砍柴，ICOMOS委员会也认为这种发自社区内心的敬畏是最好的保护方式。遗产地居民倘若积极参与遗产保护、管理方案的制定，能促进当地社区及其他利益相关者之间的对话，帮助遗产价值更有效地传承，充分发挥"社区"在保护中的作用。

4.1.2.4 科学研究与教育职能

作为遗产的一部分，遗产社区具有科学研究与教育职能，也就是借由遗产帮助人类理清或认识不同学科领域不同的审美美学。比如茅家埠社区、灵隐社区、龙井社区等西湖核心区遗产社区是在文人士大夫文化、禅茶文化、佛教文化、江南地域文化等多方影响下发展起来的，它们的景观格局具有历史、审美方面的研究价值。虽然这些特征在当今的社区中有所弱化，但仍具有典型性，是科学研究与教育的典型案例。随着相关理论研究的深入还能帮助和指导遗产社区的保护与发展。

---

1 《奈良+20》[EB/OL]，http：//www.japan-icomos.org/pdf/nara20_final_eng.pdf

4.1.2.5 游赏体验职能

游赏体验职能是指遗产社区所具有的提供游览和旅游接待服务的功能，一方面这是当地居民在满足基本生活需求后更高层面的需求，另一方面，是外来游客对优质旅游体验的需求，不仅满足了游客饮食住宿购物需求，同时兼具观光游憩或休憩的需求。

4.1.3 双重职能的利弊

综上，遗产社区应具有遗产相关与社区相关双重职能。遗产社区既是遗产的一部分，具有一定的遗产价值，同时还是一个完整的生活综合体，应满足居民的基本生活需求。遗产社区是世界遗产与居民生活的社区两层关系的叠加。

遗产相关职能要求社区必须保护已有的价值特征，并控制遗产社区沿着原有的地脉文脉发展，因此它的发展的限制条件较多，不能自由发挥。社区相关职能需要满足社区居民强烈的改善居住环境、提高收入水平的需求，因为社区的一大服务主体是"居民"，社区的基本功能是"居住"。然而这两者是具有一定矛盾性的关系，居民在将经济利益最大化的过程中可能破坏遗产价值，遗产价值保护也可能成为阻碍社区发展的条件。因此，如何平衡遗产保护与社区发展两者之间的关系是遗产社区可持续发展的难点。

4.1.3.1 发展的机遇（opportunity）

遗产为社区的发展带来契机，源源不断的游客为遗产旅游创造了条件，也为社区居民带来了就业机会，带动了社区经济发展。比如庐山牯岭镇居民人均每月旅游收入在2500元左右，大部分家庭仅靠旅游收入已足够满足基本生活开销，其他收入可存起来，生活水平较山下周边地区高。

杭州也存在类似情况。2002年，西湖取消门票后，遗产区年游客数量稳步增长，农民收入水平也不断提升。2002年杭州西湖风景名胜区的游客数量是1615万人次[1]。根据西湖区的经济发展统计公报，2011年全区各景点共接待游客517.41万人次，游客数量2019.94万人次（国家旅游局规划财务司，2012）。2011年有600余户农民从事与茶和旅游休闲有关的经营，景区农民人均纯收入18060元[2]。2014年，仅遗产地内农家乐全年接待游客

---

1 数据来源于：吕剑，杨小茹，余杰."后申遗时代"杭州西湖遗产区交通发展与管理转型的思考[J]. 风景园林，2012(2)：82-103
2 数据来源： 杭州市园文局党委书记刘颖的关于杭州西湖风景名胜区"景中村治 建设情况介绍 http：//www.urbanchina.org/NMediaFile/2014/0123/MAIN201401231608000108435577670.pdf

数量就达 440 万人次，经营总收入 2.99 亿元。农民人均收入 25036 元，比 2013 年增长 10.5%[1]。西湖文化景观遗产社区每户收入平均在 6 万～10 万元，各社区略有高低。

4.1.3.2 环境的挑战（challenges）

面对不断增长的游客量，遗产地生态环境承受着巨大的压力，庐山 2013-2015 年旅游接待人数如表 4.1 所示，游客量每年平均增长 20%。游客的各类生活污染水对庐山的水体自净能力是巨大的挑战。

表 4.1 各文化景观遗产地游客接待量统计表（2011—2015）

年份/地区	庐山（万人）（庐山市）	五台山（万人）（风景区内）	西湖（万人）（杭州西湖区）	哈尼（万人）（红河州）
2011	773.9	356.1	574	1 449.3
2012	807	406	680	1 486.6
2013	1000	425.2	783.9	1 747.8
2014	1 206.5	437.5	970.1	2132
2015	2 327.8	475.7	1 000.5	2 587.1

* 注：因统计口径不同，相互间不能简单相互比较。数据根据各省旅游统计公报综合整理：
庐山市人民政府官网 http：//www.xingzi.gov.cn/xingzi/index.asp
九江旅行社统计数据 http：//www.jjxxk.com/info/show.asp?id=1428
红河州统计局官网 http：//www.tjj.hh.gov.cn/xwdt/tjsj/1.htm
杭州统计年鉴 http：//www.hangzhou.gov.cn/art/2016/11/16/art_1224792_3051493.html
五台县国民经济统计公报 http：//www.wt.gov.cn/Article_Show.asp?ArticleID=3681
人民网山西频道 http：//sx.people.com.cn/n2/2016/0905/c189133-28950766.html

2010 年，万金保、朱邦辉对庐山风景名胜区主要水系"两湖四沟"[2]的水质检测结果显示（表 4.2），仅芦林湖达到三类水标准，其余均为三类以下，如琴湖与剪刀峡为劣五类，水质情况堪忧。[3] 遗产社区除了承担原有居民的生活污水等的排放，同时还要承担大量外来游客的生活排污，两者相加对遗产地环境是巨大的考验。这些问题发生的普遍性随着游客量的增加持续走高。因此，遗产旅游是把双刃剑，虽然能带来经济效益，但是巨大的游客量在一定程度上占用了遗产地内居民赖以生存的物质资源，压缩了遗产地居民的生存空间，遗产旅游越发达，居民生活资源被占用的越严重，生活空间被挤压

---

1 数据来源：杭州园文局年度工作报告 http：//www.hzwestlake.gov.cn/Html/GOV/201508/18/32786.html
2 "两湖"指芦林湖、如琴湖，均为人工蓄水湖；"四沟"指东谷小溪区、西谷小溪区、剪刀峡和相思河
3 万金保，朱邦辉. 物元模型在庐山风景名胜区水环境质量评价中的应用[J]. 安徽农业科学，2010（6）：3095

的越厉害,给社区居民生活带来了一定程度的不方便。

表 4.2 庐山主要水系"两湖四沟"的水质检测结果

水体	I 类	II 类	III 类	IV 类	V 类	评价结果	排序
芦林湖	−0.216 4	−0.330 9	−0.016 7	−0.311 8	−0.567 8	III 类	①
如琴湖	−0.638 5	−0.592 6	−0.606 9	−0.527 3	−0.107 9	V 类	⑥
电站大坝	−0.337 5	−0.219 6	−0.077 9	−0.054 4	−0.101 4	IV 类	③
庐山会址	−0.361 7	−0.152 2	−0.111 1	0.040 6	−0.348 3	IV 类	②
剪刀峡	−0.641 0	−0.616 9	−0.514 5	−0.523 2	−0.061 6	V 类	⑤
相思河	−0.178 3	−0.206 9	−0.358 7	−0.102 0	−0.407 6	IV 类	④

资料来源:参考文献[1]

4.1.3.3 限制(limits)

核心区遗产社区作为遗产的一部分,它的发展受诸多条件限制,比如内部建设规模被严格管控,又比如建筑更新、人口增长、社区空间扩张等。核心遗产社区在空间上的可扩张面积非常有限,不同于一般社区可相对自由生长、扩张,遗产社区的发展是在有限空间范围内的开发建设。在社区居民的去留方面,《西湖风景名胜区规划》提出,为了保护西湖世界文化遗产,要逐步缩减社区规模、疏减人口;若在原有建筑区域进行新建设的,建设密度不大于原密度的 80% 等。根据《杭州西湖文化景观保护管理条例》(2011)[2]规定,对居住点内建筑和人口进行梳理,建筑修建的总量不能增加,只能减少;居民只能迁出,不准迁入。对于片区内的原住民,遵循"严格控制、缩小规模、功能转变、鼓励外迁"的原则;结婚夫妇,一方不是遗产地内户口,2004 年后也不能因为有婚姻关系而将户口转入遗产地。[3]

遗产社区的发展在很多方面要向遗产保护让步或妥协。比如杭州为了提升外来游客的旅游体验质量,减少环西湖道路拥堵情况发生,从 2015 年 1 月 1 日起,所有双休日、法定节假日实施西湖环线机动车单双号限行,限行区域如图 4.2 所示。这一政策使旅游高发时段的交通拥堵状况确有改善,但这对住在西湖文化景观区内的居民来说非常不方便,出行基本只能靠公共交通。在调研过程中,茅家埠与灵隐社区的居民都有所抱怨。

---

[1] 万金保,朱邦辉. 物元模型在庐山风景名胜区水环境质量评价中的应用[J]. 安徽农业科学,2010(6):3094
[2] 自 2012 年 1 月 1 日起实施。
[3] 数据来源:与杭州灵隐社区工作人员卢君君的访谈。

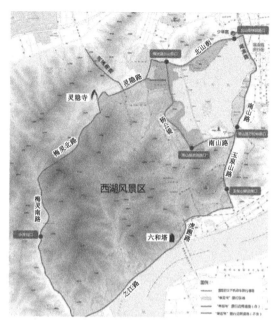

图 4.2　环西湖机动车限行区域示意图
资料来源：网络

4.1.3.4　总结

遗产社区与遗产整体的发展是一个辩证关系，既相互促进，又相互制约，不应该绝对地否定居民存在的积极意义。比如五台山地区的居民为佛教文化在当地的发扬光大创造了先决条件；佛教文化反过来又通过佛学思想和佛事活动有形无形地影响、规范着当地居民的思想与行为。遗产社区旅游服务做得好，游客旅游体验满意度高，可促进遗产旅游的发展；遗产旅游带来经济收入可反哺遗产保护所需的大量财政支出，辅助遗产保护工作顺利进行，促进良性循环。

4.2　"真实性"与"完整性"理论

"真实性"（authenticity）与"完整性"（integrity）是世界遗产领域的核心理念，是世界遗产申报、价值评估、遗产保护和环境整治的直接依据。[1] 文化景观是文化遗产的子项，其可持续发展同样以"真实性""完整性"检验为标准。

---

[1] 张成渝，谢凝高．真实性和完整性原则与世界遗产保护 [J]．北京大学学报（哲学社会科学版）．2003(2)：62-68

4.2.1 真实性

"真实性"一直以来是世界遗产保护和管理中的重要概念。自1964年在《威尼斯宪章》序言中被提出后，经过50多年的发展，其含义不断拓展，检验遗产"真实性"的指标也一直在扩充。现今主要应用的是1994年的《奈良真实性文件》导言第13条：

"人们根据与遗产价值相关信息的可信度来判断其是否具有真实性，相关的信息包含：位置与环境（location and setting）、形式与设计（form and design）、材料与物质（materials and substance）、用途与功能（use and function）、传统与技术（traditions techniques and management）、语言和其他非物质要素（languages and other forms of intangible heritage）、精神感知与认同（spirit and feeling and other internal and external factors），共7方面。"[1]

《奈良真实性文件》的一个非常重要的贡献在于它首次在国际正式文件中提出保护文化遗产中的非物质要素的重要性。文件明确指出文化遗产不仅由肉眼可见的物质实体组成，还包括与民族的、地域的、传统相关的非物质要素。正是由于对真实性认知的延展，文化遗产中的物质要素与非物质要素之间相互依存、不可分离的关系被揭示出来。[2] 因此，拓展了原本的"突出普遍价值"范畴，使得原先不被认为是"突出普遍价值"的那些与生活相关、与非物质要素相关的价值也能被纳入世界遗产框架被人们理解和认识。亚太地区的文化景观普遍与生活息息相关，遗产价值更多地呈现为文化的连续性，因此，《奈良真实性文件》在亚太地区尤其得到重视。

真实性不应仅仅局限于原始的形态和结构，也应该包括在历史过程中具有艺术和历史价值的改动和添加[3]。2014年的《奈良+20》是对1994年《奈良真实性文件》20年保护实践的回顾与总结，该文件仍然继承了前者强调"社区"在保护中的作用的基本精神。

4.2.2 完整性

将"完整性"纳入文化遗产的必要评估标准是在2005年，比"真实性"在2005年《操作指南》修订后，所有申请文化遗产的必须同时具有"真实性"

1　译自《奈良真实性文件》导言第13条
2　郭璇. 中国历史建成遗产真实性中的非物质维度——兼论整体性保护策略的可能性 [J]. 新建筑，2007（6）: 74-79
3　吕舟. 文化多样性语境下的亚太地区活态遗产保护 [J]. 建筑遗产，2016(3): 35

和"完整性"特征。文化景观是文化遗产的子项,因此也必须符合完整性标准,《操作指南》中关于完整性的相关阐述如下:[1]

> 87. 所有遗产登录都应满足"完整性"要求。
>
> 88. 文化遗产完整性的确定也必须从其整体性(wholeness)和无缺憾性(intactness)方面加以考虑,审查遗产完整需要评估的特征如下:
> a)包含所有表现其突出的普遍价值的必要因素;
> b)形体上足够大,确保能完整地代表体现遗产价值的特色和过程;
> c)受到发展的负面影响或被忽视。

文中还指出: 对于人类有意设计的景观来说,如果其保留了当初创造时的形态而未经过重大改动,它就是符合完整性的; 对于持续性景观来说,如果仍然反映景观进化过程的形式、特征以及传统功能都保持延续,那么便认为它是完整的。新修订的《操作指南(2012)》详细说明了文化遗产完整性评判标准:

> "遗产的物质构造和(或)重要特征都必须保存完好,且侵劣化过程的影响得到有效控制。能表现遗产全部价值的绝大部分必要因素也要包括在内。文化景观、历史村镇或其他"活"的遗产中体现其显著特征的关联性和动态功能也应予保存。"[2]

综上,正如《世界遗产文化景观保护与管理手册》总结的:"文化景观的完整性是指各时期的历史证据、含义,以及代表这些要素之间的关系的价值承载要素都包含在遗产范围内,并能在景观中体现出来。完整性不单指自然环境要素的完整,同时还包括文化与自然之间关系的完整。"[3]

"真实性"侧重遗产价值在"深度"上的要求,而"完整性"则侧重于在"广度"上的要求。[4] 文化景观的完整性要求遗产尽量保持自身各组成结构的完整性。既包含有形的物质结构的完整性,也包括遗产功能性的连续性和各阶段文化结构的完整性,强调历史信息的完整性。以山西五台山文化景观为例,五台山文化景观提名范围如图4.3所示。佛光寺虽然位于距离主遗产区大约十多千米,但是佛光寺大殿作为中国现存最早的唐代木结构建筑,自唐代建成以来一直保存完好,它记录了从唐朝开始各个时期寺庙建筑不断修复的历史信息,是佛教文化在五台山变迁发展的最佳见证。因此为保证寺庙建筑历史的完整性,佛光寺及周边环境也应在遗产提名范围内。此外,五台山西北部的森林美景、朝圣线路和寺庙内的艺术杰作等,都清楚地反映了遗产地的

---

1 《操作指南》第23页
2 《操作指南》第24页
3 《文化景观管理手册》第25页
4 张松,镇雪峰. 遗产保护完整性的评估因素及其社会价值[Z]. 中国城市规划年会论文集,2007(9):2114-2119

突出普遍价值，也是五台山佛教文化价值载体，把这些应全数划入遗产范围才能体现完整性。

图 4.3　五台山文化景观提名范围示意
资料来源：五台山申遗文本

无形的文化结构的完整性也能落实到物质实体上。同样以五台山为例，五台山文化景观不仅包括山上的寺庙建筑群，同时还包括周边的山体与森林，这是因为五台山是中国皇家佛教文化道场的典型代表，当地居民（或来五台山祭拜的信众）不仅对佛像、绘画、石碑有崇敬之情，对周边的山脉也充满敬畏之意，这一点充分展现了因佛教文化而产生的人-建筑-山体之间无形的关联性，是五台山文化景观不可分割的一部分。因此必须将山体一并划入提名范围以展现佛教文化在景观中的物质载体的完整性，它是山、林、寺、田、佛、僧、众的共生体，是凝结于自然风景中的宗教信仰，是典型地将对佛的崇信凝结在对自然山体的崇拜之中，完美体现了中国"天人合一"的哲学思想，成为持续 1600 余年的佛教文殊信仰中心。

当然，这两方面的要求不可分割，文化遗产的完整性需要真实性为基础，没有真实性也就失去了遗产价值存在的根本；而真实性也需要完整性为支撑，如果遗产的完整性被破坏，那么其真实性同样受损。

4.2.3 真实性与完整性的关系

对于不同类型的文化景观，其真实性、完整性检验的侧重点不同，结合王毅、张成渝等人的研究成果，总结为表4.3。

表4.3 不同类型文化景观对应的真实性与完整性特征

	文化景观类型	真实性特征	完整性特征
i.	由人类有意设计建造的景观	对最初设计理念、景观格局、功能以及关键性人造元素的真实存续	历史结构的完整性，即景观保持设计之初和历史上的规模、布局和组成要素的完整
ii.	(1) 史迹类景观	对实体物理遗迹的保持	跨越各历史时期的物证和与突出普遍价值相关的要素的完整
	(2) 持续性景观	对景观形态、功能、景观中对当地历史发展轨迹的记录，以及传统生活方式、土地利用技术的延续	形式、景观特征进化过程的完整，传统功能的保持以及部分与景观整体之间的关系的延续
	(3) 关联性景观	对景观中人与自然精神关联的物质载体的延续与保持	人与自然精神关联的所有相关元素的完整

资料来源：作者绘制，部分内容借鉴王毅、张成渝等人的研究

（1）设计类景观的真实性主要体现在最初的设计理念、景观格局、功能以及关键性人造元素的真实存续上，而完整性则体现在景观规模、空间特征、历史结构等方面。

（2）有机演进类景观的真实性主要表现为有形的景观风貌及无形的土地利用方式与生活传统等的存续，完整性则表现为构成其动态功能和文化结构的完整，如弗莱本托斯文化工业景区展现了从肉类加工、调味到包装、发货等各环节完整的过程。又如西湖茶叶社区中从茶叶种植、采摘、炒制、包装、泡制、饮用方式这一整套的工艺流程。

（3）关联性景观的真实性主要体现在人与自然精神关联的保存以及相关物证的真实性上，而其完整性则主要体现为保证这种关联的所有相关元素的完整。

4.3 遗产社区"真实性"与"完整性"的特殊性

《奈良真实性文件》指出，"在不同文化、甚至同一种文化中，对待文化

遗产的价值特征及相关信息源可信度的评价标准是不同的。因此，无法用固定的评估标准来评定文化景观价值的真实性。相反，为表达对多样文化的尊重，应充分考虑文化遗产的文脉关系，基于地脉制定不同标准。"[1] 正因为如此，文化景观遗产社区作为一个有"人"居住的"活态"复杂综合体，其"真实性"与"完整性"评估标准具有一定特殊性。

4.3.1 社会功能持续性优先

首先，由于遗产社区是发展的、仍处在持续演进中，因此其使用功能的永续对其真实性与完整性来说尤为重要。正如《杭州宣言》所说的，"只有注入人的生活，文化景观才是鲜活的、富有生命力的"。将社区中人们的生活、生产方式继续延续下去是维持社区过去、现在、将来的纽带，是对"历史记忆"的一种传递。对社区文化的传承与生活功能的延续是社区历史与功能结构完整性的要求，这比单体建筑的材料的真实性与完整性重要，比将社区特色恢复到曾经的某一个时代有意义的多。

文化景观遗产社区是持续性景观，其真实性体现在有形的景观风貌及无形的土地利用方式与生活传统等的存续中，完整性则表现为文化结构的完整性以及构成其动态功能的元素的完整性。

4.3.2 在动态场所中保持持续演进

2014年的《奈良+20》特别指出"传统材料属性""文脉属性"，并在此基础上增加了纵向维度的思考，呼吁"对于遗产价值的认知及其真实性的判定应放在一个能够容纳人们认知和观点变化的周期性审视之中，而非建立在一个孤立的评判程序上"。真实性不局限于原始的形态和结构，也包括在历史过程中具有艺术和历史价值的改动和添加。延续遗产在持续使用中所带来的合理的物质变化不会影响遗产的真实性与完整性，反而增加了它的历史意义，这种改变应作为遗产持续演变的一部分被接受。

4.3.3 局部要素服从整体风貌管理

遗产社区是建筑、道路、植被等多种要素的集合体，因此其整体风貌的真实性与完整性比单一建筑或道路材料的真实性重要。遗产社区是遗产的一部分，因此其真实性与完整性不仅是指社区内部各要素的真实性与完整性，

---

1 译自《奈良真实性文件》导言第11条

更是指它与遗产整体之间关系的真实性与完整性。文化景观遗产社区并不应仅仅作为物质性的历史遗存来保存，而应作为一个附着不同历史阶段文化观念和社会价值的自然与文化的有机体而被保护，尤其是对遗产社区使用功能以及社区文脉、地脉的延续。完整性应满足"整体性"与"无缺憾性"。

4.4 文化景观遗产社区"真实性"与"完整性"

文化景观遗产社区作为世界遗产的一部分，其可持续发展理应满足《操作指南》关于遗产"真实性"与"完整性"的要求，包括：①位置与环境；②形式与设计；③材料与物质；④使用与功能；⑤传统与技术；⑥语言与其他非物质要素；⑦精神感知与认同7个方面。其中前3项偏重于物质要素，后4项偏重于对非物质要素。

文化景观遗产社区是在持续演进中的、动态变化的，它的可持续发展的"真实性"与"完整性"不仅包括对建筑、水系等物质要素的保护，也包括现存遗产社区传统功能的持续性，维持现有功能与传统功能的联系，以及维护遗产社区与遗产价值中的精神关联。以下从7个方面分别展开具体论述。

4.4.1 位置与环境

动态发展中的遗产社区在人口、建筑数量、密度等方面都会产生变化，或增加或减少。因此，遗产社区位置与环境的真实性与完整性是指无论遗产社区中的这些物质要素如何改变，但它与周边环境背景之间的核心格局关系、主要空间位置关系保持不变。可分大小两个尺度来考虑：一方面，遗产社区作为文化景观的其中一部分，构成内容不影响其他价值承载者之间的位置关系，或者说以不影响文化景观整体的布局关系为原则，比如社区的发展壮大，新建构筑物的色彩、体量等不会影响遗产重要景观视线的真实性与完整性。另一方面，每个遗产社区内部的空间布局，如建筑、水系、道路等要素之间的空间位置关系特征保持不变。

（1）大尺度

无论各遗产社区如何发展，所有遗产社区与遗产整体在地理位置、景观结构、空间关系等方面保持地脉的一贯真实性。比如庐山牯岭镇自形成以来一直保持着东侧大月山、西侧大林峰、南侧吼虎岭三边围合的关系，北面为剪刀峡豁口，远眺牯岭，与山体和谐融合（牯岭镇与山体关系如图4.4所示）。作为牯岭镇的位置与环境的真实性，正是要保证与山体的这种空间关系不变。

图 4.4 牯岭镇与山体关系（20 世纪 30 年代）
资料来源：庐山档案馆

（2）小尺度

每一个遗产社区内部结构、空间布局及建筑与山体、与主要水面的关系等都保持真实性。以庐山牯岭镇为例，牯岭镇内部的空间关系分为 3 个片区：东谷片区、西谷片区以及牯岭街片区，东西谷以牯牛岭为界，并由牯岭街作为枢纽相连，如图 4.5 所示。在地理位置上，牯岭街是牯岭镇的"前厅"，位于东西谷东面，与九江进入庐山的主要道路——环山道路对接，是进入东西谷的必经之地。在空间关系上，牯岭街背靠牯牛岭，面向剪刀峡，正街与剪刀峡成对景关系。这种空间布局正是庐山 20 世纪初避暑地建设历史的最佳见证。1895 年，英国传教士李德立（Edward Selby Little）率先在东谷的长冲开始避暑地建设，后吸引了大批西方人到东谷开发，大规模建设一直持续到 1936 年，期间为避暑地建造服务的相关工作人员居住在西谷，当东西谷居住者渐涨，正街作为山下物资储备处慢慢形成。基于以上考虑，牯岭镇位置与环境的核心特征是，特征 1：牯岭镇三面环山一面剪刀峡空间格局；特征 2：牯岭街是牯岭镇的"前厅"；特征 3：牯岭街连接东西谷。

这几点关系特征是牯岭镇今后在演进中也应该保持与传承的，这些是牯岭镇自形成以来一直延续着的地脉关系，是鉴别牯岭镇真实性的重要评估标准。

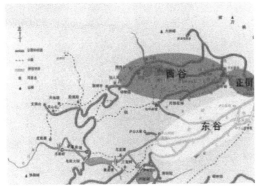

图 4.5 牯岭镇结构图
资料来源：作者绘制

4.4.2 形式与设计

"我们周边的景观都是人们居住、改造，并随时间变化的。这些身边的日常景观都可以称为文化景观，它们是人类干预自然后留下的成果，也是人类活动、价值和意识形态的记录。"[1] 遗产社区是文化景观中人类生活智慧的价值承载体，也是文化景观世界遗产的一部分。每一个遗产社区都有自己的历史，经历过一段独特的历史文化变迁过程，从而塑造出现在的文化氛围和特色产业，每一段历史又会转化为相应的信息，通过空间布局、建筑形态、道路格局等物化的特征记录、延续着。对这些特征以及发展规律的分析总结是引导社区继续沿着文脉、地脉轨迹发展的基础。形式与设计的真实性与完整性可以从文化景观的 5 大主价值承载要素——建筑、道路、山体、水体、植被展开讨论，遗产社区各要素拆分如图 4.6 所示。

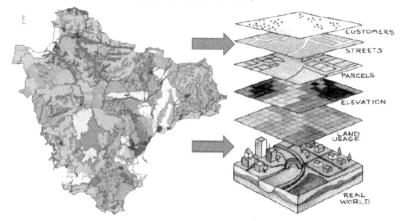

图 4.6　遗产社区要素构成图
图片来源：页下注[2]

费孝通先生提出的"文化自觉"指明了多元文化碰撞交融中的文化共生之道。在文化变迁中，往往是物质文化先改变，然后引起精神文化的变化。[3] 也就是说承载精神或文化内涵的设计形式应该保留，否则会导致物质形式背后的精神或文化的消亡。比如哈尼"蘑菇房"的神龛，小神龛通常设置于二层楼梯口的墙上，大神龛在二层西北角的墙上（哈尼蘑菇房剖面图如图 4.7 所示）。神龛代表当地居民的精神信仰，用以祭祖或祭拜山神。对于神龛的保

1　Ken T. The Cultural Landscape Conception Asia : The Challenge for Conservation[C]. Udon Thani Province, Thailand : 2006
2　UNESCO. Cultural landscapes : the challenges of conservation.(Paper7). [EB/OL]. World Heritage Center.2003 http : //whc.unesco.org/documents/publi_wh_papers_07_en.pdf
3　陈燕，尤伟琼. 箐口村哈尼族"蘑菇房"现代变迁中的传承[J]. 思想战线，2016（3）：31-35

护是哈尼祭祀文化传承的物质前提，设置佛龛的传统应作为建筑设计形式传承下来。

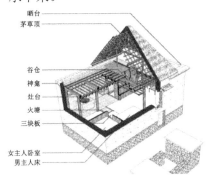

图 4.7　哈尼蘑菇房剖面图
资料来源：页下注[1]

4.4.3　材料与物质

一般来说，材料与物质的真实性是指遗产价值的物质承载者包括建筑、道路、植被、水体、山体等，都继续保持使用原始的材质。

山体：地质构造的真实性，不允许山体开采等破坏山体构造的事情发生
水体：水质的真实性，保持水体的清澈度、干净度……，杜绝污染
建筑、道路：尽量确保建设、修护建筑、道路使用材料的真实性
植被：物种特色的真实性与种植规模的完整性

但是，"材料与物质"的真实性不代表材质不能被改变，以下对改变与不改变两种情况分别阐述。

（1）沿用原始的材料与物质

这是对遗产地传统的一种延续。比如庐山建筑屋顶材料至今仍采用瓦楞铁皮，如图 4.8 所示。虽然最初使用瓦楞铁皮是因为 20 世纪初庐山的建筑材料搬运都依靠人力，瓦楞铁皮质轻、方便搬运，工人们将铁皮切割成每块 $1.5\sim2\,\mathrm{m}^2$ 大小，应对当时九江到牯岭镇交通不通畅的情况。此外，瓦楞铁皮的抗压与抗冻能力较一般的中式土瓦强，更适合庐山冬季寒冷多雪的气候，因此至今人们仍喜欢用这种材料，这种传统便一直沿续下来。

1　陆祥宇. 稻作传统与哈尼梯田文化景观保护研究 [D]. 北京：清华大学，2011：46

图 4.8　瓦楞铁皮屋顶（庐山）
资料来源：作者拍摄

（2）材料与物质的演进

随着社会的发展，可能出现新的、更合适的材料，原始材料面临淘汰，这种情况是可接受的。因为遗产社区是仍然保持演进的文化景观，需要记录每个时代的历史信息，作为当下文明发展产物的合理改变是被允许的。正如《奈良+20》所述："材料与物质产生有意义地更替是遗产演进的一种表现。"[1] 但是，对替代材料需要严格筛选，具体情况具体判断。应在评估原始材料与遗产 OUV 的关系的基础上，确保新材料或新物质仍然保持了原材料的核心特点。比如哈尼"蘑菇房"的更新设计，"蘑菇房"因屋顶四坡均盖着茅草而得名，但在现代社会、茅草这种材质面临淘汰。元阳高山区雨水较多，年降雨量超过 1000 mm，原来坡屋顶的建筑形式是对当地气候的适应：用四坡顶，正脊较短，坡度较陡，近似锥体，有利于排水。因此在选择替代材料时虽然可以适当进行调适和改造，但至少应该保留坡屋顶形制，而不是用平屋顶，选择能快速排水的材料。另外，假若该种材料或物质与 OUV 的关系其小，则只需确保新材料与遗产整体风貌和谐，满足基本功能即可。

这种改变非但不会影响遗产的真实性，反而应该作为遗产社区持续演变的一部分被接受，这种改变反映当今时代的信息，赋予遗产更加丰富的历史意义，同时也符合遗产社区动态变化的特征。

4.4.4　用途与功能

遗产社区"真实性"与"完整性"的调控包含形式、设计、材料等物质要素，同样也包括非物质要素方面。因为社区中的"人"的行为是影响社区物质特征（比如风貌特征）的内在驱动因素。凯文·林奇在研究城市空间形态时曾

---

[1] Nara+20 第 2 页，原文：is recognized as a meaningful expression of an evolving heritage.

提到:"社会文化和空间现象是相互关联的……两者之间的相互影响是通过人这个变因而产生的,两者都有复杂的内在逻辑。"[1] 文化景观遗产社区亦是如此,社区景观肌理、景观风貌都受社区人群结构、功能结构等社会因素的影响(社区人口流动对景观风貌的影响如图4.9所示)。

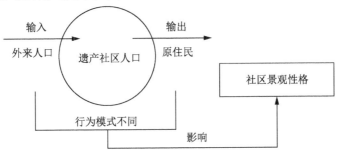

图 4.9 社区人口流动对景观风貌的影响示意图
资料来源:作者绘制

改变可能是合理的,也可能是负面的。例如有些外来群体因青睐遗产社区的自然环境,便出资购买原住民房屋的长期使用权(10～20年),并将原来的房屋推倒重建,新建的建筑空间布局、材料等方面与当地地域风格完全没关系,只因他们的需要而将景观"高档化"。这是典型的因人口流动给遗产社区风貌带来的负面改变,新加入的人群不再维持原有的居住习惯与生活方式,从而导致建筑空间形态突变,社区的用途与功能的改变继而会改变社区的物质形态。我们需要做的是将改变控制在合理范围内。可以通过对比过去与现在的人口结构、人员职业构成、社区功能等多方面判断变化的合理性。

在历史发展过程中,社区的用途与功能因居民内在需求的改变而变得多元化是必然的,也是社区功能演进过程中增添的历史信息,只是这种改变必须以保持遗产社区与遗产整体价值之间的关联性为前提;尊重遗产社区自身发展的文脉与地脉,保证新的功能依附的物质载体与整体风貌保持和谐;同时居民对重新构成的遗产社区的满意度高。以西湖遗产社区为例,西湖遗产社区自形成以来就承担着游憩功能,是当时杭州城区内居民(以文人为主)的休闲场所:游览完西湖山水后,到龙井村或满觉陇村喝一杯龙井茶,不甚惬意。如今交通较古代发达许多,西湖旅游服务辐射的范围扩大至全国乃至全球都是在情理之中,但西湖仍应保持是杭州市区居民的休闲场所这一基本功能,应为杭州市民尽量多提供免费的服务,比如生态步道等,保持与过去功能的连续性,而不应仅仅成为游客的游览地。合理的遗产社区功能是能展示现在与过去、与未来的联系性,而不是将遗产社区恢复到曾经的某一个时代。

---

1 (美)凯文·林奇. 城市形态[M]. 北京:华夏出版社,2007:36

遗产社区的可持续需保持人口年龄结构合理，能实现自我更替，以原住民为主要人群，保持一定的人口流动性，合理的社区人口流动可增加文化的交互，这是文化多样性的一种体现，应被接受。

4.4.5 传统与技术

传统与技术一般是指非物质的要素，它们或是创造、生产出承载着遗产价值的物质载体的必要手段与方法；或者反映了当地人在自然环境生存中逐渐形成的对自然的理解和认知，是延续现状生活的方法与技能；亦或是一种使当地原住民持续生存下来的精神信仰，倘若这种信仰流失，可能直接导致遗产特征改变，从而破坏遗产社区的真实性。因此，精华的传统与技术应该得到保护与传承。

（1）是创造、生产出承载着遗产价值的物质载体的必要手段与方法

比如庐山别墅群常用的两种墙面砌法"一面镜砌法"与"乱石插花砌法"，如图4.10所示，美庐的墙体正是用的这两种手法。19世纪末20世纪初，庐山避暑地建设时期所用的建筑墙体材料以花岗岩、石英砂岩为主，墙体厚度一般维持在500～600 mm（1.65～2 ft）以上，厚实的墙体石材再结合这两种粗犷的、具有一定艺术表现力的砌筑方式，为建筑的整体效果增加了不少艺术表现力与感染力。

"一面镜砌法"：将砂岩加工成5面平整的长方形条石，朝墙内的一面保持粗糙，以砌筑砖墙的方式错缝砌筑[1]。这种砌法常用于较大型、较重要的建筑或建筑除基座之外的主体部分。河西路19号"英、美、瑞典等国协和教堂(The Union Church，1896—1897年)"、河西路23号"医学会堂(1910年)"、环山路37号"吴庐(1929年)"等重要建筑，均使用了此类规整的"一面镜砌法"。[2]

"乱石插花砌法"：仅对开采的石料的其中一面进行加工，石块两头与朝里的一面不加工，砌筑时将石料咬合干砌，若中间有空隙则用小石块填满。墙体在砌筑完成后，用水泥砂浆填满缝隙，然后再按照石料及缝隙的纹理，用水泥砂浆进行勾勒，突出墙面的纹理感。[3]

"乱石插花砌法"多用于基座高台、地下室部分，"一面镜砌法"则多用于建筑主体部分。两者都是庐山近代建筑墙体的主导性风格，相较之下，"乱石插花砌法"石块间的砌缝参差不齐，凹凸感更强烈，使建筑似从乱石堆中生长而出，与环境及山体浑然天成，具有更强烈的艺术表现力与渲染力。

---
1 彭开福.牯岭地区的建筑活动[M].南昌：江西美术出版社，1996：31
2 李南.中国近代避暑地的形成与发展及其建筑活动研究[D].杭州：浙江大学，2011：278
3 李南.中国近代避暑地的形成与发展及其建筑活动研究[D].杭州：浙江大学，2011：327

第 4 章　中国文化景观遗产社区可持续发展框架构建

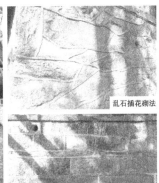

图 4-10　乱石插花砌法（美庐）、一面镜砌法（美庐）示意图
资料来源：作者拍摄

这两种砌墙技术的共同之处在于它们对石材的加工成份不多，保持了石材原始的质感，造价低廉又具有一定美感。这两种墙体砌筑手法成为当时庐山建筑群的主流建造技术的原因是：庐山上冬季时间较长，抗风化及耐雨、雪、霜冻的能力是墙体的重要衡量标准，石墙是非常合适的选择。保持这样的传统建造技术是保持庐山建筑群可持续发展的技术前提，是修复庐山历史建筑或新建建筑时都可以运用的技术手法，应该得到传承。

（2）反映了当地人在自然环境中求生存而逐渐形成的对自然的理解和认知，是对自然生存法则的适应

典型例子比如哈尼梯田的复合水稻耕作系统，以水稻种植为主，同时出产鱼类、螺蛳、黄鳝、泥鳅等水产。再比如哈尼人的分水制度：刻木分水。选用板栗树、黑果树等耐腐蚀、耐浸泡、耐磨损的木材制作木刻分水器[1]。分水器根据约定好的分水量按照当地独特的计量单位（以沟长的右手掌四指根部宽度为一个用水单位）刻在分水器上，设置好开口宽度，再将分水器安放在渠道的分水口处，让水流按照开口宽度自行分水，从而达到按需供给的作用。当然这一技术也需要在强烈的契约精神下才能起效，哈尼每个村寨专门推举出一位德高望重的人来担任沟长，负责巡察和维修水沟，管理维护木刻分水器。沟长的工作一方面是监制生产木刻分水器，另一方面监控避免村民们擅自挪动、破坏木刻分水行为的发生。这一整套分水、用水、管水体系使哈尼梯田无论位置高低、面积大小都能得到充分地灌溉，从而确保梯田延续至今。

（3）是当地原住民持续生存下来的精神信仰

每一个哈尼族村寨的上方都有着一片森林——寨神林，为村寨下的梯田

1　赵元波. 哈尼人的智慧 [J]. 养猪（北大中文核心期刊），2014（8）：40

蓄水，是哈尼族的精神圣地（如图 4.11 所示）。在哈尼族看来，莽莽苍苍的原始森林里栖息着天神与地神，这些山神具有无穷的威力、它们能够鉴察真伪、辨识善恶。每座大山都庇护着某个区域的哈尼人，山神既保佑各自势力范围内的哈尼人，也惩治其辖区内犯有不敬神行为的人。那些被视为圣地的原始森林，在人们的心目中是一个个庄重、肃穆的禁区，千百年来哈尼族人通过精神崇拜、民约等手段，杜绝对森林的破坏，从而起到了保护森林的作用。

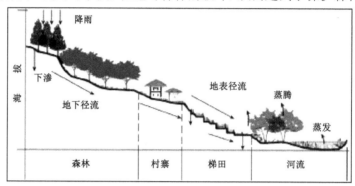

图 4.11　哈尼梯田文化景观农业生态系统的水分循环剖面示意图
资料来源：页下注[1]

4.4.6　语言与其他非物质要素

遗产社区包含着丰富的精神信息，传统的语言、节庆、服饰、舞蹈、音乐、精神崇拜等都是维系着遗产地现在和过去的关联性的要素，这些精神意义通过以上非物质要素的传播得以传承。比如五台山文化景观，除了寺庙、山林、朝圣道路、农田等物质性的遗存外，还有隐藏在佛教活动这种外在形式下的宗教文化内涵的延续。比如五台山"山、寺、田、佛、僧、众"这几者之间的管理关系、生产关系、依存关系的延续，对佛乐的传承，宗教礼仪的存续等等非物质要素都是五台山文化景观佛教文化真实性与完整性的一部分。再比如《庐山石工号歌》流传于庐山，是因为 1890 年前后，随着庐山避暑地的开发，建设了数百栋山地别墅，使得庐山建筑建造业十分发达，从事石头的开采、打磨、搬运、砌筑等工程的工人都有。当地主要建筑材料是石材，但石头非常重，庐山道路崎岖险峻，使石材的搬运显得更加困难，作为庐山的抬石工需要精神上的鞭策。这首流传于抬石工间的号歌，节奏抑扬顿挫，在工作时唱起能起到指挥劳动、协调动作、鼓舞情绪等作用，为集体劳动时必

1　姚敏，崔保山. 哈尼梯田湿地生态系统的垂直特征. 生态学报，2006，26 (7)：2115-2124

不可少的声音，并以口口相传的方式一代又一代地流传至今。[1] 据大冶老石工杨大福回忆，他曾在一条偏僻的山道上听到号子声。根据号子声的变化，他推断一定发生了险情，于是前去查看。原来巨石被卡住，石工的体力被渐渐消耗，号子声传达的正是呼救的信号，杨大福解了燃眉之急。虽然现在庐山上的建设少了，但是每当唱起石工号歌，当中的铿锵节奏仍然是对生活的一种鼓舞。在调研中碰到的老庐山人如是说。

4.4.7 精神感知与认同

正如《操作指南》所述："精神感知特征在真实性评估中虽不易操作，却是评价一个地方特点和意义的重要指标。"[2] 遗产社区居民的精神感知与认同感因无法在物质实体表征中看出，因而需要借助问卷调查等大量社会学方法获得数据。评估结果也带有一定主观性与随机性，是较难评估的一个方面。对于文化景观，尤其是遗产社区这类持续性景观，精神感知与认同的真实性重点在居民对社区整体的满意度、社区凝聚力等方面。

4.5 本章小结

本章首先探讨了遗产社区应该具有的属性与职能。遗产社区兼具遗产与社区双重职能，既包含遗产保护相关职能，又应保持作为社区的满足居民生活需求的职能；既应该为遗产保护发挥积极作用，又应该为社区居民提供基本的物资与生活空间，以及能创造维持社区运转的经济能力。

遗产社区是遗产的一部分，其可持续发展应满足"真实性"和"完整性"的要求，即"真实性"与"完整性"是遗产社区可持续发展的检验标准。真实性不局限于原始的形态和结构，也包括保持持续演进，即在历史过程中完成具有艺术和历史价值的改动和添加是可接受的。完整性强调物质遗产的完好程度及历史信息的完整性。

文化景观遗产社区属于文化景观类型中的持续性景观，其真实性体现在有形的景观风貌及无形的土地利用方式与生活传统等的存续中，完整性则表现为构成其动态功能的元素的完整。此外，本章还提出了遗产社区真实性、完整性检验需要注意的特殊性。文化景观遗产社区的可持续发展应以遗产社区功能可持续优先、保持持续与合理演进、局部要素服从整体风

---

1 贺伟. 历史名人的庐山往事[M]. 南昌：江西美术出版社，2010：37
2 《操作指南》第28页

貌管理为原则。

最后，本章阐述了本书运用的核心理论——"真实性"与"完整性"投射到遗产社区可持续发展应检验的具体内容，分别从位置与环境背景、形式与设计、材料与物质、使用与功能、传统与技术、语言与其他非物质要素、精神感知与认同7个面阐述遗产社区真实性与完整性该如何考虑，并举例说明。

第 5 章　西湖文化景观遗产社区价值论证

5.1　西湖文化景观概况

5.1.1　文化景观提名范围

西湖文化景观提名范围（nominated property）共计 3322.88 ha，缓冲区面积（Buffer zone）7 270.31 ha，东南西北侧边界如表 5.1 所述。杭州西湖文化景观（West Lake Cultural Landscape of Hangzhou）[1] 为位于浙江省杭州市西部的西湖及其周边群山，地理中心坐标为北纬 30°14′15″，东经 120°8′27″，区位关系如图 5.1 所示。

图 5.1　西湖文化景观区位图
资料来源：网络

表 5.1　西湖文化景观边界

东面	开始于少年宫北广场北侧，经白沙路、环城西路、湖滨路、南山路、万松岭路、四宜路、河坊街、大井巷一直到伍公山东端。最东点坐标：北纬 30°14′25″，东经 120°10′1″
南面	从伍公山东端经由吴山、紫阳山、云居山东侧山脚，沿万松岭、凤凰山、将台山、玉皇山、丁婆岭、大慈山、白塔岭的山脊线，接钱江一桥北引桥，经钱塘江北岸线至九溪南口。最南点坐标：北纬 30°11′20″，东经 120°6′52″

1　2006 年列入中国世界文化遗产预备清单，2008 年列入申报世界文化遗产提名计划，2010 年提名文件递交联合国教科文组织，2011 年 6 月以文化景观类别正式登录世界遗产名录。

续表

西面	沿着大华山、马鞍山、象鼻峰、狮峰山、龙门山、美人峰、北高峰、桃源岭、灵峰山、将军山、老和山山脊。最西点坐标：北纬30°13′42″，东经120°4′46″
北面	从老和山北端沿山脚向南接杭州植物园北边界，沿栖霞岭、葛岭山、宝石山的北侧山脚，到少年宫北广场。最北点坐标：北纬30°16′25″，东经120°6′54″

总的来说，遗产是以西湖周边的山脊或山脚为界限，北面以山脚、西面以山脊为界，东面以距离西湖岸线最近的道路——湖滨路为界限。西湖文化景观提名范围完全位于风景名胜区内，提名范围与风景名胜区边界的关系如图5.2所示。

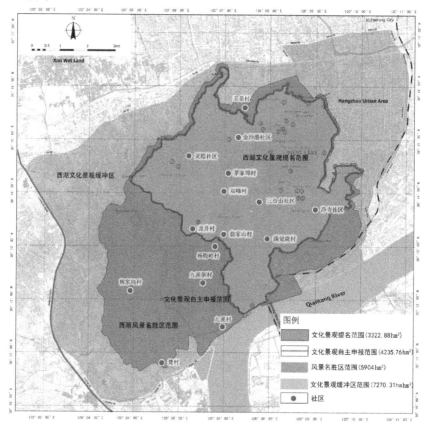

图5.2 西湖文化景观缓冲区内社区分布情况统计图
资料来源：作者整理绘制（底图来自UNESCO官网）

图中从内到外依次是西湖文化景观提名范围（3322.88 hm²）、文化景观自主申请范围（4235.76 hm²）、风景名胜区范围（5904 hm²）、文化景观缓冲区范围（7270.31 hm²）。需要说明的是，我国自主申请的范围为4235.76 hm²，最终联合国教科文组织评定范围缩小至3322.88 hm²。

5.1.2 遗产社区分布

西湖文化景观遗产社区位于西湖西侧群山内，为表述方便，以下将文化景观遗产社区简称为遗产社区，西湖文化景观遗产社区简称为西湖遗产社区。

西湖遗产社区共9处，分别为：龙井、双峰、茅家埠、三台山、满觉陇、翁家山、净寺、金沙港、灵隐，具体分布如图5.3所示。其中，灵隐、茅家埠、双峰、龙井、翁家山、满觉陇6处是龙井茶重点种植基地。

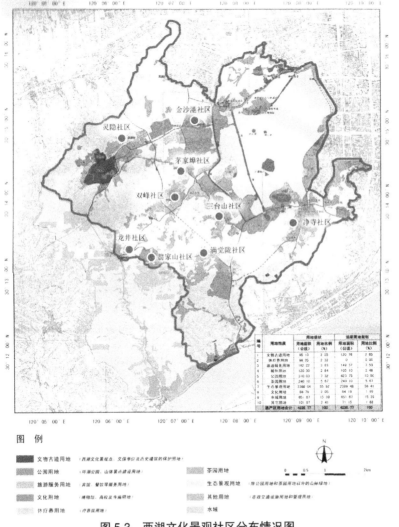

图5.3　西湖文化景观社区分布情况图
资料来源：作者整理绘制（底图来自《西湖风景名胜区总体规划》）

西湖文化景观遗产社区与风景名胜区景中村的对应关系如表5.2所示。

西湖风景名胜区范围内，共有梅家坞村、龙井村、双峰村、九溪村、梵村村、茅家埠村、满觉陇村、杨梅岭村、翁家山村等9个行政村，净寺社区、三台山社区、九溪社区、栖霞岭社区、金沙港社区、灵隐社区等6个社区。杭州行政划分中的"社区"是乡的下一个阶层，由若干个行政村组成。本书所提到的西湖遗产社区采用了当地的行政划分方法，因此，在西湖文化景观提名范围内共9个遗产社区（6个行政村+3个"社区"）。

表5.2 西湖遗产社区与风景名胜区景中村对应关系一览表

景区名称	景中村名、社区名	纯城居型居民点
环湖景区	—	北山、栖霞岭居民点
	茅家埠村（茅家埠遗产社区）	—
	双峰村（双峰遗产社区）	—
北山景区		保俶路居民点
	金沙港村（金沙港遗产社区）	—
吴山景区		鼓楼居民点
凤凰山景区		紫阳居民点
		闸口居民点
		南星居民点
	净寺社区（净寺遗产社区）[1]	—
虎跑龙井景区	龙井村（龙井遗产社区）	
	翁家山村（翁家山遗产社区）	
	满觉陇村（满觉陇遗产社区）	
	三台山社区（三台山遗产社区）	
	杨梅岭村（提名范围外）	
植物园景区	玉泉村（提名范围外）	
	—	东山弄居民点
灵竺景区	灵隐社区（灵隐社区）	
五云景区	梅家坞村（提名范围外）	
钱江景区	九溪村（提名范围外）	
	九溪社区（提名范围外）	
	梵村村（提名范围外）	

* 部分数据来源：《西湖风景名胜区总体规划（2002—2020）》p89-92，以及《杭州西湖风景名胜区环湖景区控制详细规划》p86-89。

现在的西湖遗产社区主要是2003—2007年西湖大规模综合整治后的成果。综合整治前，除纯农业人口外，这些社区内还居住着大量城镇人口，当时风景名胜区12个行政村常住人口达到54031人。综合整治后，城镇居民均已从遗产社区迁出，人口过剩造成较大环境压力的情况得到有效缓解。现在的西湖遗产社区居民大多为纯农户，少数为外来租住户。

---

1 2002年以后，南山村与周边阔石板、玉皇山路等片区合并，统称净寺社区。

5.1.3 遗产社区名字由来

西湖各遗产社区名字的由来体现了社区与遗产价值、社区与周边环境的紧密关系。遗产社区或因旁边的溪流、道路、著名历史遗迹,或因山体的而得名,也是"天人合一"的一种表现。比如灵隐天竺路片区因位于繁茂的商街天竺路两侧故而得名;灵隐白乐桥片区因村口白居易当年修建的白乐桥故名;金沙港社区因社区南侧有一条溪流叫金沙港得名;双峰社区因旁边是著名的西湖十景之一"双峰插云"而得名,具体整理如表5.3所示。

表5.3 西湖各遗产社区名字由来一览表

序号	社区	片区	名字由来
1	灵隐	天竺路	因位于繁茂的商街天竺路两侧,故名
		白乐桥	白乐桥原名万佛桥,因桥连接到万佛寺而得名,后白居易改建取白居易的字乐天,又名白乐桥。村落因桥而得名
		九里松	西湖志:唐刺史袁仁敬,植松于行春桥,西达云竺,阴如霭云,左右各三行,凡九里,苍翠夹道,人称九里松。片区名取自地名
2	金沙港	金沙曲苑	该社区南侧是西湖主要水系之一金沙涧的下游金沙港,社区名取自河流名
3	净寺	—	位于南屏山脚,因杭州西湖历史上四大古刹之一的净寺位于社区内,故得名。净寺也叫净慈寺,寺内有一口重达一百多公斤的新铸铜钟,敲响后钟声宏亮,是"南屏晚钟"的钟声来源
4	三台山	—	三座山峰俗称三台,因而得名
5	翁家山	—	社区中翁姓者居多,故名。相传旧时翁家山人不事农耕,专以捕猎为生,骁勇强悍。清代著名诗人朱彝尊有《翁家山》诗:"岩岩翁家山,松花深满坞。村民高下居,少长齐捕虎。但夸弓弩强,不识耕耧苦。"
6	满觉陇	上满觉陇	亦称满陇、满家弄,位于杭州西湖以南,是南高峰南麓的一条山谷。五代后晋天福四年(公元939年)建有圆兴院,北宋治平二年(公元1065年)改为满觉院。满觉意为"圆满的觉悟"。地因寺而得名
		下满觉陇	
7	茅家埠	四眼井	四眼井为杭州市最为古老的水井,该片区因此井而得名
		上茅家埠	源于明清时村口埠头布满茅草,野趣横生
		下茅家埠	而得名,这里也是著名上香古道的起点
8	龙井	上龙井	狮峰山上有一口龙井泉,所产茶叶因泉而得名"龙井茶",社区因位于狮峰山的山谷——即龙井茶的源头,因而得名
		下龙井	
9	双峰	—	"双峰插云"为西湖十景之一,社区在双峰插云最佳观景点的东侧,故得名

5.2 遗产价值评估标准

西湖最初确定以"文化景观"类别申报时,曾拟用名"杭州西湖·龙井禅茶",特地在名称中加入"龙井禅茶"是突出龙井茶文化也是西湖文化景观的一部分。事实上,根据"文化景观"的内涵,龙井茶园作为其中一种物质要素已经统一涵盖在"西湖文化景观"范畴中。根据《操作指南》附录3关于文化景观定义的说明:"文化景观见证了人类社会和聚居地在自然限制和自然环境影响下随着时间推移而产生的进化,也展示了社会、经济和文化外部和内部的发展力量。""文化景观"是"人类社会和聚居地长期演进过程的例证",是"可持续土地利用的特殊技术以及人类与自然特定的精神关系"的反映。[1] 也就是说文化景观包括其中的人、人的思维和行为、人行为作用后的产物,以及驱动人的行为的文化机制。因此,西湖龙井茶文化、茶园、茶村、产茶技术和茶农等要素自然都是西湖文化景观的重要组成内容,无需在标题中特别强调,因此最终定名为"杭州西湖文化景观"(West Lake Cultural Landscape of Hangzhou)。

但遗憾的是,我们最初递交的西湖申遗文本中的自主申请认为西湖符合标准(iii)(iv)(v)(vi),其中突出体现茶村土地利用方式的标准(v)并未得到世界遗产委员会认可。事实上龙井茶从种植方式、采摘手法、炒制技术、泡茶程序等每一个环节都包含很高的技术含量与文化内涵,且极具代表性,对全国绿茶文化的发展也有举重若轻的影响,理应符合标准(v)的要求的(补充价值论述详见第5.4节)。此外,相较自主申报的西湖文化景观边界,未被划入提名范围的片区主要是一些茶村,比如同样是龙井茶主要种植基地杨梅岭村和九溪村。虽然现在的提名范围内包含一些茶园,但这样的申遗结果表明国际上对龙井茶文化的理解有认知误差,对中国文化仍有很多不理解之处。

本章依照《操作指南》提出的突出普遍价值10条标准,对西湖遗产价值进行了重新评估,并补充论述了遗产社区的价值。

5.2.1 突出普遍价值

"突出普遍价值"(Outstanding Universal Value,OUV)一直是教科文组织强调的世界遗产申请与保护应遵循的理论基础。《公约》第1、第2条阐明:凡列入世界遗产名录的遗产必须具有"突出普遍价值"。那么,什么是"突出普遍价值"?《公约》只是提出了"突出普遍价值"这一概念,并未对其内涵进行阐释。[2]《操作指南》中给出的解释是:"突出普遍价值是具有独特的

---

1 孙华.文化景观是什么? 中国文物报 [N], 2012-06-15
2 史晨暄.世界遗产四十年:文化遗产"突出普遍价值"评价标准的演变 [M].北京:科学出版社, 2016:23

(exceptional)、跨越国界、跨越民族（transcend national boundaries）、对全人类的现在与未来均具有普遍重要意义的文化和自然价值。"[1] 此外，《操作指南》还设定了相应的10条提名标准（nomination criteria）用来评估遗产地是否具有"突出普遍价值"。某种程度上说，10条评价标准正是对"突出普遍价值"的多方阐释。为了使评价标准适应更多类型的，不同文化、地区的遗产，使世界遗产名录更具代表性、平衡性和可信性，提名标准自提出以来进行了多次修改，不断修订的过程也反映了价值评价与保护观念的变化。

5.2.2 评价标准

初版评价标准是在1977年的《操作指南》中发布的，之后随着遗产概念的拓展与遗产类别的增加，评价标准也进行了多次修订与补充。2015年的《操作指南》中关于世界遗产突出普遍价值（OUV）的10条评价标准是[2]：

	UNESCO 评价标准
文化遗产	i. 该遗产是一个人类创造的经典之作
	ii. 在一定时期内或对世界某一文化区域内的建筑艺术、纪念物艺术、城镇规划或景观设计方面的发展产生极大影响
	iii. 该遗产能为一种仍然存在或已消逝的文明或文化传统，提供一种独特的（至少是特殊的）见证
	iv. 该遗产是某一类建筑类型、建筑整体或技术类型的杰出典范，亦或是它本身能展示出人类历史上的一个（或几个）重要阶段（西湖未得到该条认同）
	v. 该遗产是传统的人类聚居、利用土地或海洋利用的杰出范例，它是一种（或一些）文化的典范，或代表人类与自然相互依存的关系——尤其当这种关系在不可逆转的变化的影响下变得越来越脆弱，就显得更弥足珍贵
	vi. 与具有突出普遍价值的事件、生活传统、观念、信仰、艺术和文学作品有直接或有形的联系（该条款是关于非物质层面的遗产价值，所以世界遗产委员会建议，该条款不能单独使用，符合该标准的遗产应符合至少一条其他标准）
自然遗产	(vii) 包含出色的自然美景与美学重要性的自然现象或地区
	(viii) 代表生命进化的纪录、重要且持续的地质发展过程、具有意义的地形学或地文学特色等的地球历史主要发展阶段的显著例子
	(ix) 在陆上、淡水、沿海及海洋生态系统及动植物群的演化与发展上，代表持续进行中的生态学及生物学过程的显著例子
	(x) 拥有最重要及显著的多元性生物自然生态栖息地，包含从保育或科学的角度来看，符合普世价值的濒临绝种物种

---

1 《操作指南》第19页48段
2 《操作指南》第20页77段

在 OUV 评价标准提出初期，是将前 6 条（标准 i 至 vi）用于文化遗产的评估；后 4 条（标准 vii 至 x）用于自然遗产的评估，文化遗产由 ICOMOS 审定，自然遗产由 IUCN 审定。但该情况在 1992 年文化景观类别出现之后逐渐发生了改变。由于文化景观既具有文化价值也包含一些自然方面的价值，引发了人类对文化普遍共性的思考，自然与文化之间的界限不再绝对清晰。因此，2005 年 2 月修订的《操作指南》将标准合并为 10 条，不再分为"文化遗产"与"自然遗产"标准，文化景观按照以上 10 条进行共同评定，后四条用于评定文化景观中包含的自然价值。这种转变是对文化遗产，尤其是对文化景观概念更深刻的理解，也是对文化和自然互动的进一步思考。此外，由于文化景观的特殊性，《操作指南》规定："文化景观的申报由国际古迹遗址理事会（ICOMOS）和世纪自然保护联盟(IUCN) 共同协商评估。"[1]

IUCN 的特别制定了《文化景观的自然价值评估操作指南》[2]用以指导文化景观的自然价值评定，评价标准如下：

IUCN 关于文化景观自然价值评价标准
1 在自然地域中生物多样性的保护
2 在农耕地中生物多样性的保护
3 可持续的土地使用
4 自然美景的强化
5 当地动植物的杰出展示
6 历史上重大的自然发现

资料来源：页下注[3]

需要指出的是，文化景观所包含的自然方面的价值与自然遗产体现的自然价值有所不同，除非是以双遗产登录的（乌汝鲁国家公园、汤加里罗国家森林公园等），否则文化景观的自然价值的评估只是为了提升遗产地的文化价值。《文化景观的自然价值评估操作指南》中特别强调此 7 条标准并不能代替《操作指南》所提出的 vii-x（后四条），文化景观是一种文化遗产，仍然主要参考前 6 条。《操作指南》特别指出，只有同时具有真实性和完整性特征，且有恰当的保护和管理机制确保遗产得到保护，遗产才能被视为具有突出普遍价值。[4] 这是遗产观念的一大革新，避免割裂地看待文化与自然遗产。文化景

---

1 《操作指南》第 37 页 146 段
2 IUCN 针对文化景观中的自然价值的 7 条评估条例最早在 2001 年出台，2006 年进行了修订。
3 IUCN, IUCN Evaluation of World Heritage Nominations : Guidelines for Reviewers of Cultural Landscapes - The Assessment of Natural Values in Cultural Landscapes[EB/OL], 2006. https ://cmsdata.iucn.org/downloads/guidelines_for_reviewers_of_cls.pdf
4 《操作指南》第 21 页 78 段

观作为文化遗产的子项，也应同时满足真实性与完整性。

本书对我国现已登录的 5 处文化景观提名标准进行统计，我国暂时还没有包含标准（i）登录的，包含标准（ii）登录的有 3 处，包含标准（iii）登录的有 5 处，包含标准（iv）登录的有 2 处，包含标准（v）登录的有 1 处，包含标准（vi）登录的有 4 处。

5.2.3 评价重点

每条标准反映了不同的价值取向，以下分别阐述，并举例说明。

（1）标准（i）——"人类创造"的经典之作

该条标准强调该文化景观是"人类创造"的杰作，不单单指有"艺术性"，也强调有人类的参与，一般用在人类有意设计创造的文化景观中。从国际上包含标准（i）登录的文化景观来看（共 5 处，如表 5.4 所示），并没有单独以标准（i）登录的文化景观，包含标准（i）的均包含标准（iv），这也反映标准（i）侧重对设计创造的建筑群、佛像等物质遗存的认定。比如巴米扬谷中对应标准（i）的是大佛与洞窟；莱德尼采文化景观对应的是城堡、历史城镇。中国至今还未有包含标准（i）登录的文化景观。

表 5.4 包含标准（i）的已登录文化景观统计表

1996	捷克	莱德尼采-瓦尔季采文化景观	(i)(ii)(iv)
2000	法国	叙利到沙洛讷间的卢瓦尔河流域	(i)(ii)(iv)
2003	阿富汗	巴米扬谷文化景观和考古遗址（in danger）	(i)(ii)(iii)(iv)(vi)
2004	德国	马斯科夫公园/马扎科夫斯基公园（与波兰交界）	(i)(iv)
2011	伊朗	波斯花园	(i)(ii)(iii)(iv)(vi)

（2）标准（ii）——跨越时间、文化区域的价值交流

包含标准（ii）登录的文化景观是因为有一些建筑（群）或构筑物等物质要素完整记载了一种文明（文化）或某一地域的文化变迁过程，以及这些物质载体展现了某种文明（文化）跨越地域的"价值交流"，标准（ii）的评价重点也正在于此。比如瓦豪(Wachau Cultural Landscape，2000，(ii)(iv)) 是作为多瑙河河谷的一个分支，其建筑包括修道院、城堡等历史遗迹以及种植葡萄的农业设施，完整保存了该地区自史前时期演化至今仍然清晰可见的痕迹，同时多处遗迹——曾经囚禁过十字军统帅英王理查德·昂哈特的城堡等，反映了公元 12 世纪末的第三次十字军东征对多瑙河畔的古镇的影响。中国包括标准（ii）登录的文化景观如表 5.5 所示。

表 5.5　中国包括标准（ⅱ）登录的文化景观

1996	庐山文化景观（Lushan National Park）	(ii) (iii) (iv) (vi)
2009	五台山文化景观（Mount Wutai）	(ii) (iii) (iv) (vi)
2011	杭州西湖文化景观（West Lake Cultural Landscape of Hangzhou）	(ii) (iii) (vi)

庐山文化景观中的寺庙、书院建筑及其布局，展现了公元前3世纪到20世纪初的长期的文化变迁，比如白鹿洞书院完整记载了理学几度兴起又几度没落的历史过程，展现了庐山作为中国理学发源地与其他地域文化之间的交互关系。

五台山的宗教庙宇和佛教建筑、佛像、佛塔，充分反映了佛教文化进入中国后与本土文化之间的交流，它融合了尼泊尔和蒙古的佛教思想，对中国佛教文化产生深远影响。

西湖文化景观中的飞来峰造像、净慈寺、六和塔等一系列历史遗迹反映了佛教文化从印度传入中国后的发展传播。标准（ⅱ）表现为人类文化价值（包含了文化传承、科学艺术、哲学以及宗教的思想与观念等各方面人类精神文明）之间的跨越地区、文化的交流。

（3）标准（iii）——存在或已消失的文脉或文化传统的独特见证

该标准侧重的是通过物证突现对仍然存在或已经消失的文化的见证。以下通过英国圣基尔达岛［St Kilda, 1986, (iii)(v)(vii)(ix)(x)］为例说明标准(iii)的评价重点。经考证，圣基尔达岛上曾经有人类文明持续超过千年，18世纪时，岛上有近200人生活。岛上居民主要以捕猎海鸟为食物，同时饲养绵羊并种植少量谷物。但由于这个岛恶劣的地理环境——孤岛四周海水变化无常，终年受到强劲的海风侵蚀，岛上居民长期与严酷的自然苦苦抗争，终因毁灭性的传染病肆虐及为岛外环境所吸引，于1930年将村落迁往别处。1930年8月29日，全岛最后36名居民带着他们的牲畜一起乘船迁至苏格兰主岛，一种存在千年的生活方式随之消逝。虽然圣基尔达是弃岛，但岛上仍残留的曾经的人类使用痕迹是对岛上人类文明发展的见证，例如用石头围墙围起的一圈圈土地，是当时岛上定居的村民种植少量谷物的耕地，一个个形状各异的石圈用来保护这些宝贵的谷物免遭风暴与家畜的侵害（图5.4）。

图5.4　石圈内铺垫海藻
资料来源：新华网

再比如戈布斯坦岩石艺术文化景观［Gobustan Rock Art Cultural Landscape，2007，(ii) (iii) (iv)］，其中标准 (iii) 指的是超过 60 万件 5000～2000 年的古代岩石绘画，描写的内容包括史前人类、动物、战争、宗教舞蹈、斗牛、赛艇、持矛战士、骆驼商队、太阳与星星。

中国现已登录的文化景观均包括标准 (iii)，如表 5.6 所示。

表 5.6 中国包括标准 (iii) 登录的文化景观有 5 处

1996	庐山文化景观 (Lushan National Park)	(ii) (iii) (iv) (vi)
2009	五台山文化景观 (Mount Wutai)	(ii) (iii) (iv) (vi)
2011	杭州西湖文化景观 (West Lake Cultural Landscape of Hangzhou)	(ii) (iii) (vi)
2013	哈尼梯田文化景观 (Cultural Landscape of Honghe Hani Rice Terraces)	(iii) (v)
2016	左江花山岩画文化景观 (Zuojiang Huashan Rock Art Cultural Landscape)	(iii) (vi)

庐山白鹿洞书院见证了已经消逝的"理学"教育文化。

五台山自北魏起 1000 多年来，有 9 个皇帝 18 次朝觐参拜佛陀、广修石碑石刻，这些物质实体是中国皇家佛教道场文化的历史见证。

西湖文化景观的飞来峰造像、灵隐寺、六和塔、保俶塔等一系列始建于 10 世纪前后的佛教建筑和石刻造像见证了佛教文化曾于 10—13 世纪在中国江南，特别是杭州地区鼎盛发展并传衍的轨迹。

哈尼族人创造出的完整的耕作体系，包含水牛、牛、鸭、鱼类和鳝类，同时产出红米。在红米的耕种过程中，鸭子肥沃了稻米的幼苗，鸡和猪为更成熟的植株带来肥料，水牛为来年的耕作翻土，水田里的鳝类消灭了各种害虫。社会、经济和宗教体系通过土地和社会的责任感以及自然的神圣性来支撑着红米的耕种，传统的"天人合一"思想在此得以展现。

左江花山岩画是当时存在于中国南方的铜鼓文化的唯一例证。

（4）标准（iv）——展示人类历史重要阶段的建筑、建筑群或景观

标准 (iv) 强调的是一类建筑、建筑群或技术整体或景观（也可以是一个或一群构筑物甚至是某些技术），它（它们）展现了人类历史上一个（或几个）重要阶段。比如阿富汗巴米扬谷文化景观和考古遗址（Cultural Landscape and Archaeological Remains of the Bamiyan Valley，2003，(i)(ii)(iii)(iv)(vi)）。阿富汗巴米扬山谷是拥有众多佛教洞窟和伊斯兰时期防御建筑的古遗址群，其见证了从 1 世纪至 13 世纪期间以古代巴克特里亚文化为特征的艺术和宗教发展。正是在这一发展过程中，佛教艺术的干达拉流派兼收并蓄了各种文化影响。标准（iv）在该文化景观中是指坐落在阿富汗巴米扬谷内山崖上的佛像（图

5.5），它建于公元 6 世纪，是希腊式佛教艺术的经典作品。标准（iv）旨在对建筑、构筑物或艺术品的维护保存。中国包含标准（iv）的文化景观见表 5.7。

图 5.5　阿富汗巴米扬佛教洞窟[1]

图片来源：UNESCO 官网

表 5.7　中国包括标准（ⅳ）登录的文化景观

1996	庐山文化景观（Lushan National Park）	(ii) (iii) (iv) (vi)
2009	五台山文化景观（Mount Wutai）	(ii) (iii) (iv) (vi)

庐山白鹿洞书院建筑群是中国传统书院的建筑典范。以榫卯结构建造的观音石拱桥，在中国桥梁建筑史具有重要的地位。而 19 世纪后期开始建造的现代别墅建筑是独特的山顶建筑群，具有重要的建筑美学价值，代表着西方文化侵入中国的大趋势。

五台山则有以佛光寺为代表的唐代木造建筑，佛光寺大殿是中国现在发现最早的唐代木结构建筑，其内还有唐代塑像、壁画和墨书题记，集四大唐代遗物于一身。

（5）标准 (v)——体现人类聚居过程中独特的利用土地（或海洋）的方式

包含标准 (v) 登录的遗产都具有特殊的土地利用方式，该条标准强调的正是独具特色的土地利用方式，以 2015 年登录的伊朗、法国两个文化景观案例为例说明，如表 5.8 所示。

表 5.8　2015 年包含标准（ⅴ）登录的文化景观

2015	梅满德文化景观（Cultural Landscape of Maymand）	(v)
2015	勃艮第特殊气候条件产区与风土（Climats, terroirs of Burgundy）	(iii) (v)

梅满德文化景观（Cultural Landscape of Maymand）是伊朗中部山脉南端终点谷底尽头孤立的半沙漠地区，其居民至今仍保持着独特的半游牧生活方式，春秋两季住在山区临时定居点，在山区牧场放牧；冬季则住在山谷底部

---

[1] 非常遗憾，其中两尊主要佛像已于 2001 年被塔利班炸毁，该文化景观已被列入濒危文化景观名录。

在软岩（卡玛尔凝灰岩）上凿出的窑洞里。这种半游牧系统呈现了伊朗中部山区半干旱条件下人类适应自然环境的方式，曾经在中东地区非常普遍，虽然现在留存甚少，因而以标准（v）登录。再比如勃艮第特殊气候条件产区与风土（Climats, terroirs of Burgundy）这一案例。这片文化遗产区包括两个部分，一个是博纳镇和与之相关的葡萄园、酒厂和村庄，它们共同体现了商业层面和生产体系；另一个是第戎的传统市中心，它代表了根据气候划分体制形成的政治管理层面。这片文化遗产地突出呈现了自中世纪前期发展起来的葡萄种植业和葡萄酒生产业。该文化景观以标准（v）登录，是因为多年来持续地有人类在此地种植葡萄，使这种独特的葡萄种植与生产方式得以延续，并且这种方式在发展过程中适当的与时俱进，与现代工业结合，保持持续演进状态。

遗产委员会在评判第五条的时候更注重人与自然之间产生的一种特殊的人地关系，而这种人地关系的特殊性具有杰出的 OUV。中国现已登录的文化景观中，标准（v）得到认可的只有哈尼梯田 1 处，见表 5.9。

表 5.9 中国包含标准（v）登录的文化景观

| 2013 | 哈尼梯田文化景观
（Cultural Landscape of Honghe Hani Rice Terraces） | (iii) (v) |

哈尼人创造的四素同构的景观模式（最上方是森林，森林下方是村寨，村寨下方是梯田，梯田下方是灌溉水系汇聚形成的河流）、弹性的土地管理系统、蘑菇房的建筑构造等这些特殊的生活生产方式，都充分反映了人类在适应自然过程中激发出的智慧，并且极具代表性与特殊性。

（6）标准（vi）——有些物质载体体现了宗教或艺术方面的紧密联系

标准（vi）强调的是文化景观中的某些物质载体充分体现了该文化景观与宗教或艺术方面的紧密联系。中国包含标准（vi）登录的文化景观有以下 4 处（表 5.10），分别阐述其体现的标准（vi）的价值。

表 5.10 中国包含标准（vi）登录的文化景观

1996	庐山文化景观（Lushan National Park）	(ii) (iii) (iv) (vi)
2009	五台山（Mount Wutai）	(ii) (iii) (iv) (vi)
2011	杭州西湖文化景观（West Lake Cultural Landscape of Hangzhou）	(ii) (iii) (vi)
2016	左江花山岩画文化景观 （Zuojiang Huashan Rock Art Cultural Landscape）	(iii) (vi)

庐山白鹿洞书院是宋、明儒学主流——"理学"的物质呈现。西湖美学审美体现在 18 000 万字的诗词歌赋、历朝历代大量绘画作品等这些物质载体上；佛教文化体现在寺、塔等构筑物上。左江花山多达 79 处的岩画代表了当地壮族先民骆越人当时的文明与审美。五台山的寺庙、碑、佛像、佛塔反映了自然景观和佛教文化的融合，体现了自然景观中的宗教信仰和中国传统"天人合一"的思想。五台山的影响超越地域界限：在日本、韩国以及中国其他地区如甘肃、山西、河北和广东，都有类似的山体被命名为五台山。

5.2.4 文化景观遗产社区保护要求

依照《操作指南》的有关条款，遗产社区属于第 ii 类的第二项持续性景观（a continuing landscape）。

文化景观可分为三类：由人类有意设计和创造的景观、有机进化的景观、关联性文化景观，其中，有机进化的景观可分为史迹与持续性景观两个子类别，一类表示有机进化已停止，另一类则表示演进仍在继续。该文化景观分类方式在 1992 年《文化景观的定义及列入名录的指导原则（草案）》中就已确定，并在 1993 年修订《操作指南》时正式写入。在该分类方式提出后，世界遗产委员会召集了数次会议，讨论分类方式的合理性及其在具体遗产地的应用情况。ICOMOS 在 2006 年提出以清查卡（inventory card）的方式登记文化景观。清查卡对世界遗产文化景观的第一种类型——由人类有意设计建造的景观进行了进一步细分[1]，如表 5.11 所示[2]：

表 5.11 文化景观分类表

文化景观类型	细分
i. 人类有意设计建造的景观 （landscape designed and created intentionally by man）	园林类景观（gardens）
	公园类景观（parkland landscape）
	纪念性建筑或建筑群 （which are associated with religious and other monumental buildings and ensembles）
ii. 有机进化的景观 （曾经或现在仍在继续的） （organically evolved landscape）	史迹（或称化石）景观 [a relict (or fossil) landscape]
	持续性景观（a continuing landscape）
iii. 关联性景观 （associative cultural landscape）	与宗教、艺术或者文化与自然要素之间存在紧密的关联性的景观

---

1 Worldwide basic inventory/register card for Cultural Landscapes, Verbania, October 2006 http://www.icomos.org/landscapes/external9.htm
2 《操作指南》附录 3 第 98 页

第（i）类，"由人类有意设计建造的景观"包括那些出于审美追求而建造的具有高度美学价值的园林类景观（gardens）、公园类景观（parkland landscape），同时，这类文化景观往往与宗教、纪念性建筑以及建筑群有关（which are associated with religious and other monumental buildings and ensembles）。

第（ii）类，"有机进化的景观"的产生最初是基于当时的社会、经济、行政以及（或者）宗教的需求，并在发展过程中一直与自然环境相互关联与作用，逐渐发展成目前的状态。这些景观在其形态与构成特征上反映了有机进化的过程。在此分类基础上，还可将该类型分为以下两个子类：

1）史迹（或称化石）景观 [a relict (or fossil) landscape]

该类是指有机进化过程在过去某个时间节点已经结束的文化景观，其完结过程可能是突然的，也可能经历了一段时间。其重要特质是虽然有机进化过程已经停止，但其物质形态仍然可见。

2）持续性景观（a continuing landscape）

该类文化景观在当代社会中仍扮演活跃的社会角色，与传统生活方式仍然息息相关，有机进化过程仍在继续，一旦演进停止价值将不复存在，唯有保持演进才能保持价值。持续性景观本身是有机进化过程的重要物证。

第（iii）类列入世界遗产名录的条件是，与宗教、艺术或者文化与自然要素之间存在紧密的关联性，是否有物质例证并不重要，甚至可以忽略。此外，列入《世界遗产名录》的古迹遗址、自然景观一旦受到某种严重威胁，经过世界遗产委员会调查和审议，可列入《处于濒危世界遗产名录》，以待采取紧急抢救措施。

遗产社区属于第 ii 类的第二项持续性景观（a continuing landscape）。它在当今与传统生活方式相联系的社会中，保持一种积极的社会作用，而且其自身演变过程既仍在进行中，又展示了历史上演变发展的过程。持续性景观是景观对当地历史发展轨迹的记录，以及对传统生活方式、景观特征进化过程的完整呈现。

5.3 西湖文化景观已经得到认可的价值

西湖文化景观（West Lake Cultural Landscape of Hangzhou）是中国第一个自主申请并成功登录的文化景观世界遗产。我国自主评定的结果是西湖符合（iii）(iv)(v)(vi)条标准，希望通过以上4条登录，这一点在我国递交的申遗文本中有详细论述，但最终世界遗产委员会评定认为：西湖文化景观符合标准（ii）(iii)(vi)。也就是说，西湖文化景观中的建筑或构筑物自身的建造典型性、特殊性（标准（iv））以及人们在遗产地的持续土地利用方式（标准（v））这两条并未得到认可，此外增加了标准（ii），即西湖文化景观在跨文化交流的影响力上（尤其在亚太地区的影响力）得到了国际认可。出现以上评估偏差，与我国自我认知的局限性和中西文化差异有关。

回顾西湖文化景观当年的申遗文件，可以发现当时在文本书写时有很多自我认知不足。一方面，当时的申遗文件中的遗产价值论述主要围绕西湖水面周边的历史遗迹展开，包括西湖十景、14 处历史遗迹等的历史价值（详见第 5.3.1 节—5.3.3 节），但是，对提名范围内的社区在西湖遗产价值发展上起的作用；龙井茶文化与佛教文化、禅文化发展的交织关系；龙井茶文化强烈的地域独特性；龙井茶在种植、采摘等多方面所包含的精湛工艺的表述都特别少，甚至可以说并未提及。这样的论述缺失，尤其是后两点关于龙井茶文化表述的缺失直接导致了标准（v）不被认可，因为国际上普遍认为标准（v）主要体现的是"人"对土地的特殊利用方式，西湖当地居民如何因地制宜地创造了独特的龙井茶采摘、种植、泡制工艺都未阐述（补充论述详见第 5.4.3 节），这是导致标准（v）未得到认可的主要原因。

另一方面，申遗文本中对标准（v）的论述主要从人们对于西湖水体的疏浚与利用角度进行阐释，详细描述了不同时代、以不同人物为代表的"人"对西湖这一潟湖的疏浚工程。西湖历经大小近 20 次的疏浚工程，在历史上灌溉了杭州城市周边的大面积农田，提供了杭城居民生活用水，提供了水运交通，对京杭大运河及附近其他漕运河道提供了补给水源。这些描述重点传达了"人"与"湖"之间的持续互动关系、西湖水面自然沼泽化与人工反沼泽化之间的演变过程，充分体现了文化景观"人"与"自然"相互作用这一核心内涵，以上价值论述得到了世界遗产委员会的认可。但是，也正是因为这样片面的描述，最终导致认定范围将一些茶村除去。这样的遗产价值论述容易让人以为代表西湖"人"与"自然"相互作用关系的物质实体只有西侧包含重要历史遗迹的部分，而忽略了茶村、龙井茶园等代表了特殊土地利用关系的这些物质实体。这也解释了为什么西湖文化景观最终得到认定的遗产边界紧邻湖面，呈现环湖一周，西侧将历史遗迹都纳入，而被划出来的大多是茶村。西湖文化景观现已得到国际认可的几条提名标准如下所述。

5.3.1 标准（ii）

该条标准对应的是西湖"两堤三岛"的景观格局、以中国传统山水美学为基础的题名景观设计手法，以及水利疏浚工程造景方式给 9—20 世纪东亚地区景观设计与造园方式带来的巨大影响力，体现了跨越文化、跨越地域的交流。

（1）"两堤三岛景观格局"在东亚地区的传承与发展

西湖这种"堤岛格局"——堤坝穿插于湖面上，既实现了交通功能，又使人们能进入湖面，增加了景观的欣赏层次。水面被堤、岛划分为若干片相对独立的水域，人们可穿越湖区，漫步于湖光山色间，体会西湖近景、中景、远景三种不同层次的景观。这种"堤岛格局"在宋代以后多次被传承使用，在9—20世纪东亚地区景观设计中作为一种要素被不断复制、模仿、传播，"燕京八景"（金代）、18世纪清代皇家园林中的"承德避暑山庄""颐和园"都是以西湖为范本。广东惠州西湖的整体格局也是参考杭州西湖。

（2）以"西湖十景"为代表的四字题名景观设计方式在东亚地区的传承与发展

"西湖十景"在中国首创以四季景物为观赏对象，通过具有诗词含义的系列"题名"——苏堤春晓、曲院风荷、平湖秋月、断桥残雪……，代表以不同季节、不同时辰、不同气象、不同观赏性植物，包含人们与自然情景交融时获得的各种情感与思想。

西湖题名景观的设计方式与所蕴含的文化理念流传到朝鲜半岛后，对当地的美学伦理、景观设计方法发展都带来巨大的触动，并在西湖景观理念引导下形成了西湖文化与当地文化结合后的景观。16世纪以后，随着江浙地区与朝鲜半岛的交流增加，尤其明代田汝成（1503—1557）所写的《西湖游览志》流传到朝鲜后成为当时流传于朝鲜文人间的热门读物。"西湖景观"成为朝鲜文人知识阶层关注的中心[1]。朝鲜文人高度认可并憧憬西湖这种超越世俗的理想空间、人间乐园——同时保有以林逋（967—1028）为代表的高士形象，以及以伍子胥之怒涛、岳飞之忠愤为代表等志士形象，即兼有隐居之士和慷慨之士的空间。并将杭州西湖的空间概念转移至汉江西湖上，出现了"汉江西湖十景[2]"等作品。

（3）佛教文化的传播与交流

印度佛教传到中国，500年后传到日本，即日本是容受经由中国传来的佛教。经过各个地域的流徙和五百年历史的发展之后，附着于佛教的内容更加丰富。[3] 跨地域的文化传播促进了文化交流与融合。

飞来峰造像体现了藏传佛教艺术在中国内地汉人活动地区的传播，体现了1282—1292年，藏传佛教沁入以禅宗文化为佛教主流的江南大地[4]。这

---

1 （韩）郑珉，李定恩（译）. 十六、十七世纪朝鲜文人知识分子层的江南热与西湖图（第24篇）[Z]. 东亚文化意象之形塑计划：韩文论文选集，台北：允晨文化实业股份有限公司，2011：351-362
2 汉江西湖十景：白石早湖、青溪夕岚、栗屿მ耕、麻浦云帆、乌洲烟柳、鹤汀明沙、仙峰泛月等。
3 （日）野上俊静（著），释圣严（译）. 中国佛教史概说[M]. 台北：法鼓文化，1999：3
4 陈同滨（主编）. 西湖申遗文本[R]. 北京：中国建筑历史研究所，2011：211

是佛像造像艺术与中国当地文化的融合，也是藏传佛教在杭州的传播过程。

5.3.2　标准（iii）

对应到西湖文化景观是指见证或体现了佛教文化、隐逸文化、茶文化等在西湖一带传衍的物质载体。

（1）对佛教文化发展的见证

飞来峰造像、灵隐寺、六和塔、保俶塔等一系列始建于10世纪前后的佛教建筑和石刻造像都见证了佛教文化曾于10—13世纪在中国江南，特别是杭州地区鼎盛发展并传衍的轨迹。这些佛教建筑遗存共同见证了杭城始于4世纪的佛教传播，见证了杭州在五代（10世纪）与南宋（12—13世纪）两度成为中国佛教文化中心，见证了西湖一带曾是禅宗文化发展的重要场所，是东亚地区的佛教胜地。

（2）对隐逸文化发展的见证

隐逸文化以庄子的道家哲学为基础，继而扩展到儒家，是中国古代士人保持人格独立的一种处世哲学——"穷则独善其身，达则兼济天下"。在中国传统文化中拥有悠久的历史和不可替代的影响力，后来该文化传播并影响了东亚的其他地区。隐逸在行为上表现为短暂或长时间的隐藏行迹；为保持精神上的清逸脱俗和淡泊的情怀，疏离、逃避社会现实，"寄情山水"；在创造的园林空间中展现创造者对自然审美的思考和人格升华的意识，大多体现在一些传统园林中。

北宋著名隐逸诗人林逋是中国隐逸文化的代表人物之一，他在孤山留下的"舞鹤赋"刻石及林逋墓展现了他的生活环境，见证了"隐逸"这种独特的东方文人的生活态度及生活方式。隐逸文化在11—18世纪的东亚地区尤其是朝鲜半岛也有所传播。

5.3.3　标准（vi）

"西湖景观"是10世纪以来中国传统文化精英的"精神家园"，是中国各阶层人们世代向往的"人间天堂"。它以"寄情山水"的文化特性引发了数量巨大的文学和艺术作品，据《西湖申遗文本》统计，与西湖相关的文字有1800万字、文学作品400余种、著名绘画作品2000幅以上，它们承载了唐、宋、元、明、清乃至近代、现代各阶层的情感寄托和审美感受，在传统绘画、诗词、史志、散文、小说等艺术领域均得到充分表现。西湖文化景观对日本的文学、绘画以及朝鲜的文学和精神追求也都有深远影响。

表 5.12

总体评价	西湖文化景观具有"三面环山一面城"的地理特征。自唐朝（618—907年）起，它的美丽即为众多的作家和艺术家所称颂。众多寺庙、宝塔、亭台楼阁、花园、还有观赏树木和人工景观浑然天成，它们使堤、岛、山坡得到了提升，使西湖变得更加美丽。西湖的主要人工元素——两堤三岛，是在9—12世纪间经多次疏浚而形成的。自南宋（12世纪）起，西湖十景被认为是"天人合一"最理想、最经典的景观体现。西湖这一文化景观将中国景观美学的理念表现无遗，为唐宋两朝的文人墨客所称道。西湖景观不仅对中国而且对其他国家的园林设计都有着深远的影响，许多地方通过对湖和堤的设计来模仿西湖的和谐之美。西湖的关键点在于今天仍然能够激发人们"寄情山水"
真实性	西湖文化景观清楚地传达着"文化名湖"的理念，完好保留的山水格局、诸多历史遗迹等都真实地记录着"如诗如画"的中国山水审美特征。从"云山"和湖边环境，到一株株垂柳以及西湖本身，无一不体现出10世纪以来古老文字中所述的景观元素。虽然东面杭州城的景象在过去五十年间发生了巨大的改变，西湖这第四面不再是与整体景观相称的美丽低城（根据马可·波罗的描述），杭州的高耸的建筑占据了东面的视野，使湖边的建筑更显矮小。但是，北面和南面的山脉轮廓线仍然非常完整，保俶塔在天空的映衬下也十分清晰。国际古迹遗址理事会（ICOMOS）认为，保持这一轮廓线并且从湖这边看到的山后面不能有城市侵入，非常重要
完整性	西湖文化景观完整保留了"三面环山一面湖"的整体景观格局，山体的天际线，堤、岛、桥、寺、塔，10处题名景观，14处历史遗迹以及特色植物。西湖及其周边景观和风景名胜、历史遗址也都保存完好，对景观的破坏也基本得到控制。遗产三面环山的外观整体性保存完好，看上去几乎与1000年以前一样。虽然湖东面在杭州城市急剧扩张的情况下显得有些脆弱。但是，考虑到过去十年来杭州经历的从区域城市发展为800万人口的大都市的巨大城市变化，遗产向城一面的外观整体性管理还是完善的。建筑物天际线得到城市法规的有效监测，一直保持高度和大小限制，并且凡是可能影响西湖周边天际线的扩张行为都受到了制止

5.4 西湖文化景观遗产社区价值补充及阐述

5.4.1 标准（ⅱ）补充论述——茶文化跨文化、跨地域的传播

西湖龙井茶园是对龙井禅茶文化（开始于北宋）在杭州传承发展的见证。龙井制茶方式（从团饼茶到散茶）、品饮方式（从蒸煮到泡制）的改变，都体现了西湖龙井茶文化与佛教文化的交融。此外，西湖禅茶文化每个重大转变都对日本茶文化产生了巨大影响。

西湖龙井禅茶在饮茶方式上对日本产生了深远影响。宋朝时期日本与杭州佛教文化交流很多。彼时，南宋定都杭州，杭州佛教寺院有480余所，高僧辈出，是佛教文化重地。日本佛教人士但凡到江南访问，大多都会拜访灵

隐、净慈等寺院[1]。在中日佛教文化交流过程中顺带将宋代杭州当时流行的"茶宴""茶礼"等禅茶品饮方式传到日本，并在日本风靡一时。宋朝茶文化的再次传入日本，促使日本茶文化发展到了一个新的高度（中国茶文化虽已于唐代传入日本，但唐朝末期，日本社会混乱，停止派遣唐使后，日本饮茶文化曾一度衰退，直到两宋佛教文化交流恢复，又有了新的进展）。日本荣西禅师在其二度赴华时，"曾被宋朝皇帝召至京城临安（今杭州）作除灾和求雨的祈祷，并在净慈寺举行了盛大的茶礼，以示嘉赏"[2]。他曾拜净慈寺虚堂禅师学法，回国时"携带台子（泡茶时搁置茶道具的棚架）及七部茶典归国"[3]。根据赵大川的研究，日本斗茶会的形式模仿了中国禅院茶礼[4]。其在现今日本的茶道文化中还保留了很大一部分，比如非常注重礼仪与程序。宋人吃茶程序包括碎茶、碾茶、筛茶、量茶、注汤、击拂、点茶、吃茶，即"碾茶为末，注之以汤，以筅击拂"，这叫做"点茶"，吃茶吃的是烹煮完的茶渣，日本的抹茶与此有些类似。

很长一段时间，日本茶文化是跟随中国茶文化发展的，宋代以后更是深受杭州禅茶文化影响，宋末元初（1170—1190），杭州禅茶文化普及到民间，西湖社区居民开始参与种植龙井茶即是在宋末元初。日本也跟随这种风潮，在镰仓幕府时期（1192—1333），茶宴、茶会开始由僧侣、贵族(武士)阶层向民众推广[5]。

见证这段历史的西湖龙井茶园，当时主要由灵隐寺僧侣种植，现分属各遗产社区，由居民负责种植。

5.4.2　标准（ⅲ）补充论述——历史发展的见证

5.4.2.1　"茶社区"是西湖游憩传统的见证

西湖茶村从元代起便有游人前往游览，那时的游人主要是文人士大夫阶层，是其西湖主要游览项目之一。现今留下的古籍中关于当时文人探访茶村、饮茶吟诗的记载有一些，比如元代著名文学家虞集所作的《次邓文原游龙井》是至今为止发现最早的吟咏龙井茶的诗歌[6]。虞集晚年寓居杭州，一次与好友邓文原等游历龙井，品尝到了用龙井泉水烹制的谷雨前新茶，

1　杭州文史研究会．杭州佛教研究 [M]．北京：宗教文化出版社，2014：24
2　方如今，周玲花．佛教对浙江茶叶和文化的影响 [J]．浙江社会科学，2004（9）：6
3　杭州文史研究会．杭州佛教研究 [M]．北京：宗教文化出版社，2014：53
4　陈云飞．略论唐宋时期西湖茶禅文化的历史地位 [J]．茶叶科学，2009（6）：115
5　赵大川．南宋杭州和日本的禅茶文化交流 [J]．杭州研究，2007（2）：53
6　朱家骥．钱塘江茶史 [M]．杭州：杭州出版社，2015：80

有感而发："澄公爱客至，取水挹幽窦。坐我檐卜中，余香不闻嗅。但见瓢中清，翠影落群岫。烹煎黄金芽，不取谷雨后。同来二三子，三咽不忍漱。"[1]详细描述了汲泉品茗的过程以及他留意茶的芳香、久久不忍漱去口中龙井茶的醇香的心情，文中提到龙井茶最佳采摘时间在谷雨前，到现代，龙井茶仍然以谷雨前为贵。

从晚明开始，随着"旅游"活动的普及，社会的上、下阶层都沉浸其中，再加上龙井茶已经开始在全国有一些名气，到西湖游览的人数大大增加，古籍中相关记载也明显增多。古人云："精茗蕴香，借水而发。"[2] 对冲泡茶叶的"水"的选择尤其讲究，认为好的"茶"需配好的"水"，借由好的"水"更能激发"茶"的香味。因此，堪称西湖双绝的龙井泉、虎跑水都是文人士大夫尤其钟爱的烹茶品茗的好去处，它们附近的茶村——龙井村、满觉陇村，很早便有茶馆，接待各方来客。晚明时期开始，"旅游"风气在江南士大夫阶层流行，旅游消费更是一种社会地位的竞争。[3] 明代文人到西湖游览、记录、赞美龙井茶的茶诗较元代多很多，著名的有文征明的《煎茶》、陆容的《送茶僧》等。[4]

清代最著名的是乾隆四访龙井茶。第一次是乾隆十六年（1751），到天竺观看茶叶采制、炒制过程，对炒制过程中的"火攻"这一技能了解详细，有诗作为证。清汪孟鋗在《龙井见闻录》中恭录了乾隆的龙井茶诗。第二次由风篁岭南下，"云栖取近跋山路"，到云栖探访龙井茶，但因仍未到龙井村而倍感遗憾。第三次南巡（1762年）终于如愿到达龙井，在《初游龙井志怀三十韵》一诗中有体现。[5] 此外，他还品尝了用龙井泉水泡制的龙井茶，作有《坐龙井上烹茶偶成》。[6]

近代梁实秋平湖秋月品龙井，他在《雅舍小品》中写道："我曾屡侍先君游西子湖，从不忘记品尝当地的龙井……开水现冲，风味绝佳，茶后进藕粉一碗，四美具矣。"[7] 类似的记载还有很多，都是游客到西湖龙井村、满觉陇村等茶村品饮西湖龙井的历史记忆。

---

1 （明）田汝成.西湖游览志·卷四南山胜迹[M].杭州：浙江人民出版社，2008：72
2 （明）许次纾.茶疏[DB/OL]. http://ctext.org/wiki.pl?it=gb&chapter=110467&remap=gb
3 巫仁恕.晚明的旅游风气与士大夫心态——以江南为讨论中心[M].台北："中央"研究院近代史研究所，2003
4 朱家骥.钱唐江茶史[M].杭州：杭州出版社，2015：88
5 （清）高晋，等纂，南巡盛典·卷五十四[M].见程启坤.西湖龙井茶[M].上海：上海文化出版社，2008：69-71
6 乾隆作诗《坐龙井上烹茶偶成》："龙井新茶龙井泉，一家风味称烹煎。寸芽生自烂石上，时节焙成谷雨前。何必团凤夸御茗，聊因雀舌润心莲。呼之欲辩才在，笑我依然文字禅。"
7 梁实秋.雅舍小品·四十九喝茶[M].北京：文化艺术出版社，1999：356

5.4.2.2 西湖龙井茶文化本身是对文人士大夫文化的见证

古人以茶修身养性，以茶激发文思，以茶交友，以茶沟通儒、释、道，从中参悟哲理。西湖禅茶文化本身就是杭州文人士大夫文化的见证。白居易曾在《何处堪避暑》中写道："游罢睡一觉，觉来茶一瓯。……从心到百骸，无一不自由。……虽被世间笑，终无身外忧。"生动描述了他通过饮茶来疗愈心中的不快，饮完茶后心情舒畅甚多。古代文人到西湖品茗、以茶会友的案例数不胜数。儒家以茶修德，道家以茶修心，佛家以茶修性，茶是古代文人士大夫文化的重要见证。

5.4.2.3 "茶社区"记录了茶叶文化伴随着禅宗文化发展不断传播并获得认可的过程

"龙井茶园""茶村"记录了"西湖龙井茶文化"从只有僧侣们喝的佛门山茶逐渐演变为流行于文人之间，再到茶文化普及至普通老百姓家这一过程，是对西湖龙井绿茶文化的最佳见证，也是对茶文化连续性的见证。

明代初年，龙井茶在全国略有名气，但其产量一直甚少。明代高濂《遵生八笺·茶泉类》中写道："真者天池不能及也。山中仅一二家，炒法甚精。近山有僧烘者，亦妙，但出龙井者，方妙。而龙井之山，不过数亩。"[1] 清代陈淏子《花镜》中提到："虎丘龙井，又为吴下第一，惜不多产。"[2] 据当时到访的游客反映，龙井茶的产地仅局限于狮峰山龙井村一带，茶园面积较小，产量极少，很难买到。

龙井茶的名气攀升得益于明代龙井茶制造工艺的改进明洪武二十四年（1391年），朱元璋下诏减轻茶户劳役："岁贡上供茶，罢造龙团，听茶户惟采茶芽以进。"上贡茶叶改作"茶芽"即"散茶"的形式。茶业生产方式的改变使饮茶方式简易化，不需要蒸煮，冲水泡开即可饮用，这一技术的改变为一般百姓饮茶奠定了基础。

5.4.3 标准（v）补充论述——特殊土地利用方式

西湖特殊的自然环境、品种资源和生产制作工艺造就了西湖龙井茶以"色绿、香郁、味甘、形美"——"四绝"闻名遐迩的茶叶品质。西湖遗产社区以及龙井茶园的形成是特定的西湖地理环境、气候条件、自然地质下的生存

---

1 （明）高濂. 遵生八笺·茶泉类篇. 见陈祖槼，朱自振. 中国茶叶历史资料选辑[M]. 北京：农业出版社，1981：301
2 （清）陈淏子. 花镜. 见陈祖槼，朱自振. 中国茶叶历史资料选辑[M]. 北京：农业出版社，1981：350

和生活智慧的杰出典范。

5.4.3.1 西湖龙井茶是西湖特定自然环境下的产物

（1）气候条件

西湖龙井茶园四周被群山怀抱，独特的地形构造恰好为茶叶的生长形成了天然屏障，阻挡了寒流。茶区气候温和，年平均气温 16.2 摄氏度，无霜期超过 250 天，雨量充沛，年降雨量在 1400 毫米以上，光照充足，年光照超过 1700 小时。杭州的地理位置在世界公认的茶树生长"黄金线"——北纬 28°～32°之间。[1]

正是西湖群山中温润的气候以及昼夜温差大这一特点，促成了龙井茶"香味浓郁、茶叶柔嫩"这些特征。西湖山谷间的向阳坡白天光照充足，保证了充足的光合作用时间；晚间土层散热快，维持较低的温度，能减缓茶树自身呼吸作用，从而形成有充足的光合作用补给，却较少有机质的消耗。再则，由于群山中的山谷经常形成薄雾，能有效阻挡日照中的红外线直射而造成漫射，为茶叶中氮、氨基酸、芳香物质等物质的合成创造了良好条件。云雾缭绕使茶树保持在适当的湿度中，细胞中的糖类不易合成纤维素，细胞原生质能较好地保持亲水状态，不易木质纤维化。[2]所以龙井茶叶柔嫩，品质特别优良。

当地居民在 1200 年的种植-采摘过程中总结了一套西湖龙井茶标准采茶制度：分时间、分批次、留叶采等，分为"明前茶"（农历清明前）、"雨前茶"（农历谷雨前）和"小三档"（农历立夏前）。"明前茶"采摘一般要求一芽一叶和一芽二叶，芽叶长度在 2～3 cm，"雨前茶"茶叶长 2.5～3.5 cm。均匀的茶叶大小有助于提升冲泡出来的茶的口感。[3]

西湖景观蕴含的哲学、艺术、审美融入了留存至今的茶村的建筑构造、生活细节、生活场所等。茶村完整的茶叶产业链，茶园基地、传统品种与土质、传统种植方式、传统炒制工艺等等都是生活智慧的典范。

（2）地质条件

总体来说，西湖土质中富含的腐殖质尤其适宜种植绿茶，而龙井茶是绿茶的一种。这种特殊的土壤与西湖是潟湖有关，西湖沼泽化过程中形成的泥土土层松软，营养丰富。东汉以前，现在种植龙井茶茶园的大部分地区是水面，周围冲击来的泥沙堆积在湖底岩石层上，如图 5.6 所示。死亡的植物长期处于被水面覆盖的厌氧环境中，细菌活动活跃，分解后的植物残体就是腐殖质，富含氮、磷元素，腐殖质高的泥土呈现褐色或黑褐色。水面缩小后，即成为

---

[1] 朱家骥.钱塘江茶史［M］.杭州：杭州出版社，2015：15
[2] 王国平.西湖龙井茶[M].杭州：杭州出版社，2004：132
[3] 朱家骥.钱塘江茶史［M］.杭州：杭州出版社，2015：89

种植茶叶的肥沃土壤。茅家埠社区、双峰社区、灵隐社区出产的茶叶即来自这些土壤,这些地方的茶叶外形扁平挺秀,色泽翠绿,味鲜爽口。

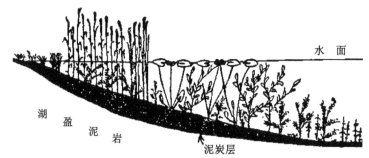

图 5.6　西湖湖底腐殖质形成示意图
资料来源：见页下注[1]

西湖龙井分"狮、龙、云、虎"四大类,以狮子峰一带种植的老龙井最为珍贵。狮峰龙井茶的高品质与种植环境有关。

狮峰山、棋盘山是西湖一带海拔最高、地势最陡峭的区域。由于山高岭陡,茶园一般位于坡度近25°的向阳坡。高地势的向阳坡阳光充足,合成的有机质多,叶芽尤其饱满肥厚,包含的芳香物质多,冲泡后香气持久,滋味甘鲜醇厚。

此外,狮峰龙井茶园所在位置地质极其特殊,属白砂岩,由泥盆纪石英岩发育而成。这种类型的岩石质地坚硬,表面有颗粒均匀的砂岩,一般表面无附土,裸露在外的岩石也不易被风化和侵蚀,往往易形成高山峻岭。狮峰龙井茶恰好栽种于这类白砂岩外有附土的区域,极其罕见,因此狮峰龙井产量极少。

5.4.3.2　西湖龙井茶是当地居民生活智慧的体现

明朝,龙井村村民改善了炒茶方法,提升了龙井茶的口感,这也是西湖龙井茶在明代开始在周边地区有一些名气的原因。据记载,明天启年间,龙井村村民在原制作基础上结合徽茶的制作方法,对炒制工艺加以改进,至乾隆年间,"晖锅十字诀"基本完善,始出"四绝"之龙井茶。这种炒制方法不仅沿用至今,而且还同化了整个西湖地区的炒制方法。[2]

龙井茶在种植方面也颇讲究,从种植方式和密度到茶树修剪、土壤管理等每个环节都有特定的技术,充分体现了当地居民的生活智慧。

采摘对龙井茶来说是非常重要的环节。茶叶采摘技法好坏直接影响茶叶品质,甚至关系到茶树生长的盛衰和寿命长短。龙井茶采摘要求高,以摘下

1　韦恭隆. 杭州山水的由来 [M]. 北京：商务印书馆, 1971：8
2　朱家骥. 钱塘江茶史 [M]. 杭州：杭州出版社, 2015：61

的茶叶嫩、匀为标准,一般采用一芽二叶初展或一芽一叶的采摘方式。如果以一芽三叶的方式采摘,那么茶叶冲泡好后在杯中容易给人凌乱无序的感受。

此外,龙井茶的芽叶长度在 2～3 cm 时最适合摘下,此时所制茶叶堪称龙井茶之最上乘,因此最佳采摘时间短,这也是龙井茶产量少的原因之一。

5.4.4 标准(vi)补充论述——茶诗、茶歌等

龙井茶产生了数量巨大的茶诗、茶歌等文学作品,它们凝结着社会各阶层的情感寄托和审美感受,流传到东亚,对日本的文学、绘画以及朝鲜的文学都有深远影响。龙井茶园是茶诗、茶歌等精神产物的载体。

历代众多文人都借由诗词表达了对西湖龙井的喜爱。明书画家陈继儒(1558—1639 年)在《试茶》中写道:"龙井源头问子瞻,我一生半平半禅。泉从石出情宜冽,茶自峰生味更圆。"[1] 该诗描绘了作者品饮龙井茶的感受,情真意切,满满的赞许。

如果说诗词歌赋属于文人士大夫阶层,那么,茶歌就是茶农在长期从事茶事活动时根据自己切身体会和感受自编自唱的民谣:"龙井、龙井,多少有名?问问种茶人,多数是贫民……"此外,流传于民间的与龙井茶相关的传说也不在少数,比如虎跑泉是高僧怀中做梦所得、"十八棵御茶"为乾隆巡幸杭州时敕封等。

5.5 西湖文化景观遗产社区分类

5.5.1 西湖文化景观遗产社区类型

综上,西湖遗产社区中的 6 个茶村都是具有突出普遍价值的,它们分别是满觉陇社区、双峰社区、茅家埠社区、龙井社区、灵隐社区、翁家山社区。根据第 3 章得出的中国遗产社区的类型,西湖遗产社区分类情况如表 5.13 所示。6 个种植西湖龙井茶的社区都是复合型遗产社区,龙井茶的种植倾注了居民大量的智慧;人们总结的复杂的种茶、采茶、制茶、饮茶技术延绵千年;这些种茶社区是对西湖龙井禅茶文化发展与传衍历史的最佳见证。此外,净寺社区与金沙港社区是协作型社区,虽在文化景观遗产形成与发展过程中未直接产生价值,但辅助其传播与传衍,是遗产地文化结构完整性的一部分。

---

1 程启坤.西湖龙井茶 [M].上海:上海文化出版社,2008:94

表 5.13　西湖文化景观遗产社区分类表

名称	遗产类型	遗产社区类型	社区名称	是否具有突出普遍价值
西湖文化景观遗产社区	风景名胜文化景观	协作型遗产社区	金沙港社区	非直接创造价值
			净寺社区	
		复合型遗产社区	龙井社区	有
			翁家山社区	
			满觉陇社区	
			三台山社区	
			茅家埠社区	
			双峰社区	
			灵隐社区	

资料来源：作者绘制

5.5.2　选择西湖遗产社区具体研究的理由

首先是典型性，西湖文化景观属于中国特有的风景名胜文化景观，其中的遗产社区类型丰富，所有类型均涵盖。

其次是可借鉴性。西湖文化景观在我国已经登录的文化景观世界遗产中发展最进阶、各方面情况最成熟的（各遗产地遗产社区发展阶段排序如图 5.7 所示）。其他几处文化景观现阶段经历的过程很多都曾经在西湖发生过并得到了解决，总结它的发展经历对其他遗产社区有可借鉴性。比如五台山遗产社区现在面临居民乱搭乱建违章建筑开小宾馆获取经济利益的情况，在五台山风景名胜区管理当局加强这方面的监管力度后，社区居民意见较大。

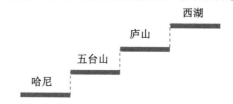

图 5.7　各遗产地遗产社区发展阶段排序示意图
资料来源：作者绘制

20 世纪 90 年代西湖也曾经有过这样一个阶段。随着社区人口激增，生活污水直接排放到社区内的溪流中，水系被污染，而流经社区的溪流大多是西湖的上游水系，是西湖的水源供给，因此西湖水质也跟着下降，多处出现富营养化污染。2000 年以后，西湖综合保护工程累计拆除违章违法建筑以及无保留价值的建筑面积达 58.5 万㎡，外迁单位 265 家，外迁住户数 2791 家，外迁7021人。其中还包括在茅家埠与赤山埠西侧退耕还水，使西湖水面增加了0.9 km²。外迁居民最集中的是茅家埠，当时居民意见也较大。但在西湖综合整治十年以后的今天，西湖遗产社区的整体环境较十年前大幅提高，原先被污染的水系得到了有效治理，水质从劣五类提升到三类水质。工程实施前的2002年，西湖水体年均透明度仅约43.7 cm；整治后，西湖主湖区年均透明度保持在80 cm以上，年透明度提高40 cm。此外，西湖社区中每户年平均收入是几处遗产地中最高的，出产茶叶的村落如龙井、茅家埠、灵隐等每年仅茶叶相关收入少则2万~3万，多则8万~20万元。年终各社区经济合作社还给每个股民分红（杭州自2000年开始，以村为单位陆续改制经济合作社[1]），每个社区不等，在1万~3万元之间，比如茅家埠2005年每个股民年终分红已经超过1万元，2016年每个股民分红3万元左右。各社区每年每户收入保守估计至少5万元，平均8万~10万元。现在居民对西湖保护工作的满意度明显提高，茅家埠的满意度高达87%（根据作者问卷调查数据）。西湖的实践表明，只要整治工作确实改善了生活环境，提高了人们的生活品质，一段时间后会得到居民认可的。

5.6　本章小结

由于中西方文化差异以及原登录标准内容阐释不足，虽然西湖遗产社区具有很高的遗产价值，并且也在世遗提名范围内，但与社区相关的这部分的突出普遍价值并未得到遗产中心的认可。事实上龙井茶从种植方式、采摘手法、炒制技术、泡茶程序等每一个环节都包含很高的技术含量，都是人类生活智慧的体现。西湖龙井茶是中国绿茶的代表，宋代在杭州盛行的龙井禅茶文化对全国绿茶文化以及日本禅茶文化的发展产生了有很大影响，符合标准（ii）（iii）（v）(vi)的要求。因此，本章旨在重新评估西湖遗产社区价值，补充论述遗产社区的价值特点。

本章从文化景观遗产价值认知出发，讨论了突出普遍价值的内涵以及文化景观的评价标准，并仔细分析了每一条价值评估标准的评估重点。在此基础上对比西湖已经得到认可的价值，补充论述了遗产社区在标准（ii）（iii）（v）(vi)上的价值。最后按照第3章提出的中国文化景观遗产社区类型将西湖遗产社区归类，为下文提出西湖遗产社区策略提出奠定理论基础。

---

[1] 社区居民作为股民参股，社员代表大会决定社区的共有资产支配，风险共担，每年年终按股分红。

第 6 章　西湖文化景观遗产社区特征解析

6.1　西湖文化景观遗产社区解读

本节概述西湖文化景观遗产价值特点，因为这是西湖遗产社区形成、发展、传衍的文化基底。西湖景观价值对遗产社区的影响持续千年，从未间断。

6.1.1　文化基底：西湖文化景观价值解读

杭州西湖文化景观（West Lake Cultural Landscape of Hangzhou）位于浙江省杭州市西部，地理中心坐标为北纬 30°14′15″，东经 120°8′27″，提名范围面积 3322.88 ha，缓冲区面积 7270.31 ha。西湖十景、14 处历史遗迹如图 6.1 所示。

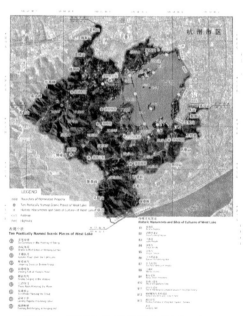

图 6.1　西湖文化景观提名范围示意图
资料来源：作者整理绘制（底图来自申遗文本）

西湖文化景观是第一处由我国自主申请并成功提名的文化景观，西湖文化景观内涵丰富，同时具有"由人类有意设计和创造的景观"（landscape designed and created intentionally by man）、"有机进化的景观"（organically evolved landscape）、"关联性文化景观"（associative cultural landscape）三种文化景观类型。西湖文化景观的 6 大价值特征是：① 西湖自然山水，② 自唐宋以来不断演变成形的"三面云山一面城"的景观空间特征，③ "两堤三岛"的景观格局，④ "西湖十景"等题名景观，⑤ 14 处具有代表性的文化史迹，⑥ 以茶叶为特色的植被景观以及遗产的审美特征与精神价值，简要整理如表 6.1 所示。

表 6.1　西湖文化景观价值 6 大组成要素统计表

序号	构成要素		描述
1	西湖自然山水	湖泊	包括外湖、西里湖、小南湖、岳湖、北里湖五片水域，面积共计 5.6 km^2
		丘陵	环抱于湖的北、西、南三面丘陵，包括南山、北山、西山系列峰峦
		自然生态	西湖自然生态包括西湖特有的湿润温和小气候及其从森林（亚热带常绿阔叶林）向湿地过渡的植被景观特色和樟、枫等古树名木
2	"三面云山一面城"的城湖空间特征		由西湖水域和南山、北山峰峦系列及杭州城市沿湖景观构成
3	"两堤三岛"景观格局		由苏堤、白堤和小瀛洲、湖心亭、阮公墩构成
4	"西湖十景"题名景观		为始于南宋的"四字景目"系列题名景观：苏堤春晓、平湖秋月、断桥残雪、曲院风荷、雷峰夕照、南屏晚钟、花港观鱼、柳浪闻莺、双峰插云、三潭印月，共十处
5	西湖文化史迹		具有代表性的文化史迹：包括钱塘门遗址、六和塔（含开化寺遗址）等 14 处
6	西湖特色植物以及遗产的审美特征与精神价值		分布于湖西群山中的传统龙井茶园景观；南宋传衍至今的春桃、夏荷、秋桂、冬梅"四季花卉"观赏主题；沿西湖堤、岸桃柳相间的特色植被景观（如图 6.2）

* 资料来源：根据《杭州西湖文化景观保护管理条例》（2011）整理。

西湖文化景观是典型的风景名胜文化景观。其遗产价值由两部分人产生。一部分是由文化精英创造，包括历代仕宦疏浚的成果——两堤三岛景观格局和西湖水面，以及西湖周边的历史遗迹，这些遗迹是古时候的文人士大夫寄情自然，在杭州城外（有别于城市环境）的西湖山水之中寻求精神解脱，将情感寄托于自然，并利用自己的艺术审美与文化修为，通过建筑、景观等空间形式，创造自己理想中的聚居、游赏空间。这些物质实体是文化精英们内观世界的外部投射，高度代表了当时的文明，带有强烈的地域文化特色。同时他们通过诗、词、歌、画等艺术形式抒发对自然的情感，并记录下生活中的闲情野趣。这样经过历朝累积而组成了现在"西湖自然山水"的主体，也就是风景名胜部分。

另一部分价值是指由社区居民创造的龙井茶园，代表他们对自然的利用方式及生活智慧。此外还有自然山水格局，既包括自然资源，又饱含人类对它的精神崇拜等关联关系。

图6.2 白堤春色，桃树与柳树相间种植是白堤的一大特色
资料来源：网络

图6.3 从西湖北面的北山街远眺东面的城市建成区与南面的南山路一带
资料来源：作者拍摄

6.1.1.1 西湖评语

联合国教科文组织对西湖文化景观的评语如下：西湖具有"三面云山一面城"的地理特征。自唐朝（618—907 年）起，它的美丽就为众多的文学家和艺术家所称颂，留下了许多文字与书画作品。众多寺庙、宝塔、亭台楼阁、花园，还有观赏树木和人工景观浑然天成，它们使堤、岛、山坡得到了提升，使西湖变得更加美丽。西湖的"两堤三岛"景观格局是在 9 世纪到 12 世纪间经多次疏浚而形成的。自南宋（13 世纪）起，"西湖十景"被认为是"天人合一"最理想最经典的景观体现。西湖这一文化景观将中国景观美学的理念表现无遗，广为历代文人士大夫所称道。西湖景观不仅对中国而且对其他国家的园林设计都有着深远影响，许多地方通过效仿西湖的"湖—堤"设计方法，以期复制西湖之美。西湖之美的关键点在于它仍然能激发人们对"寄情山水"的向往。

西湖文化景观符合标准（ii）（iii）（vi），各条标准的详细阐述如下。

标准 (ii)：西湖文化景观见证了佛教从印度传入中国后的传承与发展。同时，西湖景观的形成过程对整个东亚地区的景观设计具有深远影响。它的堤、岛、桥、寺、塔以及景观布局方式都有鲜明的特点，在中国其他地区以及日本、韩国等东亚地区国家都被多次效仿，如北京颐和园、韩国的"汉江西湖十景"都是借鉴西湖而造的。西湖四字题名景观的设计理念在中国流传长达 7 个世纪，并在 16 世纪朝鲜文人造访西湖后传至朝鲜半岛，在朝鲜半岛同样久负盛名。

标准 (iii)[1]：西湖文化景观是对中国人善于将自然景观改造成（improving landscapes）唯美画面（pictures）——"自然的人化过程"这一特殊文化传统的见证（exceptional testimony），西湖的景观融合了中国传统哲学观念——"天人合一理念"（as a perfect fusion between people and nature），并且，这种传统自唐宋时期开始至今仍在延续。西湖的堤、岛、桥、园、塔、寺等在树木繁茂的丘陵怀抱中，成为一个完美融合的整体，是中国这一特殊文化传统的杰出实体代表。

标准 (vi)：唐宋时期，通过画家们为景观作画、诗人们为景观题名等增强景观美感的方式彰显了"天人合一"的文化传统，这一传统在西湖的岛、堤、

---

1 原文 Criterion (iii): The West Lake landscape is an exceptional testimony to the very specific cultural tradition of improving landscapes to create a series of 'pictures' that reflect what was seen as a perfect fusion between people and nature, a tradition that evolved in the Tang and Song Dynasties and has continued its relevance to the present day. The 'improved' West Lake, with its exceptional array of man-made causeways, islands, bridges, gardens, pagodas and temples, against a backdrop of the wooded hills, can be seen as an entity that manifests this tradition in an outstanding way.

寺、塔以及特色植物配置上得到完美体现。

完整性：湖水、三面云山、山体天际线、堤、岛、桥、寺、塔和特色植物这些具有突出普世价值的重要元素结合在一起，创造出了十处著名的题名景观。西湖文化景观的自然特征大多保存完好，西湖及其周边景观和风景名胜、历史遗址也都保存完好，同时遗产地三面环山的外观整体性也保存完好，仍然保留了1000年前的韵味。湖东面的城市天际线虽在杭州城市扩大化下显得有些脆弱，但是建筑物天际线得到城市法规的有效监测，一直保持高度和大小的限制，凡是可能影响西湖周边天际线的扩张行为都受到了及时制止。

真实性：西湖仍然清楚地传达着"文化名湖"的理念，因为景观中仍可清晰地看到宋朝时所有的关键文化要素，仍然可以基本清晰地欣赏到"西湖十景"。大量的文件记录了西湖的发展，而且这些文件在官方机构得到了妥善的保存，这些都是遗产真实性的依据。从"三面云山"到一株株垂柳再到西湖本身，无一不体现出10世纪以来古老文字中所述的景观意象。虽然东面杭州城的景象在过去50年间发生了巨大的改变，杭州高耸的建筑占据了东面的视野，使湖边的建筑显得更矮小。但是，在向东面看时，北面和南面的山脉轮廓线仍然非常完整，保俶塔在天空的映衬下也十分清晰。

6.1.2 发展背景：西湖文化景观整治历程

6.1.2.1 20世纪80年代失之交臂

20世纪80年代，西湖曾有很好的机会可以申请世界遗产。1986年中国正式成为世界遗产缔约国，国家鼓励各省踊跃申遗，国际上也只有一些简单的表格申请需通过，泰山、黄山等都是那时登录成为中国第一批世界遗产的。按理说，凭借西湖在国内的影响力，当时有很大几率可以第一批加入世界遗产。

但1980年代，正是杭州经济开始腾飞的时期，杭州正瞄准这次经济发展机遇，期望跻身一线城市，唯恐申遗成功将来成为杭州发展的束缚。杭州西湖申遗专家组组长陈文锦先生说："担心若再挂上'世界遗产'这块牌子，搞经济更'放不开'，因此，政府当局就犹豫了，也不愿意倾注很大的力气来关注申遗这类被认为是'锦上添花'的事情。"[1]再加上当时西湖管理部门自己缺乏远见与雄心，对西湖申遗并不主动，热情也不高，这事便错过了。

再次提起申遗已是20世纪末，杭州经济发展面临瓶颈，大拆大建的快速更新阶段已过去，经济发展需要新的推动力，发展旅游经济对杭州来说是

---

[1] 陈文锦. 发现西湖：论西湖的世界遗产价值[M]. 杭州：浙江古籍出版社，2007

基于自身条件的选择，因此，政府的关注点又回到西湖身上，敦促文物局重新开始着手申遗工作。西湖"两堤三岛"景观格局与东岸天际线今昔对比如图6.4、图6.5所示。100年间，西湖东岸城市的发展迅速，天际线发生了巨大改变。

图6.4　20世纪初西湖白堤全景图
资料来源：网络

图6.5　2012年的西湖全景图
资料来源：网络

2001年，国家文物局的郭旃司长受邀到浙江考察，他在杭州时对西湖进行了深入考察，从湖东到湖西，从景点到水面，从岸上到山上，从北山街历史街区到梅家坞乡村，与陪同专家多次讨论与反复斟酌、思考、对比后，确定西湖适合以"文化景观"类型申报，并将其扩充为"杭州西湖·龙井禅茶"，包括茶文化及茶园、茶村、产茶技术和茶农等要素。之后又经过几年的探索，最后定名为"杭州西湖文化景观"，"文化景观"事实上已经包含了茶村等要素，并显得更加简洁。

6.1.2.2　西湖综合保护工程

为准备申遗，杭州政府从2001年开始进行了连续10年的西湖综合保护工程，包括打通西湖环线、社区风貌整治、改善西湖水质几大方面。

1）西湖环线整治

首先实施的是五大整改工程，分别为：环湖南线景区整合工程、湖滨新景区工程、西湖湖西综合保护工程、北山街历史街区保护与整治工程、湖中"三岛三堤"整治与恢复工程，工程位置如图6.6所示。西湖一直存在"南冷北热"，各区域游客量不均匀现象。改造方案将西湖环线的各大景点、公园串联起来，形成"十里环湖景观带"，并有意增加了很多湖边观景点，如图 6.7 所示。打通后的西湖环线景观视线更加通透、开阔，可游览度大幅提升，加之从 2002 年起，西湖取消景区门票，在 2002—2008 年，游客增量在每年 90 万～ 120 万人。[1]

西湖环线整治工程使西湖的风貌更加具有整体性，同时形成了"东热南旺西幽北雅中靓"的新格局，不仅加快了杭州旅游业发展，也提升了杭州的综合竞争力。

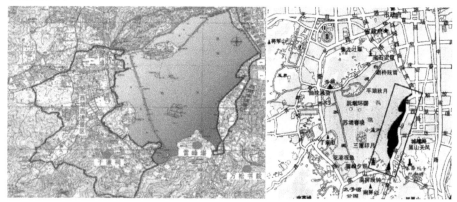

图 6.6　西湖综合整治 2 大工程分布图
资料来源：网络[2]

图 6.7　西湖湖西综合保护工程总平面，北山街历史街区保护与整治保护规划
资料来源：参考文献[3]

---

[1]　数据来源：曹正. 杭州西湖南线景区的旅游经济效益分析 [J]. 城市发展研究，2004(2)：61-64.
[2]　数据来源：http：//www.hzxh.gov.cn/col/col1178012/index.html
[3]　杨小茹. 自然与人文的交融：探索杭州西湖风景名胜区可持续发展的保护整治之路 [J]. 中国园林，2008(3)：29-36.

2）社区风貌整治

为全面提升西湖环境,改善各村"脏乱差"情况,实施了梅家坞茶文化村、龙井村、满觉陇村庄整治,九溪、杨梅岭综合整治,杨公堤整改,青芝坞整治等工程。工程贯穿历史文化这根主线,恢复西湖自然和历史风貌,改善景区环境。

笔者对青芝坞整治印象深刻。青芝坞改造前后如图 6.8 和图 6.9 所示。整改前照片为笔者 2007 年在浙江大学就读时拍摄。那时的青芝坞是浙江大学学生的黑暗料理街,与浙大玉泉校区西南门相连,家家户户都是由农民房改造成的农家乐或烧烤摊,就餐的露台是违章搭建的挑台,煤气、水电等建筑基础管线暴露在外是常有的现象。整治后的青芝坞与西湖整体风貌更协调。

图 6.8　青芝坞整治前（2007）
资料来源：作者拍摄

图 6.9　青芝坞整治后（2013）
资料来源：作者拍摄

3）改善西湖水质

1999—2001 年,以大腹山生态引水工程启动为标志,到 2001 年,西湖清淤、截污、引水等大规模综合整治工程完成,全程历时 2 年。西湖水体中总氮、总磷浓度较整治前降低,水质从劣 V 类转为 V 类。

2002—2007 年,西湖水质相对稳定,总体上保持在地表水 V 类水平。西湖引水工程（即"六进九出过程"）于 2003 年 3 月动工兴建,总投资 6000 多万元。通水后,每天有经过预处理的 40 万 cm^3 透明度 120 cm 的水从钱塘江引入西湖水域,使西湖水从每年更新一次变成每月更新一次。2002 年工程实施前，西湖水体年均透明度仅约 43.7 cm ； 整治后西湖主湖区年均透明度保持在 80 cm 以上，透明度提高 40 cm。[1]

4）总结

西湖申遗过程经历了诸多难题，首先面临的问题是不知如何进行自我解读。仅从自然资源角度看，西湖的山其巍峨或险峻程度不及黄山，山间的摩崖石刻对中华文化的贡献不及敦煌，西湖水面的宽广程度不及三江并流，因此，曾一度被外界所否认，认为西湖可能不具备世界遗产资格。最后，从"文化景观"角度，终于将西湖的独特性与价值内涵慢慢解读出来，西湖的"美"充分体现了中国人独特的思维方式和审美视角。北京时间 2011 年 6 月 25 日凌晨，在巴黎召开的第 35 届世界遗产大会将"杭州西湖文化景观"列入《世界遗产名录》。西湖是中国第一处自主解读并自主申请的文化景观。

虽说 10 年的申遗之路是漫长而艰辛的，但也给关心西湖的专家学者以及公众一个重新认识与解读西湖的机会，为西湖自然环境的修复留足了时间，同时，让杭州市民全程参与了西湖的申遗过程，令他们对西湖文化景观的价值理解更加深刻。杭州市政府也为西湖申遗做了很多让步，在 10 年申遗过程中，杭州市政府深刻意识到快速城市化的城区与西湖保护发展之间的矛盾关系。于是开始筹划杭州新城； 出台限制西湖东岸建筑高度等的规范以保护西湖价值，甚至将浙大湖滨校区主楼炸毁，尽量减少曾经的快速发展对西湖带来的伤害。

6.2 西湖文化景观遗产社区历史

6.2.1 西湖文化景观遗产社区古代发展历史

西湖文化景观遗产社区位于西湖西侧群山内，共 8 处，分别为龙井、双峰、茅家埠、满觉陇、翁家山、净寺、金沙港、灵隐，各遗产社区形成时间顺序如图 6.10 所示。西湖遗产社区形成大约分三个时期（详见第 3.1.4.1 节）。

第一个时期是唐宋时期，茅家埠社区与灵隐社区率先发展起来。茅家埠依托毗邻的茅家埠码头这一区位优势形成了商埠区，面馆、酒楼、茶馆林立，相当热闹。灵隐社区情况类似，依托往来灵隐寺的大量人流，天竺商业街发展了起来。

第二个时期是元明时期，龙井社区、翁家山社区、满觉陇社区和双峰社区陆续形成。其中龙井社区是所有种植茶叶的社区中最早形成的，元末明初，西湖龙井茶因制作工艺的改变也开始广泛被一般民众接受，不再只是佛门山茶或贡茶。天启年间，龙井社区居民改进了炒制工艺（在原来的制作基础上

---

1 数据来源：http://zjnews.zjol.com.cn/system/2015/06/25/020710918.shtml

结合徽茶的制作方法），改善了龙井茶的品质，开始出现龙井"四绝"（色绿、香郁、味甘、形美）这样高的评价，西湖龙井茶从默默无闻到开始在杭州周边地区有些名气，社区居民种植茶叶者越来越多。

第三个时期是清朝末年。由于西湖疏于疏浚，水面持续缩小，到清代，杨公堤西侧也成为陆地。根据《杭州古旧地图集》中民国初年的地图显示，当时最靠近水面的两个社区——净寺社区与金沙港社区已经存在，故此推断这两个社区为清朝末年形成。

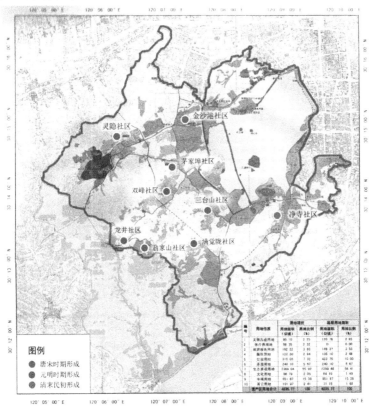

图 6.10　西湖文化景观遗产社区形成时间顺序示意图
资料来源：作者整理绘制（底图来自《西湖风景名胜区总体规划》）

6.2.2　西湖文化景观遗产社区近代整治历史

如今看到的西湖遗产社区现状主要是10年前村落整治后的结果。自2000年开始筹备申遗后，杭州市园文局先后对西湖各社区进行了整治。2003年，首先完成茅家埠村一期整治；2004年，完成茅家埠村二期以及双峰村整治；2005 年，完成龙井村整治；2006 年，完成灵隐农居点整治；2007 年，完成满觉陇四眼井村整治；2008 年，完成南山村整治；2010 年，完成翁家山整治，具体如表 6.2 所示。

表 6.2 西湖遗产区社区概况

序号	区位	名称	片区	建造/改造年代	居住用地（hm²）	2015 年常住人口（人）	茶园面积（亩）
1	提名范围内遗产社区	灵隐	天竺路	2006	16.8	1 880	600
			白乐桥	2006（整治）			
			九里松	2000 新建			
2		金沙港	-	2005 重建	2.34	375	缺失
3		净寺	-	2008（整治）	9.5+	1 100	缺失
4		翁家山	-	2010（整治）	7.6	910	650
5		满觉陇	上满觉陇	2007（整治）	18	1 480	663
			下满觉陇	2007（整治）			
			四眼井	2007（整治）			
6		茅家埠	上茅家埠	2003（整治）	9.5	466	232.5
			下茅家埠	2004（整治）			
7		龙井	上龙井	2005（整治）	11.5	800	900~1 000
			下龙井	2005（整治）			
8		双峰	筲箕湾	2004（整治）	12.5	797	约 400
9		三台山	赤山埠	2005（整治）	2.29	409	缺失

** 净寺社区是南山村与阔石板、玉皇山路等片区合并后的统称。所用数据根据《西湖文化景观保护管理规划（2008—2020）》《西湖风景名胜区环湖控制性详细规划》《西湖风景名胜区总体规划（2002—2020）》、维基百科以及作者调研访谈资料共同整理。表格部分数据缺失。

8 个社区中有三处为新建——金沙曲苑（2005 年）与天竺路部分区域（2006 年）为就地重建，九里松为 2000 年新建，它是灵隐法云弄的拆迁安置地。2006 年法云弄内原 400 户住户全数迁出，现在其地部分为安缦酒店[1]（图 6.11），还有一些茶馆。法云弄原是杭州最早的居民聚居区，保留了大量具有历史风味的传统民居建筑，其中不少入选《浙江民居》一书。

图 6.11 法云弄平面图与安缦酒店现状
资料来源：网络

[1] 2008 年，北京昭德投资旗下子公司昭德（杭州）酒店投资有限公司及安缦公司领导人投下重金，历经 12 个月，将法云古村全部修缮成安缦法云精品酒店。

根据 2002 年的西湖遗产社区现状图（图 6.12），金沙港的金沙曲苑（2005年）当时还未建成。

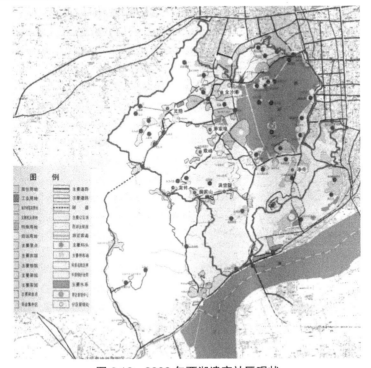

图 6.12 2002 年西湖遗产社区现状
资料来源：作者整理绘制，底图来自西湖风景名胜区总体规划（2002—2020）

6.3 西湖文化景观遗产社区与周边环境的关系

西湖遗产社区位置与环境的真实性、完整性分大小两个层面考虑。在大尺度上是各遗产社区与文化景观遗产地整体在位置与环境上的真实性与完整性，在小尺度上是各遗产社区内部位置与环境的真实性与完整性。本节分三方面从大尺度上寻找遗产与社区以及社区自身发展的地脉关系，第 6.4 节从小尺度上进行分析。

遗产社区位置与环境的真实性是指各遗产社区与周边山体、核心水面——西湖湖面、其他重要水系、主要道路等要素在地理位置与空间结构上仍然顺应一直以来的发展脉络，保持合理演进，沿着社区在形成发展过程中形成的内在规律继续发展。灵隐、龙井、翁家山、满觉陇、净寺、双峰这 6 个社区与山、植被的关系比较突出；灵隐、金沙港、茅家埠、双峰、净寺这 5 个社区与水系的关系较突出。

6.3.1 社区—湖—城三者之间位置关系的真实性与完整性

从大尺度上看,西湖遗产社区周边的主要环境要素有两个——西湖和杭州城,也就是"社区—湖—城"三者之间的位置与环境有关系。纵观历史,"社区—湖—城"三者之间的位置、空间关系经历了5个阶段:相对独立—交互增加(东岸被城市化)—唇齿相依—急速城市化(遗产社区被城市化吞噬)—重新归位,具体如图6.13所示。本节从历史发展变迁历程探讨合理的"社区—湖—城"空间关系。

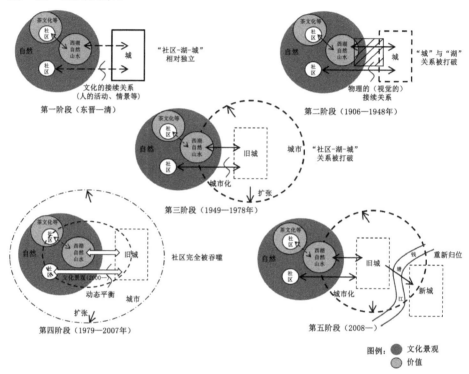

图6.13 西湖"城—湖—社区"相互影响发展示意图[1]
资料来源:作者整理绘制,部分借鉴参考文献[2]

6.3.1.1 第一阶段东晋—清朝——三者在空间与功能上基本独立

该阶段,西湖自然山水、社区、城各自慢慢酝酿形成。杭州城区建设和西湖自然山水深刻反映了中国"天人合一"哲学传统与中国特色审美,例如杭州城采用了依附地势,借助自然山水之势造城的理念,与西湖风景"崇尚

---
[1] 西湖自然山水是指文人士大夫艺术审美下形成的历史遗迹与西湖山水环境的集合。
[2] 傅舒兰.杭州风景城市的形成史:西湖与城市的形态关系演进过程研究[M].南京:东南大学出版社,2015:180

自然"的整体格局异曲同工。[1]这一阶段"社区"始终受到其他两个要素的文化影响，三者在文化上保持着一定关联性，但在空间上基本保持独立。虽然到清末，随着城市的扩张，杭州城墙已经逐渐逼近西湖东岸沿线，城内不少居民的活动范围也已经渗透到西湖西侧的深山，比如有些城内居民定期坐船横穿西湖参与灵隐寺的佛事活动、文人到西湖品茗览胜等，但彼时的杭州城仍有城墙阻隔，城内的人在平日里很少看到西湖，"城市"与"社区"之间的互动仅限于固定大型节庆时期，如大型佛事活动会给茅家埠等社区带来一波人潮，但总体来说"城"与"湖"和"社区"仍然保持清晰的空间与功能界限。

位于西湖西侧的社区与其他中国传统农耕型社区一样，维持自给自足的农耕经济，社区的生产、流通、分配、消费、再生产过程是为了满足自循环，它们的发展是向内性的（详见2.4.1），与其他社区或环境的联系很少。社区依托宗教文化与茶文化慢慢形成一定规模（详见3.1.4.2和3.1.4.3）。明清时期，因上香古道的繁华与龙井茶在乾隆帝的推崇下跻身全国名茶，西湖群山内的居民越来越多。

总体来说，千百年来社区—西湖—城三者缓慢交互，在文化、经济上存在一定关联性，在空间上却又相对独立，是一个缓慢融合、演进的过程。

6.3.1.2 第二阶段1906—1948年——西湖东岸变成城市滨水空间

该阶段中国社会进入一个新的跌宕起伏期，杭州城墙被推倒（1912年7月22日起，民国政府开始拆除城墙），西湖从城外湖转变为城市内的滨水空间，城市化建筑风格迅速占据了西湖东岸，东岸滨水沿线出现近代西洋风格的建筑。此外，在西湖东岸近水区域规划了5个西洋式的公园（如图6.14所示），5个码头，8条西式方块切割的道路，打通了市中心通往西湖东岸的道路。西湖东岸的道路形态、街道景观都纷纷被当时流行的西洋化风格同化，呈网格状布局。

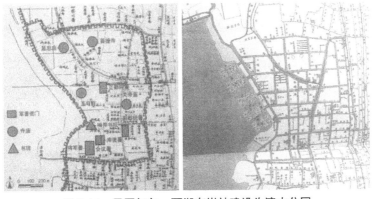

图6.14 民国初年，西湖东岸被建设为滨水公园
资料来源：网络

---
1 黄文柳．杭州西湖文化景观城湖空间格局控制研究[J]．风景园林，2012（2）：73

1927年，政府再次改建了一公园至五公园，铺设园路、花坛，栽植芝草花木，置水泥灯柱与铁链护栏，装配乳白色灯罩，加设座椅。1930年，又辟建六公园。

将1924年与1934年的杭州地图进行比对（图6.15），我们可以发现：1924年的杭州城区，只有靠近西湖一侧的城墙被拆除，其他方位（南侧、东侧、北侧）的城墙仍在。1934年的杭州城市建成区仍然没有突破旧城墙范围，各山门位置清晰可见，城市发展对西湖以及西湖西侧的遗产社区的影响力是有限的。

图6.15 1924-1934年"城"与"湖"关系示意图
资料来源：作者整理绘制，地图来自《杭州古旧地图集》

综上，虽然该时期杭州滨湖的旧城墙被推倒，被打破边界的西湖东岸滨水空间被迅速城市化，从城墙外的隔离空间变成城市内的休闲空间，但城市文化的影响力仍停留在西湖东岸这一侧，对西湖西岸的影响力较少。遗产社区与杭州城仍然保持着空间上的相对独立。因此，该阶段"城""湖""社区"三者在文化上的交互增加，但在空间上仍然是独立的。

6.3.1.3 第三阶段1949—1978年——湖西岸及周边被占用

■ "城"与"湖"的关系

该阶段杭州城市发展速度加快，若将1949年与1972年的杭州地图进行对比（图6.16），我们可以发现，杭州城市建成区在向西面推进，1972年的城市建成区西侧突破武林门，一直延伸到西湖北侧的玉泉区域，西南侧突破凤山门，整个钱塘江北岸建筑密度都很高。此外，西湖西岸临湖一带的土地也被大量占用。

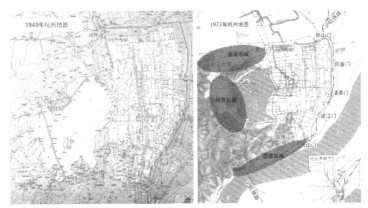

图6.16　1949—1978年"城""湖"社区三者之间的关系示意图
资料来源：作者改绘，底图来自《杭州古旧地图集》

西湖西岸用地当时主要是被政府和军队机关挪用。据不完全统计，期间新建建筑和原来历史遗迹权属变更情况如表6.3所示，1949—1965年西湖环湖新建的机构如图6.17所示。1949年后的10多年，西湖西岸、南岸建设了不少为军队或高干服务的疗养院，占用了大量用地：1950年新建陆军疗养院；1958年新建空军疗养院，新建海军疗养院，丁家山、刘庄等24亩用地和汪庄386亩用地被省警卫处挪用（现已改造成杭州国宾馆）……

表6.3　新建项目与权属变更项目一览表

区域	新建项目与权属变更项目	高度	属性
北岸北山路一带	西泠饭店（1956—1962年）	6层	新建
	华侨饭店（1958年）	5层	新建
	杭州饭店（1950年代）（现杭州香格里拉饭店）	6层	新建
	昭庆寺→少年宫（1961年），建设少年宫广场（1963年）	—	权属变更
东岸	大华饭店（1949）（军）	2层	新建
	六公园（1953—1954年）	—	新建
	涌金公园（1957年）	—	新建
西岸	陆军疗养院（1950年）（军）	—	新建
	空军疗养院（军）（1958年）	—	新建
	西湖宾馆（1959年）	—	新建
	浙江医院（军）	—	新建
	117医院（军）（1949年）	—	新建
	郭庄→西湖区法院、警察署（1956年）	—	权属变更
	丁家山、刘庄等24亩用地→省警卫处（1954—1955年），现已改为国宾馆	—	权属变更
南岸	海军疗养院（军）（1958年）	—	新建
	西子宾馆（军）（1958年）	—	新建
	夕照山内汪庄等386亩用地→省警卫处（1958年），现已改为国宾馆	—	权属变更

资料来源：整理自参考文献[1]

1　傅舒兰．杭州风景城市的形成史：西湖与城市的形态关系演进过程研究[M]．南京：东南大学出版社，2015：123-128．

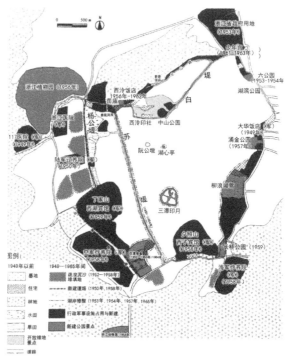

图 6.17　1949—1965 年，西湖沿岸新建机构示意图

资料来源：作者整理绘制，底图出自"1965年西湖沿岸现状图"，杭州市园文局资料

我们可以看到，1949—1978 年，杭州城市化进程进一步加速，城市化影响力已全面扩大到西湖整个环湖区域——东岸、西岸、北岸，并且东侧、北侧均开始出现例如西泠饭店（6层）等中高层建筑。城市对西湖的影响已经推进到环湖区域。

各军队、部委疗养院等国家单位的设立，需要相当数量的服务人员配套服务，因此，有些单位建造了员工宿舍解决住宿问题，也有些员工则就近直接移居到周边的西湖遗产社区内居住。这段时间内居住在西湖社区中的人口越来越多。

综上，"社区""西湖"这两者与城之间的关系再一次拉近，西湖环湖一带，包括西岸都已有大量用地被占用为城市建设用地。"城""湖"以及"社区"之间原先的独立关系已被打破，并呈现融合状态。

6.3.1.4　第四阶段 1979—2001 年——西湖群山与社区被吞噬

这一时期是城区对社区与西湖自然山水影响最大的 20 年。改革开放后杭州历次总规如图 6.18 所示。这一阶段随着经济发展，杭州城市建设用地急速扩张，几乎将西湖纳为内湖。从 1981 年版的杭州城市规划总图可以看出，与 1972 年相比，城市建成区已越过沪杭铁路到达钱塘江北岸沿线。从 1996

年版的城市规划可以看到已到达钱塘江沿岸。杭州城镇住房存量从1991年的2 580万 m^2 猛增到2008年的1.073亿 m^2，杭州市的建成区面积从1991年的327 km^2 增加到2008年的868 km^2。

图6.18　1981—2000版、1996—2010版杭州城市总体规划
资料来源：网络[1]

截至2001年，西湖周边无论社区内还是景区内，建筑密度都日益增加。一方面，不少政府部门和企业单位将办公楼、写字楼、宿舍楼建造在西湖周边，如大华饭店宿舍、省军区司令部及政治部、省邮电管理局等。据统计，1998—2001年，西湖风景区内建筑总量平均每年新增13.8万 m^2。另一方面，杭州城市人口增加迅速，城区中很多居民因青睐西湖群山内优美的环境，而迁入居住，导致遗产社区中常住人口急剧膨胀，也给西湖生态环境造成了巨大压力。据2002年《西湖风景名胜区总规》统计，当时满觉陇总人口1260人，纯农户637人；茅家埠常住人口2210人，纯农户467人；灵隐常住人口4269人，纯农户1100人，外来人口是农户的好几倍，数据整理见表6.4。

表6.4　2002年西湖遗产社区人口现状

社区名称	现状常住人口（人）	纯农户人口（人）
满觉陇	1260	637
茅家埠	2210	467
灵隐	4269	1100
净寺	3615	263
双峰	1807	743
金沙港	1615	309

* 数据来源：《杭州西湖风景名胜区总体规划（2002—2020）》第二节人口资料

西湖群山已经不再是唐宋时期的郊野之地，已经成为城内湖，周边的用地被政府等企事业单位占用。西湖群山历史上是出产高质量农产品——茶叶及接待来自全国各地游览者的，那时由于杭州城的快速发展，西侧的群山也

---

[1] 图片来源：杭州规划网 http：//mp.weixin.qq.com/s?__biz=MzA5MTg1MDIwNg==&mid=403689191&idx=1&sn=b12f9dce7914d85d910d00437c09a635&3rd=MzA3MDU4NTYzMw==&scene=6#rd

成为城市居住区的一部分，大量城镇居民居住在内（图6.19）。

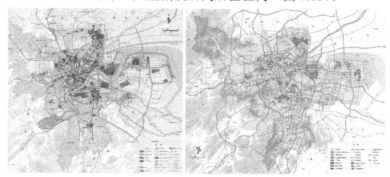

图6.19　2001-2020版、2001-2020修改（2016修订）杭州城市总体规划
资料来源：网络[1]

6.3.1.5　第五阶段——主城往钱塘江南面迁移，重新归位

在目睹杭州城市发展迅速吞噬"湖"和"社区"后，考虑到西湖风景名胜区的可持续发展，杭州市政府组织编制新一版的城市总体规划，将城市主体功能向钱塘江南岸迁移，为老城区减负。重新将城区与西湖、社区的关系剥离开，调整之前过于紧密的关系。即西湖、社区与城区之间应保持文化上的关联性，但应该避免过多、过快地城市化，"社区-西湖-城"之间的空间关系应拉开。

从2002—2008年，西湖综合保护工程总投入80亿元，累计拆除违章违法建筑以及无保留价值的建筑面积58.5万m^2，外迁单位265家，外迁住户数2791家，减少景区人口7021人，截至2009年已累计迁出7000多人[2]。之后还进行了若干次原住民外迁活动。同时对青芝坞等地区进行风貌整治，拆除的大多是20世纪90年代后乱搭乱建的违章建筑。

6.3.2　社区与周边山体景观视线的真实性与完整性

从大尺度上看，保持西湖遗产社区与周边环境的真实性、完整性应确保西湖山体的景观视线的完整性不被持续演进中的社区破坏。西湖西侧山体（即承载着所有遗产社区的大环境）的山体轮廓自形成以来一直保持如此，在湖面上或湖心亭欣赏山体的景观视线是西湖整体"三面云山一面城"景观意象的主要构成要素之一，理应得到保护。

西湖遗产社区坐落于西湖环湖群山的山谷、山脚或山腰，各遗产社区与周边山体的位置关系如图6.20所示，具体文字表述如表6.5所示。

1　图片来源：杭州规划网 http：//mp.weixin.qq.com/s?__biz=MzA5MTg1MDIwNg==&mid=403689191&idx=1&sn=b12f9dce7914d85d910d00437c09a635&3rd=MzA3MDU4NTYzMw==&scene=6#rd
2　数据来源：杭州市园文局党委书记刘颖的《关于杭州西湖风景名胜区"景中村"整冶建设情况介绍》。

表 6.5　西湖三层群山特点一览表

层次	范围
外层	最外层是老和山、将军山、北高峰、美人峰、龙门山、棋盘山和虎跑山一线，海拔约 200～400 m，属于千里岗系山岭，山形尖削陡峻，形成于距今 3.5 亿年的泥盆纪晚期。它们像一道屏障环抱西湖，是西湖周边群山最古老的地层，这是西湖的骨架
中层	中层是飞来峰石灰岩山岭，自灵峰、灵隐、玉泉、飞来峰至龙井山、南高峰、玉皇山、九曜山、翁家山、将台山、云居山、吴山、万松岭一线，这些山势平缓，山高都在海拔 300 m 以下。约形成于距今 3 亿～2.3 亿年前的石炭纪、二叠纪时期。因为石灰岩溶于水，使这一地区成为峭壁、幽洞、流泉、奇石汇聚之地，是最重要的景观构成岩层，也是后世摩崖石刻赖以雕琢成功的物质基础
内层	内层诸峰相对矮小，高度在海拔 100 m 以下，其中丁家山、夕照山为黑色硅质及砂质页岩，时代上属于中二叠纪。内层的北翼，从外东山经由葛岭到孤山、宝石山一线，是火山喷发形成的，在 1.5 亿年前的侏罗纪到 7 千万年前的白垩纪，这里出现过惊天动地的火山喷发。结果形成了景色奇绝的流纹岩山岭。这里峡谷纵横，怪石悬坠，丹色如霞。这一层可算是西湖的外表

图 6.20　遗产社区与山体的关系示意图
资料来源：作者改绘

倘若从最东北端的宝石山数起，整个西湖群山呈现出东北—北—西—西南走向，岩层分属砂岩、石灰岩、页岩、火山凝灰岩，地质构造丰富。砂岩质地坚硬，表面附土少，一般形成海拔较高的山体；石灰岩由水生软体动物的贝壳和其他动物的骨骼沉积胶结而成，一般海拔较低；火山凝灰岩形成自火山喷发，距今约 5000 万年，岩浆喷出地面时，一边顺着山坡自高向低流动，一边迅速冷凝，因此留下一条条清楚的纹路（即流纹构造），一般岩石呈红褐色裸露在外，观赏性强……不同的岩石构造形成的海拔、色彩均不相同，造成西湖群山山势连绵、洞壑幽深，是西湖突出普遍价值要素之一。

西湖周边群山根据岩性差别和山势高低，分为外、中、内三个层次。在"海西运动"时期（距今约 2.3 亿年），原先沉积在湖盆的浅海沉积岩遭受积压，发生褶皱、断裂，形成波状起伏的褶皱构造，造成西湖复向凹陷，最终导致群山三面环绕、状如马蹄，并呈现绵延舒坦的东北向走势（图6.21）。

图 6.21　山体高度测算分析图
资料来源：参考文献[1]

三层山脉从外层到内层海拔依次降低，最外层海拔在 200～400 m，中层在 100～300 m，内层在海拔 100 m 以下，遗产提名范围内最高峰为龙门山（361 m），最低的是孤山（35 m），详见图6.22。

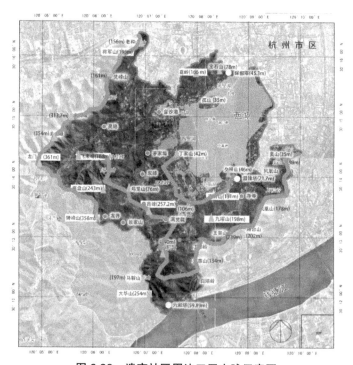

图 6.22　遗产社区周边三层山脉示意图
资料来源：作者绘制（底图来自《西湖申遗文本》）

1　黄文柳. 杭州西湖文化景观城湖空间格局控制研究 [J]. 风景园林, 2012(2)：72-77.

6.3.2.1 视线的真实性

不同历史时期的文人都曾描述过在湖心亭或湖面上欣赏山体美景的情形。比如明代张岱在《湖心亭看雪》中写道:"崇祯五年十二月,余往西湖。大雪三日,湖中人鸟声俱绝。……独往湖心亭看雪。雾凇沆砀,天与云与山与水,上下一白。湖上影子,惟长堤一痕、湖心亭一点,与余舟一芥,舟中人两三粒而已。"[1] 说明站在湖心亭往西湖群山看,"天空 - 山 - 湖面"和谐融为一体,相映成趣,并无其他东西遮挡。因此,遗产社区的建筑与构筑物应与山体有机融为一体,建筑轮廓线应与山形走势和谐一致,避免建筑挡山、压山或破坏山形。总体来说,社区(图6.23)镶嵌在山体各山谷之间,隐隐约约,此为真实性。

图 6.23 远处的苏堤及群山,社区掩映其中(20 世纪初)
资料来源:西湖博物馆

6.3.2.2 视线的完整性

完整性强调遗产物质性方面的完好程度及其背景环境(视觉和功能两方面)的连续性,从大尺度上看,西湖遗产社区的完整性是指遗产三面环山的外观整体性保存完好,继续维持延续千年的整体格局。尤其应保持站在湖心亭往西侧群山方向看时,外、中、内三层山脉轮廓线的整体无缺憾与完整,不被其他事物破坏视线,包括社区(视线示意图见图6.24)。

从地质地理的角度看,西湖的特点是山与水的关系在空间比例上比较匀称,总体上形成山环水抱之势。北、西、南三面山形几乎不留缺口,峰峦叠嶂,延绵不绝;东面虽有几处小小的山丘孑遗,但基本上可算一马平川。也即外、中、内三层山脉延绵不绝,环抱西湖;建筑、构筑物的形态与色彩与山脉合为一体。

---

[1] 杨晓政. 西湖文化读本 [M]. 北京:红旗出版社,2013:21.

图 6.24　20 世纪 30 年代西湖全景图
资料来源：作者改绘，底图来自《杭州古旧地图集》

6.3.3　社区与水系、道路的位置关系的真实性与完整性

6.3.3.1　水系的完整性

从大尺度上看，西湖遗产社区周边与其相关的水系有 4 条，分别是金沙涧、龙泓涧、赤山涧（慧因涧）、长桥溪。4 条溪流均为西湖上游水系，最终汇入西湖，是西湖的天然水源供给，水系与社区交互情况如表 6.6 所示。

表 6.6　西湖遗产社区水系一览

序号	水系名称	支流	流经社区
1	金沙涧	北涧	灵隐社区
		南涧	灵隐社区
		灵隐浦	灵隐社区
		金沙港	金沙港社区
2	龙泓涧	—	茅家埠社区

续表

序号	水系名称	支流	流经社区
3	赤山涧	—	—
4	长桥溪	—	净寺社区

(1) 金沙涧

金沙涧,古时称钱源,又名金沙港,是注入西湖最大的一条溪涧,汇合了灵隐、天竺一带的大小溪水,全长约 6 km。金沙涧在不同的溪段有不同的名称,其上游称灵隐山北涧、南涧,中游称灵隐浦,下游从洪春桥以下入湖段称金沙港,并在金沙曲苑处汇入西湖。南涧始于五云山系,西南——东北走向,全长约 5000 m 分为两支,一支源于狮子山狮峰之下,一支源于棋盘山西岭,两涧汇于上天竺法喜寺前之开阔谷地,顺势而下,依次经过天竺山 (413 m)—狮子山(188 m)、天喜山 (204 m)—棋盘山(243 m)、飞来峰 (167 m)—天马山(275 m) 三组对峙山体,至月桂峰 (187 m) 前,折而向北,过三天竺寺桥,出飞来峰东侧,至龙迹桥,与北涧汇合。北涧发源于西源峰,东西走向,全长约 2200 m。南合白沙坞支涧,西合永安坞支涧,西北合大桐坞支涧,过吴寺桥北,与乌石峰之水流相会,续而北行,依次经过乌石峰(182 米)、龙门山 (361 m)—天喜山(204 m)、美人峰(355 m)—飞来峰 (167 m)、北高峰(314 m)—飞来峰 (167 m)、桃源岭—月桂峰 (187 米) 四组对峙山体,汇南涧于合涧桥下。再向西过白乐桥,出唐家桥东南,从曲苑汇入西湖后,大部分径流先进入西侧三个子湖区,再进入外西湖。

(2) 龙泓涧

位于茅家埠南侧。自茅家埠公交站沿龙井路向西,与茅家埠湖区相对的大片水域就是龙泓涧湿地,一直延伸到茶叶博物馆。龙泓涧源出风篁岭龙井,自茅家埠经卧龙桥注入西湖,全长约 3.25 km。根据记载,原先龙泓涧特别是近湖一带,水既深且广,可以通舟。

(3) 赤山涧

又称惠因涧,有南、北两源,南源出于钱粮司岭;北源出于兔儿山,经笤箕湾西合玉岑山阴支涧,东流过回龙桥,与南源来水汇合于赤山埠,再东行与花港相接,全长约 1.2 km。

(4) 长桥溪

全长约 1.5 km,又称长桥水,于长桥公园处入湖。其一源出自方家峪;另一源则是玉皇山麓之山泉,从山谷岩缝之间流出,左冲右突,夺路而下。

由于历史的原因，长桥溪中下游周围环境复杂，居民较多，溪水长期受生活污水污染，影响到西湖水质和周围景观。

从1958年与1992年的水系对比图来看（图6.25），与社区相关的水系仍然保持不变。金少涧南涧、北涧汇合成灵隐浦从灵隐社区西面进入，横穿整个社区，下游水流渐大，从金沙港社区南侧汇入西湖；龙泓涧从茅家埠社区南侧流入西湖；赤山涧从双峰社区南侧流经；长桥溪沿着玉皇山路，从净寺社区中间穿过，最后汇入西湖。

图 6-25　水系对比图（左：1958 年，右：1992 年）
资料来源：作者整理绘制

6.3.3.2 "水系—道路—社区"位置关系

杭州的社区大都是依山傍水，沿着水系发展，道路连接社区。三者紧密交织。以灵隐社区为例。1958年灵隐社区包括两个片区，一个是明代时期便已形成的天竺路片区，该片区是紧沿南涧分布的商业老街（位置如图6.26所示）。20世纪初开始，由于人口的增长，灵隐社区的第二个片区——白乐桥片区形成。它位于灵隐浦北侧，仍然沿水系分布，至今在社区中仍能看到多处当时人们打水、洗衣服用的河埠，充分体现了人与自然的作用关系。白乐桥片区在1958-1998年人口增长较快，当时灵隐社区新增人口大多都居住在白乐桥，现如今也是灵隐社区中人口最多的片区。从1958年与2008年的白乐桥片区对比来看，社区空间在扩展过程中顺着灵隐浦的水流方向向东延伸。

虽然社区规模在扩大，但依水而建的传统仍然延续着。传统社区发生的先决条件之一足有淡水水源，这一生计需求从根本上造就了社区与水系相依偎的空间关系。

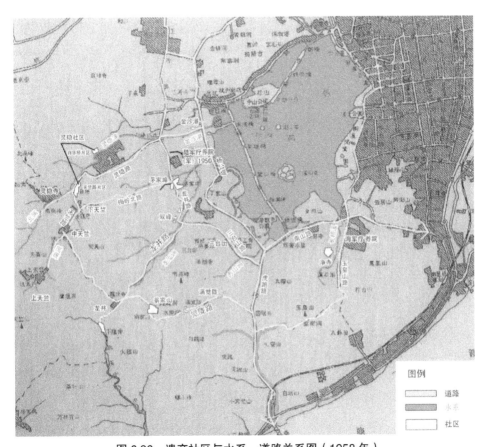

图 6.26 遗产社区与水系、道路关系图（1958 年）
资料来源：作者绘制，底图为 1958 年杭州地图，来自《杭州古旧地图集》

比如，金沙港社区大约形成于清末民国初，社区位于金沙港北侧，因此得名。虽然灵隐社区、金沙港社区等形成了不同年代，但其选址宗旨仍然贯彻中国传统风水格局，其入口处有一座白乐桥[1]，架于金沙涧上，进入社区需跨过这座桥，片区因桥而得名。水系-桥-社区是相互联系的整体。

---
1 原名万佛桥，因桥连万佛寺而得名，后白居易改建又名白乐桥，取白居易字乐天而来。

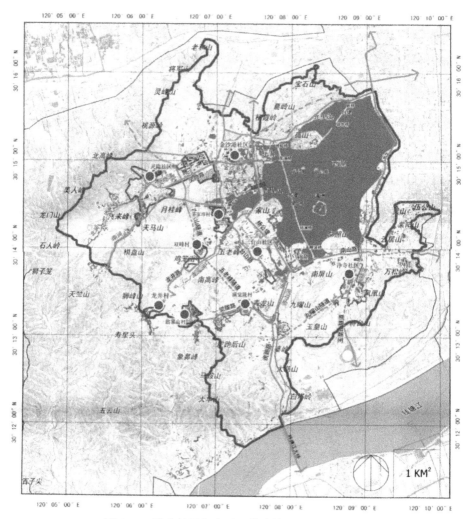

图 6.27 遗产社区与水系、道路关系图（2008 年）
资料来源：作者整理绘制

至 1930 年，西湖周边已建成的马路有南山路、灵隐路、北山路等，基本已经形成现在的主要道路格局。2000—2006 年的西湖综合整治修建了梅岭隧道、灵溪隧道、西湖隧道、九曜山隧道、吉庆山隧道、五老峰隧道、万松岭隧道等 7 个隧道，疏通山区的交通（如图 6.27 所示）。虽然道路在近 100 年中经过多次大改造，但道路与水系的空间位置关系变化均不大，改造后的路网仍然保留了社区内或周围的水路，以及大部分沿河道路、溪流岸线等地形要素自然生成的形态。可以说路网的规划是在充分考虑原有路网形态以及与水系、社区关系后形成的。

6.4 西湖文化景观遗产社区自身风貌特征

本节对遗产社区空间要素、社区空间结构及相互关系、社区景观演变过程、道路水系设计形式进行分析，挖掘其空间布局等形式与设计方面的演变规律，作为下一章提出遗产可持续发展策略的理论依据。

6.4.1 社区空间布局演变规律

西湖遗产社区依山就水、依附地势的布局方式与杭州城借助自然山水之势造城的理念，以及西湖风景"崇尚自然"的整体格局具有异曲同工之处。社区为了取水、引水方便枕河而居，建筑朝向跟着等高线旋转，完整诠释了中国古代哲学"以自然为本"的思想。同时人是自然的组成部分，社区的布局顺势而为，建筑、水系、道路（万事万物）之间相互联系、相互影响的，社区沿山体等高线、依附道路、傍着水系这样的布局方式充分体现了"天人合一"思想。西湖遗产社区空间布局规律有以下几点。

6.4.1.1 建筑沿山体等高线分布

图 6.28　建筑朝向沿着等高线旋转示意图
资料来源：作者绘制

西湖遗产社区建筑总体分布在山腰或山谷，建造方向随着等高线走。比如净寺社区，受到地形的影响，其房屋基本沿西北—东南走向布局，如图 6.28

所示，沿道路或环绕山体布置。净寺社区则沿着玉皇山路与长桥溪两侧分布。

6.4.1.2 建筑沿主要道路分布

本节关于西湖文化景观遗产社区的发展轨迹是将各个历史时期的地图进行比对后得出的。提取社区分布位置并以时间脉络排列，如图6.29所示。

满觉陇社区位于狭长的山谷地带，北有南高峰、东有青龙山、南为虎跑后山，社区沿着东西朝向的觉陇路呈长带状分布。满觉陇分为上满觉陇、下满觉陇、四眼井三个片区。地势高差较大，有些地方呈台地式。1947年时仍为点状分布，到1958年线状特性已经较明显，1978年以后已呈狭长块状。社区人口增长较快。

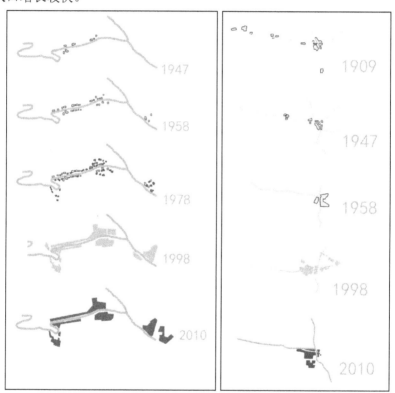

图6.29 满觉陇（1947—2010）、茅家埠（1909—2010）社区布局变化分析图
资料来源：作者绘制[1]

茅家埠社区因东西向的"上香古道"在20世纪40年代沉寂，社区人口出现递减状态，1947年社区人口较1909年减少，1958年较1947年少，截至1958年，原来的多岔路口衰败成了十字路口，并且建筑基本只分布在十

---

[1] 分别根据《杭州古旧地图集》中1909年、1958年、1978年的地图，结合1998年、2010年地图，综合得出以上结果。其中1909年地图为现今能找到的最早的杭州城外现代地图。

字路口周边，上香古道两侧（多岔路口西侧通往灵隐寺方向）已无人居住。1958年以后人口开始反弹，因那段时间对西湖疏浚不重视，水面收缩，茅家埠东侧原先的水塘也变为陆地，故建筑往东面分布，在1998年左右达到顶峰。2000年左右西湖大疏浚，恢复水面，茅家埠东侧大部分人口外迁，因此现在只剩道路西侧居民。总的来说，社区是随着道路分布，人口也随着道路的兴衰而变迁。

6.4.1.3 建筑沿着水系分布

中国文化景观遗产社区体现了中国传统哲学思想与遗产地场所精神等因素影响下发展起来的人类聚居生活智慧。

无论从生活还是农耕生产来说，"水"都是人类居住繁衍的第一要素，因此社区的选址与布局都离不开水系。南方天热多雨，水网密布，由河流冲击而成的土地，土壤肥沃又近水利于灌溉，故择水而居、沿水而行成为人们生存的一条基本法则。西湖遗产社区表现出很强的亲水性，因水成市、枕河而居，是典型的江南"小桥、流水、人家"的文人、文化水乳交融的社区布局方式。

遗产社区是运用山、水、植被等要素，加上建筑构成的一个环境优美、舒适宜居的环境。建筑顺应地形、自由灵活地散列在流水萦绕的隙地上，临河依水而建或跨溪而筑。住房布局紧凑，一般为2层楼房并建有楼阁。楼层高、墙身薄、出檐深、门窗高大，利于通风；外观朴素、粉墙灰瓦照影、蠡窗映水，掩映于桃枝柳丝之间，形成独特的水乡风情。

由于受地形限制，社区顺着山谷边缘而建。龙井社区从1947—1958年由分散的点状布局发展为沿道路及山体的线状布局，并进一步发展为局部集中的面状布局，社区建设用地向东北方向蔓延。特征为一直沿着Y型山谷、山腰的山体等高线分布，扩展速度缓慢，如图6.30所示。

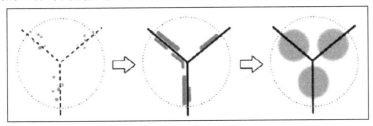

图6.30 龙井村与山体、水系的发展关系分析图
资料来源：参考文献[1]

---

1 李王鸣，高沂琛，王颖. 景中村空间和谐发展研究：以杭州西湖风景区龙井村为例[J]. 城市规划，2013(8)：46-51

每一个社区与山体、道路、水系的关系如表 6.7 所示。

表 6.7　西湖各遗产社区与周边山体的关系统计

序号	名称	与山体的关系	特征	海拔	图
1	灵隐	坐落于灵峰山、桃源岭、北高峰、美人峰、龙门山等西湖外层山脉的东侧山谷一带，社区西侧有飞来峰，南侧有天马山、月桂峰、三面环山，沿着山势呈东北到西南方向分布。社区分为天竺路、白乐桥、九里松三个片区，前两处与天竺路相接的位置地势较低，后部地势较高。九里松片区地势平缓。山体由古生代沉积岩和中生代火山岩构成	特征1：三面环山一面湖 特征2：灵隐路串连三个片区	10～80 m	
2	龙井	坐落于狮峰山山脚，东有高峰，北有棋盘山、鸡笼山，社区在四面皆山的谷地中呈Y型分布，呈北高南低的趋势。南面为九溪、谷深广，直通钱塘江，春夏季的东南风易入山谷。通风透气的地理条件为龙井茶的生长提供了得天独厚的优势	特征1：四面环山 特征2：地势北高南低 特征3：沿着山谷呈Y状分布	20～100 m	
3	翁家山	社区山腰，北有高峰，南有象鼻峰，东侧沿着虎跑路形成一片山体。因社区中翁姓者居多，故得名。《钱塘县志》言其："群山包络，星庐数百，石路参差，宜桂，秋时如入众香国焉。"	特征1：四面环山 特征2：桂花	10～50 m	
4	满觉陇	北有南高峰，东有青龙山，南为虎跑山，社区在这一片山体形成的山谷中呈长带状分布。满觉陇分为上满觉陇、下满觉陇、四眼井三个片区，地势高差较大，有些地方呈台地式。沿着满觉陇路往西地势增高，可从下满觉陇到达上满觉陇	特征1：沿着满觉陇路两侧分布 特征2：建筑呈台地式分布	20～100 m	

178

续表

序号	名称	与山体的关系	特征	海拔	图
5	净寺	根据历史资料和老年人的回忆，民国到改革开放之前，净寺社区都呈现水网纵横、田舍点缀的江南水乡风貌。改革开放后该区域的面貌，居民翻盖房屋等改变了今天建筑密集的景象，逐渐形成了今天建筑密集的景象	特征1：三面环山一面湖 特征2：沿着玉皇山路两侧分布	0～30 m	
6	双峰	在南高峰、北高峰之间，北到龙井路以北，南至皂鲍路，三面环山一面临湖，毗邻杨公堤	三面环山，一面临湖，毗邻杨公堤	0～50 m	

注：海拔为作者调研所测。
资料来源：作者绘制

6.4.2 社区建筑特征

社区、西湖自然山水、杭州城市建设是在相同文化关联下形成的成果，三者或多或少都体现了中国"天人合一"的传统哲学思想。

西湖遗产社区民居建筑在建筑结构、材料和色彩上体现出了许多为适应环境而产生的共性特征。如建筑多以穿斗、抬梁或二者结合方式筑造，两坡硬山屋面；建筑材料多样，竹、木、土、石皆有运用，取材乡土，结合巧妙；建筑色彩崇尚自然，以外部灰白、内部木本色为主，整体色调清新淡雅、朴素轻灵。白墙灰瓦，小桥流水，整体呈现出山、水、茶、人、佛共融。

6.4.2.1 沿街建筑垂直空间功能复合化

随着旅游业的发展，社区沿街建筑底层"自用"空间逐渐发展为茶馆、农家乐等"它用"商业服务空间，村民利用院落经营露天茶室，白天供游客使用，夜晚供家庭使用。二层多保留原有的居住功能，但随着本村人口外迁与外来人口涌入，用于出租及家庭旅馆功能的房屋相应增多。龙井村1980—2010年土地利用变化如图6.31所示，1980年商业空间主要分布在东西社区入口处，2000年时已延伸至Y型交汇处，到2010年，Y型南侧山谷道路两侧也布满了商业空间。

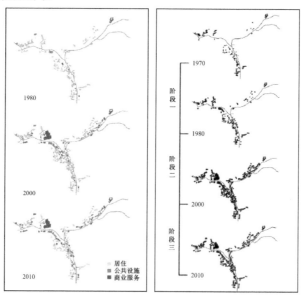

图6.31 龙井村土地利用变化（1980—2010）、建筑密度演变（1970—2010）分析图
资料来源：参考文献[1]

---

[1] 李王鸣，高沂琛，王颖. 景中村空间和谐发展研究：以杭州西湖风景区龙井村为例[J]. 城市规划，2013(8)：46-51

西湖遗产社区内的交流空间一般分为三种：由建筑前院落组成的生活型交流空间、由小型集会广场形成的组织型交流空间、由茶楼及露天茶室等构成的商业型交流空间。从 1980 年代开始，大量新建建筑及违章建筑以侵入式的方式占用原有院落空间，建筑底层空间也多呈现出商业化的趋势，私人空间外向化严重。1990 年代，龙井社区成立了规模较大的茶叶公司，来往的机动车辆占用了村委会与村内唯一的小型集会广场，导致村内生活型交流空间的减少和组织型交流空间的弱化。即外来打工者和游客的增加以及建筑功能的复合化促使社区内原来的生活型交流空间外向化，被商业型交流空间替代。应当保证一定的与社区居民生活相关的交流空间，如鼓励将茶馆空间多元化，以自组织的方式，在茶馆举办社区主题活动，外来游客也可参加，这样既丰富了茶馆经营模式，又可增加社区居民间的日常交流，有利于社区凝聚力与归属感的培养。这一类软实力的增加是社区健康演进的内在推动力。

6.4.2.2 沿街建筑布局大多有院落

西湖遗产社区路网极丰富、密集，沿街建筑大多有一个小天井，作为道路与建筑的过渡性空间，如图 6.32 所示。

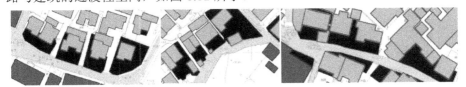

图 6.32　沿街建筑带院落示意图
资料来源：作者绘制

比如净寺社区建筑大多为 2～3 层的自建房，风格相近，大多带有院落，占地面积在 150～200 m²。受地形的影响，该社区的房屋基本按照等高线沿西北—东南走向布局，玉皇山片区的房屋则沿道路或环绕山体布置。从图底关系上能清晰的识别出这些房屋的分布格局和肌理。

6.4.2.3 滨水空间保持传统水乡特色

西湖遗产社区从整体的形态到内部的空间景观都建立在对水体的利用和适应上，河流方向决定了社区发展方向。水体的形态决定了建筑、街道和河流三者之间的空间关系。

金沙港、茅家埠等社区用地是溪流冲积所成的，建筑沿着水系分布，河埠、水街等都充分体现了社区生活中与水系之间的互动关系。因此，应重新梳理建筑、街巷、水系和水塘等景观要素之间的空间关系，在不破坏社区景观肌理的情况下发展一些新的滨水空间格局，作为现代人类活动和意识形态的记录，即社区的每一段历史都应通过空间格局、建筑形态、道路格局等物化特征记录下来。

图 6.33　灵隐社区中体现人对水的利用的河埠
资料来源：作者拍摄

自古人们都非常重视村落水口的选择与经营。水口是指村落水流的入口处，处理好水口可以"藏风聚气"，因此，古代村落往往在水口处筑桥，有时还造亭，桥、亭、堤、塘等在水口组成一道关锁把财源锁住。灵隐社区中的白乐桥即位于水口处。

6.4.2.4　山体建筑一层多有露台

翁家山、龙井社区受地形限制，社区内部交通道路曲折蜿蜒（图 6.34）。建筑布置随形就势，沿着等高线分台地建造。山地建筑为了能有更多的适建场地，一般在一层标高处向外开拓出平地作为露台。

图 6.34　翁家山建筑现状（2016）
资料来源：作者拍摄

第 6 章　西湖文化景观遗产社区特征解析

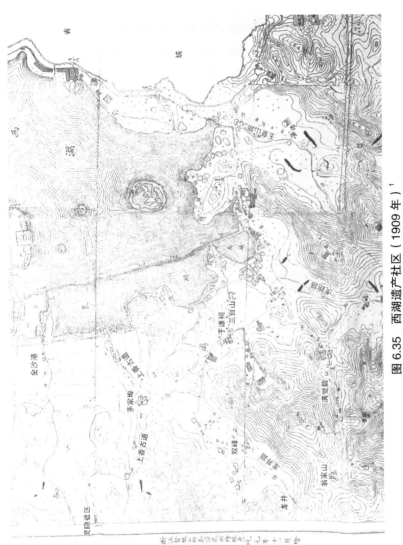

图 6.35　西湖遗产社区（1909 年）[1]

资料来源：作者绘制，底图来自《杭州古旧地图集》

[1] 西湖遗产社区位于杭州城外，20 世纪或者更早年前的很多地图都只记录了城市内的情况而未测绘城外部分。根据浙江古籍出版社整理的《杭州古旧地图集》，现阶段能找到的关于西湖城外最早的现代地图是 1909 年，图 6.35 即是以该图为底图绘制。更早前只有使用中国古代地图绘制方式绘制的地图。因此文中关于社区发展演变轨迹是从 1909 年开始。

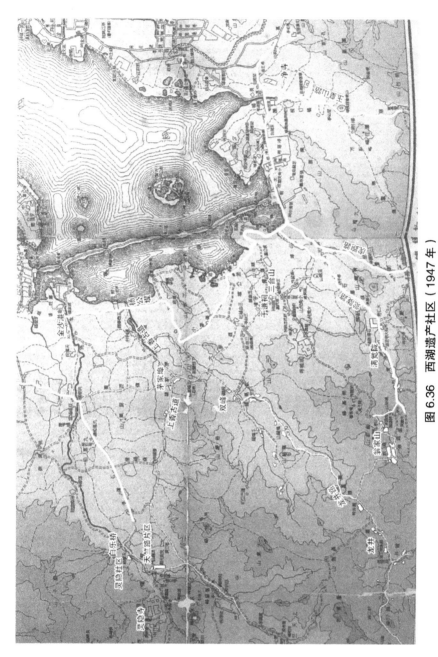

图 6.36 西湖遗产社区（1947年）
资料来源：作者绘制，底图来自《杭州古旧地图集》

第 6 章 西湖文化景观遗产社区特征解析

图 6.37 西湖遗产社区（2010 年）
资料来源：作者改绘

6.4.3 社区植被特色

西湖文化景观各遗产社区中的三大特色植被分别是西湖龙井茶园、满觉陇翁家山的桂花树以及九里松的云松。

（1）龙井茶园

龙井茶园已有1200多年的历史，始于北宋辩才僧人带领徒弟们种植的仅供僧人饮用的佛门山茶。据考证，最早的龙井茶园位于现在的龙井社区狮峰山脚。现今茶园分别位于灵隐、龙井、翁家山、满觉陇、双峰、茅家埠6大社区中，各社区都有一级保护茶园基地（图6.38）。西湖龙井茶按产地分为狮、龙、云、虎四大类，具体如表6.8。

表 6.8　西湖龙井茶品种统计

茶叶社区	龙井品种	产地
龙井灵隐	狮	产地在龙井村狮子峰一带，包括以狮子峰为中心的胡公庙、龙井村、上天竺、棋盘山一带，此处出产的西湖龙井被称为狮峰龙井，是西湖龙井中的上品，香气纯，颜色为"糙米色"
翁家山满觉陇	龙	产地在翁家山、上下满觉陇、白鹤峰一带，此处出产的被称为石屋四山龙井，其中翁家山所产可以媲美狮峰龙井
茅家埠双峰	云	产地在云栖、梅家坞、十里琅珰之西、五云山一带，是西湖龙井产量最大的地区。此处出产被称为梅坞龙井，色泽翠绿，外形美观
三台山满觉陇	虎	产地在虎跑、四眼井、赤山埠、三台山一带，后来又包括了其他一些湖边平地的茶园

翁家山种茶制茶的历史可上溯到明朝正德年间，盛于清雍正年间，因为始创于公元1725年的翁隆盛茶庄经营的龙井茶就是从翁家山一带收购而来。翁家山村地处龙井茶产区"狮、龙、云、虎"中的"狮、龙"地带的中心。茶园分布图如6.39所示。

图 6.38　4月，茶园及采茶归来的妇女
资料来源：作者拍摄

第 6 章　西湖文化景观遗产社区特征解析

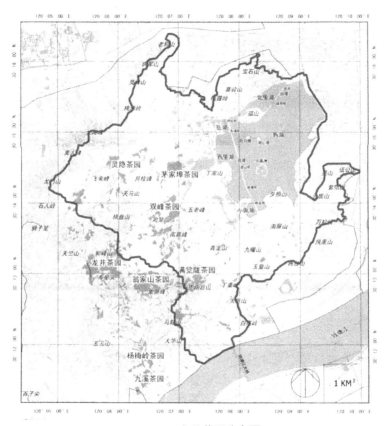

图 6.39　龙井茶园分布图
资料来源：作者整理绘制

（2）桂花

桂花是杭州市的市花，满觉陇自明代起就是杭州桂花最盛的地方。丁立诚在《满觉陇担桂》一诗中写道："桂花蒸过花信动，桂花开遍满觉陇。卖花人试卖花生，一路桂花香进城。"[1] 清末民国初，满觉陇桂花出现颓势，据钟毓龙先生《说杭州》第三章记载："其地以产桂著，每当秋初，群往观赏，今已衰微。"从 1950 年开始，此地重新栽种桂花。如今，这一带的路旁坡地、崖前涧边共种植桂花 7000 多株，树龄长的达 200 多年。翁家山也有桂花种植，《钱塘县志》言："群山包络，石踏参差。星庐数百，竹木掩映。地宜桂，秋时如入众香国焉。"这两个社区还盛产桂花相关产品，如桂花糕、桂花蜜、栗子桂花粥、桂花干等。

（3）九里松

种于今洪春桥至灵隐合涧桥前一段，全长约 2 km，由唐刺史袁仁敬守杭时首植，道路左右各三行，九里间苍翠夹道，人称九里松，后即以九里松名

---

[1] 马时雍. 杭州的山 [M]. 杭州：杭州出版社，2010：175

其地。据清雍正《西湖志》卷三记载："唐刺史袁仁敬植松于行春桥(即今洪春桥)，西达灵竺，路左右各三行，每行相去八九尺，苍翠夹道，阴霭如云，日光穿漏，若碎金屑玉，人行其间，衣袂尽绿。今旧松多不存，而新植者已渐如偃盖，时时与灵山白云相接，故曰云松。"民国以后，路两旁松树逐年衰败。抗日战争期间，杭州沦陷，侵占杭州的日军作扫荡式砍伐，九里松幸存的松树被砍伐殆尽。新中国成立后，九里松经历了两次补植与整理，先一次在两旁栽植无患子等行道树；后一次征用洪春桥至灵隐沿路两边土地各40米，行道树改栽马尾松，20世纪70年代松毛虫毁坏松林，又改种从美国引进的松树。

6.5 西湖文化景观遗产社区中"水"的功能和整治

本节旨在了解社区周边水系变迁历史，总结水质变化的原因，从而总结规避这些问题的方法。西湖的存在本身就是历代多次疏浚的结果，也是人类与自然长期良性互动的结果。西湖水面规模的变迁就是西湖文化景观价值的一部分。如《宋史·河渠志》载："西湖周围三十里，源出武林泉，盖其地三面环山，溪谷缕注，下有源泉百道，潴而为湖。"西湖是由周边群山中的溪流汇聚积蓄在低洼之地形成的，这些溪流是西湖天然的水源供给，主要的分别为金沙涧、龙泓涧、赤山涧、长桥溪。溪流源自山泉，与山中的社区有交互关系，或穿过或从社区旁边经过。作为西湖的上游溪流，西湖文化景观遗产社区中的重要物质要素之一，在今后的发展过程中必须保持水质清洁，才能不影响西湖水质；保证对西湖的供水量，才能维持西湖水面规模，缓解西湖的湮灭速度，维持这个潟湖的存在。在西湖综合整治以前，这几条水系因周边社区人口膨胀、生活污水直排等问题一度污染比较严重，曾经成为污染西湖水体的主要源头。

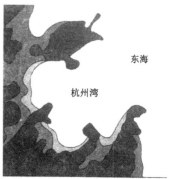

全新世中期(约新石器时期)：杭州湾形成

东周时期(约2 500年前)：潟湖形成

6.5.1 西湖"水"的演变过程本质是一种"文化形态"[1]

西湖从海湾到潟湖，进而演变成今天的湖泊，充分展现了人与自然相互影响的过程。如果没有人为的干预、人为的疏浚，西湖必然遵循大多数城市湖泊的演变规律，从湖泊变为沼泽，再从沼泽变为农田，最后成为城市的建设用地。回顾西湖的发展历程以及西湖人为的干预过程,应该说是"人"与"自然"长期良性互动的过程。它的两次重要重塑在唐宋，那是有着深厚文化背景的时代。唐朝治理西湖的是大诗人白居易，宋朝是大文豪苏东坡，虽然当时治理的初衷是民生，但是对西湖从整体到细节，无不体现诗人的审美和情怀，即便是一条长堤、一座小桥，都成了千年不变的审美标本。白苏二人为西湖树立了一个美学意义上的标杆，以后的历代主政者大都也是文人，且也都以白苏二人为摹本，进行西湖的人文塑造。所以西湖本质上是一个不断演进、始终活着的自然文化形态。它的自然美折射出中国传统哲学、美学、人文、建筑等诸多文化理念，而它的人文美则渗透了许多自然的、物候的意象。西湖是中国景观审美风格的典型代表，体现了"天人合一"的思想理念；从东汉光武帝时期的会稽郡议曹华信筑海塘至今，两千年间人们对西湖的加工、整理、改造从未停止。她的价值并非凝固于某一个历史时段，而是自唐代以来的一千多年里，这是一种不断变迁、始终活着的文化形态。西湖在长期演进过程中，已经形成了这种特殊的存在形态，以自然山水等物质要素为依托，以儒家审美为基础，在人类活动创造下形成的美学典范。她深深地蕴含着中华民族的审美理想与审美情趣。

文化是人类社会活动的产物，人类未干预过的东西不能称为"文化"。也就是说，自然山水、地质地貌这些天然的风景资源，虽有高下优劣之别，却不能用"文化"一词来表述或阐释。西湖自然山水虽是由大自然天然生成，但经过一代代中国人根据自己的审美理想进行劳动与创造后，其中浸润着丰富的中国文化，使它的文化属性已超过自然属性。虽然它的自然属性不及中国很多名山大川，但在人与自然相互作用、人类文明与自然资源融合方面是突出的。

在理解西湖时，不能割裂地看待它所蕴含的自然要素与文化要素。曾经在很长一段时间里，人们对西湖的解读与介绍是"西湖是一个文化的载体"，现在已改为"西湖本身是一种文化形态"。这两种提法看似差别不大，仔细理解其主客体是相反的，前一种提法是说西湖本质仍是自然风貌，文化只是自然风貌中的一种点缀、附加；而后者则是充分强调西湖的本质的文化属性。

---

[1] 陈文锦. 发现西湖：论西湖的世界遗产价值 [M]. 杭州：浙江古籍出版社，2007：22.

西湖文化景观属于"有机进化景观"中的"持续性景观"。

6.5.2 水面疏浚、整治历史

西湖是一个泻湖，三面环以群山，一侧毗连繁华的城市，特殊的地理形势与地貌使其较一般湖泊更容易湮塞，并且湮塞速度相当快。从唐大历年间（766—779年）李泌开凿六井为杭城居民引水，到唐长庆二年（822年）白居易疏浚西湖，相距不过40多年，湖中已经出现葑田数十亩。也就是说，西湖之所以没有走上沼泽化之路是历代郡守带领百姓疏浚治理之故。

（1）唐—清

从唐至清，较为重要的疏浚有20余次。那时的西湖与现在相比，东侧差不多仍然到武林门一带，但湖西却能延伸到西侧群山山脚处，西湖水面变迁过程如图6.40所示。

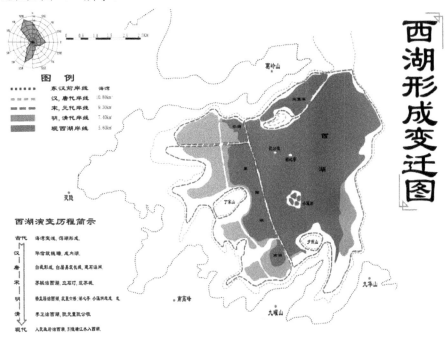

图 6.40 西湖水面变迁图

资料来源：作者整理绘制，底图来自《西湖风景名胜区总规（2002—2020）》

唐代早期，由于当时未修水利设施，一下大雨湖水就外溢，久旱不雨湖水又干涸。那时西湖是杭州城市居民饮用水与农业灌溉用水的重要来源，水位下降严重影响当地居民的生产生活，使农业产出大幅下降。唐长庆二年（822年），杭州刺史白居易大规模疏浚西湖，湖区扩大，湖水加深，并用挖出的淤泥修筑了比原来湖岸高出数尺的堤坝，即白堤。治理后，西湖重新发挥了城市饮用水源与灌溉农田的作用。

五代吴越国王安排千余名"撩湖兵"专司疏浚西湖事宜，确保了西湖水体的存在，奠定了西湖风景的基础。

北宋元祐五年（1090年），苏东坡动用20万民工治理西湖，用从西湖中挖掘出的葑草和淤泥修筑了一条自南到北横贯湖面的2.8 km的长堤，即苏堤，从此西湖南北两山得以沟通。西湖水域从隋朝到北宋变化示意如图6.41，可见北宋时期已经形成两堤格局，但那时候只有小瀛洲一个岛。

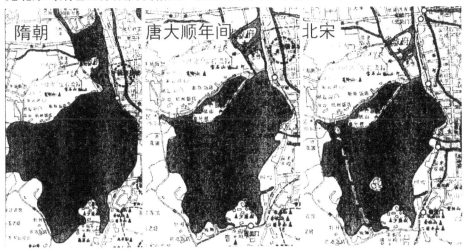

图6.41 隋朝到北宋年间西湖水域变化示意图
资料来源：底图来自参考文献[1]

明初，西湖日渐缩小。公元1503年，四川人杨孟瑛到杭州上任。当时的西湖已是一片荒芜景象，杨孟瑛认为，西湖对于杭州关系甚大，于是决心疏浚西湖。从他上书朝廷到正式立项开工，足足用了五年的时间。1508年，杨孟瑛亲自指挥疏浚，历时152天，终于使西湖恢复旧观。"一湖映双塔""湖中镶三岛""三堤凌碧水"的独特景观，将自然之美与人工之美巧妙结合，令无数文人墨客流连忘返。

据清刊《西湖全图》所示，清初，除了白堤和苏堤，西湖中尚有杨公堤丁家山以南一段。杨公堤上的"里六桥"：环碧、流金、卧龙、隐秀、景行、浚源，和苏堤六桥遥相呼应。那时的湖西区域云水淡荡、长堤卧波，画桥烟柳、舫船穿梭，绿阴滴翠、花团锦簇，亭台隐显、古迹遍布，真是美不胜收。西湖水面疏浚历史整理如表6.9所示。

---

[1] 任俣时. 南宋以前杭州城郭考[D]. 杭州：浙江大学, 2002.

表 6.9 西湖水面疏浚历史统计

阶段	年份	整治、发展内容	水深
唐—清	唐长庆二年（822）	白居易：疏浚泥土堆积成白堤	—
	五代吴越	安排千余名"撩湖兵"专司疏浚西湖	—
	北宋（1090）	苏轼：疏浚泥土堆积成苏堤	—
	明初（1503）	杨孟瑛：疏浚泥土堆积成杨公堤	—
	清中叶以后	水面收缩，杨公堤周边已是陆地	—
1949—1958 年恢复整治、局部建设	1949 年	资料调查	0.55 m
	1949—1958 年	疏浚	1.8 m
	1951—1958 年	杭州园林文物局建立	—
	1956 年	陆续建成海、陆、空军疗养院，服务驻军的 117 医院，服务高级干部的浙江医院等	—
1959—1965 年建设停滞期	—	整治幅度变小，编制的《杭州西湖山区规划》未实施，期间只清理了墓地以及完成前一阶段整治工程收尾工作	—
	1966—1978 年占用	因政治活动对文化的否定，疏于疏浚	—
1979—1999 年恢复建设	1983 年	编制《杭州市城市总体规划》（1981—2000）	—
	1987 年	西湖风景名胜区规划初稿	—
	1996 年	城市总体规划	—
2000—2010 年申遗整治期	2000 年	西湖风景名胜区保护规划（2000—2010）	平均 1.5 m
	2001 年	杭州市城市总体规划（2001—2010）	
	2002 年	"西湖西进"工程（2002—2005）	
2011 年至今文化景观时期	2012 年	文化景观保护管理规划（2008—2020）	平均 2.27 m
	2016 年	《杭州市城市总体规划（2001—2020）（2016 年修订）》	

* 数据来源：1949—1978 年内容整理自参考文献 [1]

清中叶以后，随着国势衰微，西湖日益贬值、失色，满目病态。1949 年前，西湖平均水深约 0.72 m，1949 年 5 月前后，西湖污泥淤塞，湖底遍生水草，湖水平均深度只有 0.55 m。由于泥沙的淤积，西湖是从钱塘江逐渐分离出来的一个内湖。唐朝时湖面积约有 10.8 km^2，比 2001 年的水面 5.6 km^2 大近 1 倍[2]，这样在正常年景仅靠控制三条水系来水大致可形成 7.96 km^2、深 1.5 m 的水面。20 世纪 40 年代西湖水面对比如图 6.42。

---

[1] 傅舒兰. 杭州风景城市的形成史：西湖与城市的形态关系演进过程研究 [M]. 南京：东南大学出版社，2015.

[2] 王向荣，韩炳越. 杭州"西湖西进"可行性研究及规划 [J]. 中国园林，2001（6）：11-14.

第 6 章　西湖文化景观遗产社区特征解析

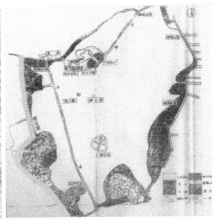

图 6.42　1946 年与 1949 年西湖水面规模对比
资料来源：网络

1949 年以后西湖有三次较大的疏浚工程，分别在 50 年代、70 年代以及 2000 年。1946 年的西湖在杨公堤西侧仍有水塘，之后的地图中这些水塘完全消失，杨公堤两侧已完全是陆地，堤上 6 座桥曾经与苏堤 6 桥遥相呼应，也已消失。

（2）20 世纪 50 年代大建设时期

当时国家考虑将杭州作为接待外宾的一个基地，对西湖进行了全面的清淤治理，本次疏浚对西湖水面规模基本没有改变，疏浚前（1949）和疏浚后（1958）水面对比如图 6.43 所示，只是水深从 0.6 m 变成 1.8 m，挖掘出的沙土填埋了西湖沿线的昭庆寺、省府大楼前、柳浪闻莺等 18 处低洼地。[1]

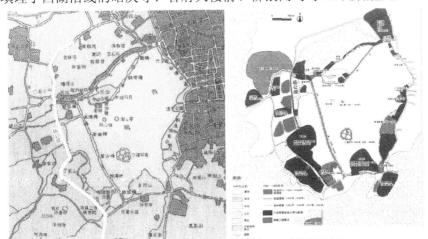

图 6.43　1958 年与 1965 年西湖水面规模对比
资料来源：网络

1　杭州市园林文物局课题调研组，《建国三十五年来杭州西湖与环湖地区园林建设》，1984

(3) 20世纪70年代后期——恢复建设时期

1976年,国家投入专款200万元开始第二次西湖疏浚。新中国的这两次疏浚主要是湖底清淤以及提高水质,尤其是治理富营养化污染,就西湖水面规模来说与民国初年差不多,从2002年西湖用地现状图中可以看出,那时杨公堤仍是陆地。

(4) 21世纪初的西湖西进工程——水面规模恢复到300年前

我们现在所见到的西湖水面格局是2002—2006西湖西进工程后水面扩大后的成果:水面面积从5.66 km² 增加到6.5 km²,基本到达了300年前西湖的面积。湖面南北长3.3 km,东西宽2.8 km,包括湖中岛屿的湖岸周长15 km。水的平均深度在2.27 m,最深处有5 m多,最浅处不到1 m。苏堤和白堤将湖面分成里湖、外湖、岳湖、西里湖和小南湖5个部分。杨公堤西侧水面恢复,杨公堤上的"里六桥"——环碧、流金、卧龙、隐秀、景行、浚源也陆续恢复,和苏堤六桥遥相呼应。西湖西进工程前后水面对比如图6.44所示。

图6.44 西湖西进工程前后水面对比 2002—2010

资料来源:作者整理绘制(底图来自《西湖风景名胜区总规(2001—2020)》和《西湖环湖景区控制性详细规划(2010—2020)》)

从图中我们可以清晰地看到,杨公堤西侧增加了若干水面,其中最大的一片水面位于茅家埠社区东侧,增强了西湖的亲水性和互动性,该区域曾由于湖水淤塞和农民围湖造田等原因成为陆地。

6.6 西湖文化景观遗产社区的社会结构和功能

本节通过问卷调查及数据统计、分析，对比现在居民在年龄构成、户籍构成、职业构成与历史的区别，以及社区社会功能是否改变，从而总结现状存在的问题，作为第 7 章策略提出的依据。

6.6.1 人群结构

遗产地社区人口可笼统分为户籍人口与非户籍人口，他们形成的社会稳定度不同，如表 6.10 所示。本书所指遗产社区人口是指在籍人口以及由于生活或工作关系而长期居住在遗产地的非在籍人员（不包含游客）。

表 6.10 遗产社区人口结构分析

户籍情况	类型	聚居原因	形成方式与原因
户籍居民	祖辈居住	血缘	由氏族聚居缓慢形成
	近 1~2 代迁入	地缘	由于参与遗产地建设、管理等原因在此定居
非户籍居民	半年以上外来人口	业缘、地缘	业缘：由于从事旅游服务相关工作包括经商、导游等在此居住
	半年以内外来人口		地缘：因觉得居住环境好而长期租用遗产地内房屋，有的仅作为家庭自住，有的伴随简单的商业功能，比如一楼做茶叶经销，但仍保留家庭式居住形式

资料来源：作者绘制

（1）祖辈居住（户籍居民）

这一类人因血缘关系长期聚居于遗产地内，是社区内最早的居民的后代。他们的传统生产生活方式是维持遗产地景观风貌的基础。比如西湖龙井茶田、哈尼梯田景观都是祖辈居住在遗产地的居民适应、利用、改造自然的结果，是人类农业文明发展变迁的最佳见证，他们是与遗产地长期稳定共存的群体。保持这种生活方式是维护生产性景观的前提。

（2）近 1~2 代迁入（户籍居民）

这一类人是近五六十年内在当时的时代背景下，或因地缘或因业缘等举家搬迁到遗产地内。比如庐山牯岭镇一部分人口是解放初期大量新建的疗养院职工的后代，他们因父辈参与遗产地的建设、管理等从而在遗产地定居，他们从小生活在庐山，认为庐山是故乡。这种由于地缘或政治因素而长期聚居在遗产地的人群，已经融入原住民的生活，应该看成是遗产社区人口结构持续演进的一部分。

（3）常住外来人口（非户籍）

这一类人按聚居时间长短可分为居住半年以上外来人口和居住半年以内外来人口。他们因为地缘或业缘关系聚居在遗产地内。

其中一类人因从事旅游服务相关工作居住在遗产地，包括经营酒店及餐馆、做导游等，即因业缘关系选择在遗产地居住。他们虽然也居住在遗产地内，但他们与遗产地之间是"合作关系"，这种关系仅依靠业缘关系而存在，是脆弱的，一旦维系两者的业缘关系断裂，他们便会离开遗产地。这一类人与遗产地的关系是借由外因维持的，不是绑定、共生关系，随时有可能因关系破裂而离开。他们组成的社会稳定度相对较低，以餐厅服务人员为例，做一年以上的仅占20%左右。

还有一种是因地缘关系，即是因为觉得遗产地居住环境好而长期租用原住民的房屋。有的仅作为家庭自住；有的一楼做遗产地特色产品的经销，二楼作为自家居住，不过虽然伴有商业经销行为，但仍保留家庭式居住形式。根据在杭州的调研来看，这一类型的，尤其是仅自家居住的住户80%租赁时间在三年以上，有的甚至接近十年，也是一种流动性较低的居住模式。

6.6.1.1 居民年龄构成对比

（1）现在的居民年龄构成

从图形来看，左右两边较低、中间高的图形是较健康的年龄构成。如图6.45所示，金沙港社区的年龄构成较为健康，20岁以下与66岁以上比其他年龄段少，35岁以下占38%，36～50岁占30%，51岁以上占32%，各年龄段较均衡。

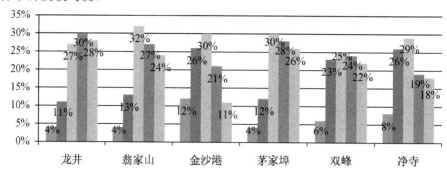

图6.45 常住居民年龄构成统计

总体来说，西湖遗产社区老龄化现象普遍，龙井、翁家山、茅家埠、双峰这几个社区 50 岁以上的人数占总样本容量的接近一半或一半以上。20 岁以下青少年比例较低，儿童大多为 5 岁以下，是老人帮子女隔代抚养因而住在社区内。

原住民居住较多的社区比如龙井、翁家山、茅家埠，21～35 岁这个年龄段所占比例均在 15% 以下，社区中 40 岁以上年龄者居多，大多数从事茶叶相关工作，4 月的茶叶季几乎每家都在用机器炒茶，有些是自家茶园平时承包给邻居种植养护，收成季节自己拿回来炒；有些是帮种茶大户炒，因为大量茶叶必须趁着新鲜炒制好。

原住民的年龄结构大都出现断层现象。根据问卷调查过程中，21～35 岁年龄段的年轻人虽然大多户籍在遗产地，但或不满居住现状、或不愿意与父母同住、或觉得遗产社区交通不方便等多方面因素选择不住在遗产地，还有一部分工作日在城里租房住，周末才回家。

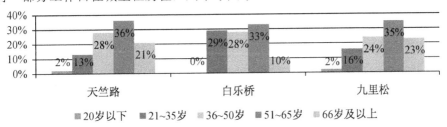

图 6.46 灵隐社区常住居民年龄构成统计

相较前述 4 处遗产社区，灵隐的白乐桥片区、满觉陇村、双峰、净寺这几个区域 21～35 岁比例相对较高，但其内在驱动原因各不同。

灵隐的白乐桥片区与满觉陇村 21～35 岁比例接近 30%，如图 6.46 所示，是因为这两个区域外来从事民宿、餐饮的人比例较高，人口结构相较年轻化。而净寺社区与双峰村是因为房屋租金便宜，外来租住的人较多，这部分人口中 21～35 岁的较多。这几个社区的原住民中，21～35 岁年龄段仍然占比很少的。

上满觉陇与四眼井片区开发民宿、餐饮的比例很高。虽然"祖辈居住"是满觉陇中所占比例最大的一类人群，占 40% 左右，但与其他遗产社区相比，该比例是偏低的，其他遗产社区原住民均占 50% 以上，如图 6.47 所示。

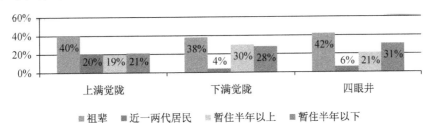

图 6.47 满觉陇各片区常住居民户籍构成统计

但是该社区中 66 岁以上比例却与其他社区相类似，上满觉陇 26%，下满觉陇 29%，四眼井 23%，龙井 28%，翁家山 24%，如图 6.48 所示。这说明年龄在 66 岁以上的大都不愿意把房子租给外来经营者，不愿意离开从小生长的地方，仍然选择居住在遗产社区内（图 6.49），这与调研访谈情况一致。因此，像满觉陇这一类社区原住民的年龄构成呈极端化分布，年轻的原住民少，大多为老年人。

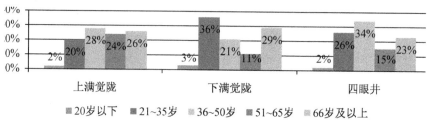

图 6.48 满觉陇常住居民年龄统计

图 6.49 满觉陇街边，坐在家门口聊天的老人们隔壁已是商铺
资料来源：作者拍摄

6.6.1.2 居民户籍构成对比

综合图 6.50 的数据，西湖遗产社区超过半数是祖辈居住（虽然据史料来看，西湖遗产社区大部分人口是 1949 年以后开始在此定居的，但在访谈与问卷结果中，1960 年以前进驻社区的人大多认为自己是祖辈居住，选择近 1～2 代的大多为 20 世纪八九十年代开始在此定居）加上近 1～2 代，有户籍的人口大概占 70%～80%，外来人口在 20% 左右，但旅游开发力度较大的遗产社区原住民居住比例较低，比如白乐桥只有 55%（图 6.51）。外来经营者每

年支付 10 万 -30 万元租金不等，有些一次直接签 10 ~ 20 年使用权。

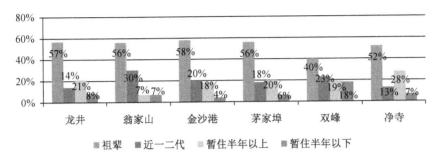

图 6.50　常住居民户籍构成统计

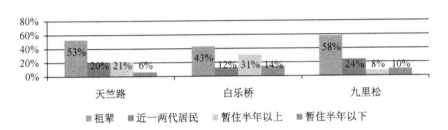

图 6.51　灵隐社区常住居民户籍构成统计

灵隐分为 3 个片区：天竺路、白乐桥、九里松。九里松与其他两个片区隔开一段距离，位于灵隐支路南侧；其余两处在北侧，靠近灵隐寺。因地理位置关系，居住在九里松的绝大部分是当地原住民，社区内没有旅游相关的业态，只有几处生活服务相关的店铺：农贸市场（1 处）、水果店（1 处）、理发店（1 处），社区内外来租住比例低，暂住半年以上的占 8%，暂住半年以下的占 10%。

总体来说，西湖遗产社区原住民居住比例均过半，社区仍然保持居住功能。传统茶叶社区如龙井、翁家山等近年外来人口比例略有提高，但仍维持在较合理范围内。比如龙井社区，2005 年整治期间，政府将一部分原住居民外迁安置，但发展至今，龙井村仍有纯农户 660 人，外来人口 150 人[1]，老年人多留居在村内，中青年部分在村内种茶，经营茶馆、农家乐，部分则外出打工，原住民空心现象并不明显。随着旅游业的升温，近几年外来人口出现季节性膨胀，如在采茶季时会雇佣外来打工的茶农，帮助自己一起完成采摘和炒制等传统农业工作，外来人口的聚集使得景区内实际居住人口增加。

1　百度百科 http://baike.baidu.com/link?url=Y9yDbPveQiB8OtqlENxZSUNEtQ4TzFqI0IDnoFreZD7HnSleZr_MKq7mR8itqO18hywCBlSbT-iCT8af1hbzouKB7ovJvLJ1SgdaIjW-xAwrgGYWqYWFvHE39NNEsdB5

6.6.2 职业构成

（1）本地工作比例

西湖各遗产社区年轻人在本地工作的比例如图 6.52 所示。根据本地经营业主比例高低，可将遗产社区分为三类。第一种是以茶叶为主要特色的社区，比如龙井、翁家山、茅家埠的居民大多以自家种植、采摘、炒制、销售茶叶为生，本地经营者占 67% 以上。第二种在社区功能中，民宿、酒店、餐饮等与旅游相关的服务比重较重，比如灵隐的白乐桥、上下满觉陇、四眼井，本地经营业主在 42%～62%，比例相对较低。

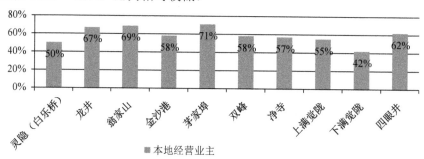

图 6.52　本地经营业主比例统计

满觉陇是外地经营者较多的这几个社区中内在隐患最严重的，尤其是下满觉陇，虽然暂时本地经营业主比例上满觉陇占 55%、下满觉陇占 42%、四眼井占 62%，但是满觉陇的人口年龄构成已经出现极端化，留下的原住民大多为 66 岁以上，并且上满觉陇占 20% 以上，下满觉陇占 29%，10 年、20 年以后，这部分人口大多将会转变为外来经营者，到时原住民比例将降到仅占 20% 左右，这样满觉陇的主要功能将是旅游服务功能，而不再是居住功能，与历史上相比，功能不符。因此需要吸引年轻人或原住民回当地工作，扭转现在将房屋租出去到市区工作的趋势。

（2）职业构成比例

现状遗产社区中最主要的职业是：茶叶相关工作（茶农、茶叶销售）、旅游相关服务工作（宾馆、酒店、民宿、餐饮）、遗产地管理工作、市区工作、退休或其他。根据问卷调查内容将各职业比例整理如表 6.11。

表 6.11　西湖各遗产社区主要职业统计

	茶叶相关工作	旅游相关服务工作	遗产地管理工作	市区工作	退休	其他
茅家埠	29%	18%	10%	19%	12%	12%
双峰	28%	17%	8%	15%	14%	18%
金沙港	18%	14%	14%	23%	17%	14%

续表

	茶叶相关工作	旅游相关服务工作	遗产地管理工作	市区工作	退休	其他
满觉陇	25%	31%	6%	15%	16%	7%
净寺	10%	16%	6%	32%	20%	16%
白乐桥	14%	54%	8%	12%	9%	3%
龙井	33%	31%	7%	9%	8%	12%
翁家山	24%	29%	8%	19%	8%	12%

* 注：因在调研中发现退休者比例较高，因此将其单独作为一种职业类别统计。

退休的实际人数比统计出的比例更高，因为有不少居民退休后自家开旅馆或民宿继续参加工作而被归到了"旅游相关"或"茶叶相关"工种中，这也是社区老龄化的体现。

在与"市区工作"的人群访谈中，他们提到不愿意在遗产地工作的原因是工作内容太过局限，除了茶叶就是旅游相关，这种生活方式不是他们想要的。

年轻的原住民一般在城市中从事第二、第三产业。从净寺社区的人口调查表来看，此类原住民约占总人数的 67%。根据访谈情况，其中一些原住民已经在城区购房。若不吸引这些年轻的原住民回到遗产地工作，将来的原住民比例将锐减。倘若大量原住民都放弃居住，必然将房屋转让出租给外来经营者，居住功能的衰败将使遗产社区的功能单一化，同时可能破坏居住 - 经营之间的平衡，导致经营市场的恶性循环。要避免出现类似美国底特律因产业衰败后"空城"现象发生，多元化发展是较合理的可持续模式。

6.6.3 邻里关系

杭州各遗产社区邻里关系总体不错，如图 6.53 所示，所有社区都没有选择"不和睦"的，净寺社区选择"一般"的比例最高，为 43%，其余均低于 30%。就调研走访情况来看，主要因为该社区外来租住人口比例最多，占 35%，其中暂住半年以上的占 28%。

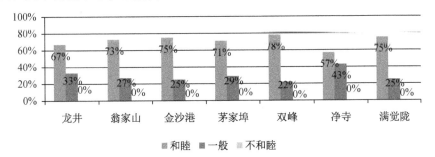

图 6.53 西湖社区邻里关系调查统计

净寺社区没有自己的茶园，同时，社区基础设施、居住环境相对较差，现在普遍存在的状况是：当地人外出务工，将房子转租给他人，因房租比较低廉，故租赁者多为外地务工人员，还有一些建筑被附近的餐饮或其他经营场所整幢租用，作为员工宿舍使用。根据现场访谈情况，在净寺社区租用一个房间每月房租不到 1000 元；租用整套房屋的，视房屋质量，租金通常在 8000～15000 元。低廉的租金既吸引了许多外来人口，也成为原住民重要的收入来源之一。以上原因导致现状暂住半年以上的外来人口较多。社区内租房广告随处可见，如图 6.54 所示。租房者阶层决定了整个社区成为类棚户区，社会安全问题堪忧、邻里关系较其他社区差。

图 6.54 南山村中的阔石板居民点以便利的交通和相对低廉的房租吸引了许多外来人口聚集，房租成为村民的主要收入来源之一，"空房出租"的招贴亦随处可见
资料来源：作者拍摄

6.6.4 社区功能

6.6.4.1 现在的社区功能

如表 6.12 显示，西湖绝大多数遗产社区内没有药房、菜场、银行网点（包

括 ATM），有些社区没有卫生站与学校，儿童上学要到隔壁社区就近择校。说明针对当地居民的生活相关服务设施建设存在缺陷。针对外来游客的商业服务以民宿、餐饮、茶叶销售为主，服务项目完善，数量较多，并已有过度倾向。

灵隐的白乐桥、满觉陇沿街片区旅游服务功能比重大于生活服务功能，针对游客的功能较完善，但针对当地社区居民的服务有欠缺，比如菜场等基础设施配备欠缺，却有几十家针对游客的餐厅。社区在发展过程中对原住民有所忽略。灵隐社区，除去白乐桥片区，其他两片区仍然是当地人居住为主。一般具有美容美发店的社区，居住功能较明显。

表 6.12　西湖各社区功能统计

地点		商业服务（游客）	生活服务（当地居民）	公共服务	休闲服务（城市居民）
灵隐	白乐桥	餐饮：23 住宿：89 土特产经销：6 茶楼：8 旅行社：2	早餐店：5 小超市：2 水果店：2	警卫室：1 车站：1 没有银行 没有菜场	健康步道
	天竺路	商铺：30+ 住宿：很多 土特产经销：6	水果店：1 便利店：1	警卫室：1 社区中心：1 银行：1 车站：1	健康步道
	九里松	无	水果店：1 便利店：1 美容美发：1	车站：1	健身设施
龙井		餐饮：10 左右 住宿：8 左右 茶楼：40+ 旅行社：1	便利店：1 水果店：1	警卫室：1 卫生站：1 车站：1	健身设施
翁家山		餐饮：5 左右 住宿：8 左右 茶楼：30+	水果店：1 便利店：1	警卫室：1 车站：1	健身设施
满觉陇		餐饮：30+ 住宿：30+ 茶楼：5 左右	水果店：1 早餐店：5	警卫室：1 车站：3 没有学校 没有卫生站	健身设施
金沙港		茶楼+茶叶销售：10+	餐饮：1	警卫室：1 车站：1	健身设施
茅家埠		餐饮：5 左右 住宿：15 左右 茶叶销售：40+ 茶楼：8 左右	水果店：1 早餐店：2	警卫室：1 车站：1 卫生站：1 小学：1	健身设施

续表

地点	商业服务（游客）	生活服务（当地居民）	公共服务	休闲服务（城市居民）
双峰	住宿：10+ 茶叶销售：15+	水果店：1 早餐店：1 美容美发：1	车站：1 卫生站：1	-
净寺	住宿：10+	早餐店：1 水果店：1 美容美发：1	车站：2 卫生站：1	-

注：有一些住宿带有餐饮功能，茶楼基本只能喝茶不提供正餐服务。

6.6.4.2 与历史上的社区功能对比

历史上，西湖社区的功能也是居住与旅游并举。龙井一带是"游人骈集"的游览胜地，游客多为杭城内的文人。比如唐代白居易与灵隐韬光寺的开山和尚韬光禅师是好友，他们汲泉烹茗，吟诗论道，白居易也曾以诗请韬光禅师入城，被婉拒。宋代苏轼与灵隐上天竺的辩才僧人是挚友，他曾多次探访辩才，留有诗《书辩才白云堂壁》，记录了他到上天竺白云堂造访辩才高僧，恰逢辩才外出讲法,他久等未归的事件。明清以后，到龙井饮茶的游客也不少，明代孙一元《饮龙井》载："眼底闲云乱不收，偶随麋鹿入云来。平生于物原无取，消受山中水一杯。"明代屠隆《游龙井诗》记录在西湖群山内游玩后饮龙井的感叹："山通海眼蟠龙脉，神物蜿蜒此真宅；飞泉歕沫走白红，万古灵源长不息；……采取龙井茶，还念龙井水； 文武每将火候传，调停暗合金丹理；……一杯入口宿酲解，耳畔飒飒来松风；即此便是清凉国，谁同饮者陇西公。"更书有长篇诗歌《龙井茶歌》盛赞龙井茶。

西湖自古就是旅游胜地，是杭州城居民的休闲好去处。现在的西湖旅游主要是针对国内或境外游客，为社区当地以及杭州市区居民提供的服务甚少，这方面需要改善。

现在的社区都保留了居住功能，只是有些社区原住民居住率低一些。

6.6.5 现状存在的问题

西湖遗产社区综合现状总结如表 6.13 所示。

总体来说，龙井、茅家埠、金沙港基本达到较合理的发展模式，双峰、净寺急需改善居住条件，其余社区需要业态多元化、生活功能多元化发展。

表 6.13　各遗产社区综合现状

名称	片区	居民构成情况	分析
灵隐	天竺路	纯居住型社区 居住条件良好，多为 2～3 小层别墅，建筑特色可加强	需要改进
灵隐	白乐桥	旅游—居住复合社区 佛教文化特色不明显，居住功能已经弱化，大部分是民宿，并且流动性较大	需要改进
灵隐	九里松	纯居住型社区——老龄化较严重 法云弄拆迁安置地，建筑为 6 层，类似商品房，社区内没有旅游成分，纯居住型。	需要改进
龙井		旅游—居住复合社区 传统茶叶社区，纯茶农（仍然保持种植、采摘、炒制茶叶）占 1/3 左右；另外 1/3 左右从事旅游相关或退休，自家茶园包给纯茶农种植，在农忙季节帮助一起炒茶；剩下 1/3 左右是外来经营者或者在市区工作的年轻人。人口结构相对合理、平衡。社区采用经济合作社模式，每个居民年终分红在 1 万～3 万元不等，社区间有差异，但总体每户年收入平均达到 8 万～10 万元，居民生活水平有保障，居住条件尚可。虽然人口结构呈多元化发展（不再像历史上绝大部分是茶农），但这是社会经济发展的必然趋势，应该视为合理演进的结果。居民保持种植茶叶传统，业态较多元，以茶叶销售为主，民宿、农家乐等都有涉猎	较好
翁家山		居民生活情况类似龙井社区，但业态较单一，同质化竞争激烈	需要改进
满觉陇	上满觉陇	旅游—居住复合社区——年龄结构断层 上下满觉陇原住民居住比例很低，大多为外地经营者做民宿与餐饮等相关旅游服务生意。仍居住在这里的原住民大多年纪为 66 岁以上，若再不吸引年轻人回来工作，10 年以后的人口结构堪忧	需要改进
满觉陇	下满觉陇		需要改进
满觉陇	四眼井	居住成分较低	
金沙港		纯居住型社区——年龄结构较合理，居住环境优越，但居民感知度仍有提升空间。 是一个以生活服务为核心的居住型社区，绝大部分以家庭为单位居住。社区居住人员大致是以下几种情况：原住民自住、杭州其他地区人租住、租用为茶室、租用为饭店员工宿舍、其他生活服务（便利店等）。 从调研情况来看，自住约 55%，租住占 20%，租用为茶室 15%，租用为员工宿舍 5%，餐饮等服务类 5%。即便是后面几种租用原住民房屋的，大都仍然保留居住功能，一楼改造成茶室做茶叶零售或批发生意，二楼为家庭居住，也有不做生意仅自家居住的	较好
茅家埠		同龙井	较好
双峰		旅游—居住复合社区 居住条件较差	急需改进
净寺		旅游—居住复合社区 特色不明确，居住条件差，原住民以廉价房租出租给外地打工者租住的情况普遍。在遗产地居住、城里工作的比例最高，人地关系错位较严重	急需改进

6.6.5.1 材料与物质——基础设施不完善

（1）建筑现状

遗产社区仍在持续演进中，材料是需要随时代更新的，若材料不能满足当前人们需求，是材料与物质演进停滞，有违真实性原则。就现状居住条件来看，大部分社区情况不错，只有双峰社区与净寺社区的"风貌整治"集中在沿街两侧，道路、管线、立面改造等相对到位，但内部原住民的居住条件依旧不佳。各社区居住条件如表6.14所示。

表6.14 西湖遗产社区居住条件现状一览

双峰	净寺	四眼井（满觉陇）
金沙港	上下满觉陇	
茅家埠	龙井	翁家山
九里松（灵隐）	白乐桥（灵隐）	天竺路（灵隐）

受保护规划的限制，西湖遗产社区严格限制建筑改造或翻新，有些社区（尤其是净寺社区与双峰社区）的老建筑现状难以满足现代人的生活需求，基础设施非常落后，社区整治仅改善了主干道两侧住户的居住条件，比如通了天然气，但其他大部分居民仍要靠换煤气瓶来烧饭。

（2）道路与公共设施现状

① 部分道路等级不够，缺乏疏通和整理。

净寺社区与双峰社区的内部道路存在多处断头路、人车混行等问题。另外，净寺社区有相当数量的居民反映消防车无法开入，存在严重的安全隐患，净寺社区现状见图 6.55。

② 公共设施跟不上时代——缺乏公共停车场，规划区域内乱停车现象丛生。

西湖各遗产社区普遍存在公共停车位不够的情况，社区内乱停车现象较多，在节假日等客流量较大的时间，道路沿线、房前屋后的场地都被机动车停满，堵车时有发生，会车、倒车时剐蹭、碰撞等事故亦屡见不鲜。

图 6.55　净寺社区道路现状

资料来源：作者拍摄

6.7　西湖文化景观遗产社区的精神感知和认同

6.7.1　感知

6.7.1.1　现在居民对遗产的感知

遗产社区居民对遗产地历史文化的认知是遗产社区现在与过去的一种连接，保持这种关联性是防止遗产社区成为遗产地中的孤岛的要素之一。对当地历史发展轨迹的了解，是更深层的自我认知的一种体现，也是将来居民参与遗产地管理与发展的前提。

（1）对遗产历史的了解

随机访问89位西湖遗产社区常住居民，正确回答"西湖文化景观具有6大价值要素"的居民的只有1人。知道西湖是世界遗产的占88%，在"自然遗产""文化遗产""文化景观"中选择"文化景观"的仅占7%,选择"文化遗产"

的占 33%，不知道或答错的占 60%。

（2）对遗产社区历史的了解

① 灵隐社区

在灵隐白乐桥片区访问了 32 位常住居民，8 人答对"白乐桥地名是因为毗邻白居易改建的白乐桥而得名"，仅占 25%（注：只要提到白乐桥都算答对），答对者年龄以 50 岁以上居多。

在灵隐天竺路片区，答对"灵隐寺创建于东晋"或"有 1600 年历史"的仅占 13%（1000 年以上均算正确）。回答大多很模糊"不清楚""很多年"，在作者一再要求提供一个年限的时候，很多人会说"乾隆那时候开始""五六百年吧"。问"飞来峰是如何形成的"，没有人答对，其中 89.1% 回答"不知道"，剩余被访者尝试答题，但都不正确。

在灵隐社区，外来经营者对遗产地价值的了解度较原住民高。不过这一点在其他社区不一定，这与外来者的受教育程度、居住在遗产地的目的等因素都相关。灵隐社区出现这种情况是因为外来经营者大多是经营民宿，他们的主要服务对象是游客，因此对旅游相关知识点关注较多。相比之下，虽然净寺社区同样是外来人口占比较高，但大多为来杭打工的房客，只因低廉的房租而住在这里，他们在市区工作，对遗产相关知识不了解也不关心。

② 满觉陇社区

在满觉陇采访 40 位常住居民，答"满觉陇的特色是桂花"的有 33 人，占 82%。问"知道满觉陇地名的由来吗"？答"因寺而得名"的占 13%（5 人）（五代后晋天福四年（公元 939 年）建圆兴院，北宋治平二年（公元 1065 年）改为满觉院，相传唐代时，杭州灵隐寺的德明和尚把桂花种子播撒在寺前庙后的山坡上。到了第二年中秋节，桂树不但长得又高又大，而且树上还开满了芳香四溢的各色桂花。德明和尚便把它们取名为金桂、银桂、丹桂、四季桂。明代人高濂在《满家弄看桂花》中写道："桂花最盛处唯南山、龙井为多，而地名满家弄者，其林若墉栉。一村以市花为业，各省取给于此。秋时策骞入山看花，从数里外便触清馥。入径珠英琼树，香满空山，快赏幽深，恍入灵鹫金粟世界。"

西湖遗产社区的居民对于社区与遗产的关联关系了解甚少，因此西湖遗产保护相关部门在遗产社区中的宣传教育力度应增加。遗产是世界的，每个人都应该保护爱护它，尤其长期生活在遗产地的居民，在这方面承担的责任与义务应该更大一些。只有更好地了解自己的历史，才能更好地理解自己祖先与遗产地之间的曾经的交互关系，虽然这种关系可能已经失去了现世的立足点，演进已经停止，但在尊重历史的基础上或许能重新发现现在的社区对遗产的价值演进作用力，让未来的遗产能找到现在的遗产社区留下的有意义的、属于当代的历史信息、历史记忆，赋予遗产更加丰富的历史意义，而不是与遗产价值演进关系隔绝，只是居住在遗产地内这么简单。

6.7.2 认同

6.7.2.1 现在的满意度

（1）对遗产保护工作的满意度

现在遗产社区居民对遗产保护工作的满意度评分可分为三种情况。

第一种是满意度低于15%，如双峰与净寺，不满意度达到69%、44%（数据见图6.56）。他们是因为申遗前住房没有实现整改，因此现状整体居住条件较差，净寺社区除沿路两侧住户安装了天然气外，其余仍需要用液化煤气罐。再比如有些居民的邻居原为非农户，现已搬出遗产社区，他们的房子也已作为乱搭乱建房屋被拆，共享的墙体被敲击后露出参差不齐的墙垣，在调研中，笔者碰到一个50多岁的原住民阿姨，她们三口之家仍蜗居在20世纪80年代的16 m^{2}的老房内，这些现象在净寺社区普遍存在。双峰情况相似，社区内道路、房屋等都存在破损未修的情况，居民对现状环境的抱怨较多。

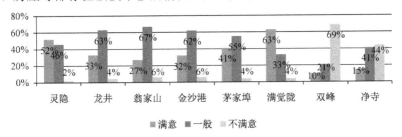

图6.56 遗产保护工作满意度统计

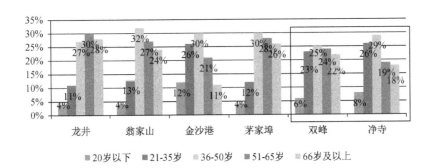

图6.57 双峰、净寺常住居民年龄构成统计

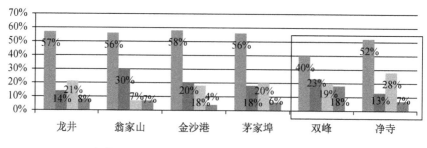

图 6.58 双峰、净寺常住居民户籍构成统计

第二种情况是灵隐与满觉陇，这两处外来经营业主较多，满觉陇外来经营者多，灵隐的白乐桥片区外来经营者多，他们对遗产保护工作满意度尤其高，达 63%、52%（如图 6.56 所示）。这些外来经营者年龄较轻，很大一部分在 21～35 岁（图 6.60）。灵隐白乐桥片区外来经营者流动率较低。

图 6.59 灵隐社区常住居民年龄构成统计

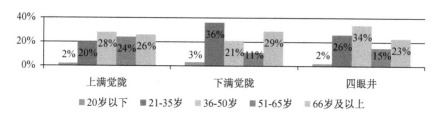

图 6.60 满觉陇常住居民年龄统计

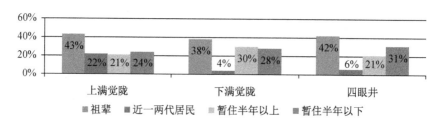

图 6.61 满觉陇各片区常住居民户籍构成统计

第三种情况是原住民比例较高的遗产社区，对现状满意度在30%～40%之间。像茅家埠、龙井、翁家山虽然有不少从事茶叶经销的，但大多为本地农户自家自产自销，外来经营者较少。

（2）对社区居住环境、教育条件、医疗条件、卫生状况的满意度

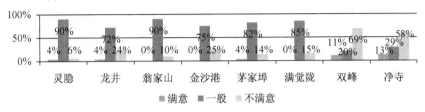

图 6.62　居住环境满意度统计

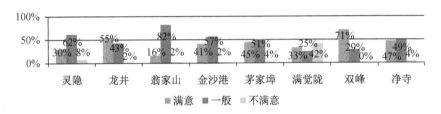

图 6.63　教育条件满意度统计

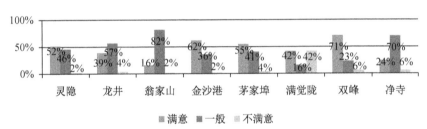

图 6.64　医疗条件满意度统计

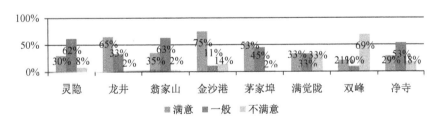

图 6.65　卫生状况满意度统计

如图 6.62～图 6.65，对居住环境不满意度最高的是双峰社区与净寺社区，均超过半数，因为这两处建筑多为八九十年代建造，沿街两侧的建筑在综合

整治时已得到改善，但街区内的建筑仍很破旧。教育条件不满意度最高的是满觉陇，因为满觉陇没有小学，儿童上学要到旁边社区。医疗条件不满意的是满觉陇、双峰，这两处没有卫生站。卫生状况最不满意的是双峰与满觉陇。其中满觉陇片区四眼井卫生状况较差，其余两个片区比较干净。可见若干社区由于基础社区条件差，因而导致认同感较差。

6.7.3 传统与技术

除与茶叶相关的技术外，西湖遗产社区还有其他很多特色传统技术，整理如表 6.15 所示。西湖 8 个遗产社区中有 6 个社区包含茶园种植园。

表 6.15 传统与特色一览

名称	特产
灵隐	茶叶、天竺筷
龙井	茶叶
翁家山	茶叶、桂花糕等
满觉陇	茶叶、桂花糕、桂花酒、桂花干、桂花蜜、糖桂花、桂花羹
金沙港	—
茅家埠	茶叶
双峰	茶叶
净寺	丝绸

应保护和保持传统的种植、采摘、炒制方式；展现完整的茶文化习俗、品饮方式，因为这些技艺的操作过程注入了"人"的思维认知，是对"历史记忆"的传承，表达的是对文化的传递。

而且对传统龙井茶从采、炒、蒸、烘、晒这一整套工艺的传承与保持是保持出产的茶叶的形态、口味的真实性的基础与前提。龙井茶处理工序复杂，每一道工序都有一定技术含量。单炒制过程就要经过"杀青—摊放—理条—摊放—辉锅"五道工序，同时在炒制过程中还要根据茶叶品种的不同控制炒制铁锅温度、水温，搭配"抖—搭—折—捺—甩—抓—推—扣—磨—压"十种手势。此外,茶叶在装箱前还要经过"毛茶—筛分—分级复火车色—风选—拼和—匀堆"一套复杂的程序。任何一道工序都可能会影响出品茶叶的口味、质量，使之不符合对茶叶品饮口味真实性的要求。也只有经过这样的炒制，才达成龙井茶"金边绿叶"的特色。

图 6.66　龙井茶炒制手法展示图
资料来源：网络[1]

宋代的文豪、杭州太守苏东坡对龙井的茶叶曾留下"从来佳茗似佳人"的绝句，明代高濂在《四时幽赏录》中写道："两山之茶，以龙井为佳。"清代的乾隆皇帝诗云："龙井新芽龙井泉，一家风味称烹煎。"手工炒制技艺，是口味真实性的保障。

龙井茶手工采摘及传统的炒茶"十大手法"作为龙井茶文化的一部分，却面临后继无人。杭州全市有西湖龙井茶高级炒茶技师称号的不到 60 人，延续了千百年的"子承父业"传统因现代社会各种原因已几乎被彻底打破，二十来岁的年轻炒茶能手几乎没有，因此需要通过政策支持与独特的组织方式重新吸引年轻人加入遗产传承的行列。对茶文化的保护与传承，不仅要保护其物质形态，更要保护支撑其物质形态的传统知识体系。

6.8　本章小结

本章首先总结了西湖文化景观遗产的价值特点，因为这是遗产社区发展的文化基底。接着，分大小两个尺度，分析社区与周边环境的空间位置关系，尤其是社区与西湖以及城市之间的相互影响，从而确定基本的地脉，大尺度（第 6.3 节）从三方面来论述：① 梳理"社区—湖—城"三者空间位置发展历程，确定较合理的空间位置关系。② 分析社区与山脉之间的视线关系，控制社区发展不会影响几条重要的视线廊道。③ 分析社区与水系、道路之间的空间位置关系，找到社区自身发展的规律。在小尺度上，分析社区组成要素（第 6.4 节）——建筑、植被、道路、水系等的设计与形式特色。再次，本章阐述了社区周边水系变迁历史，总结水质变化的原因及以后应规避的问题。最后，第 6.6 节和第 6.7 节从人群结构、职业构成方面找寻现状发展中存在的问题。得出的结论是：

（1）就社区—湖—城三者的发展轨迹来看，三者应维持空间上相对独立，文化上持续关联的关系。

（2）从湖心亭看西湖群山一侧，应保持外、中、内三层山体轮廓的真实性与完整性，避免社区发展破坏这一立面效果。

---

[1] 图片来源：http://yulongjing.com/xinwen/5642.html

（3）社区应继续维持"依山傍水、枕河而居、沿道路分布"的特征。

（4）建筑维持沿街具有院落的特征，作为道路与建筑之间的过渡空间，这是社区沿着道路发展的见证。保护水埠这一类代表社区傍水而建、见证居民对水系利用的物质特征。

（5）所有遗产社区人口结构普遍老龄化，若干社区出现年轻人口断层现象。

（6）满觉陇、白乐桥社区针对游客的服务功能相当完善，针对当地居民的生活服务却有诸多欠缺，比如缺少菜场、学校等。

（7）满觉陇、白乐桥社区功能单一。

（8）灵隐社区建筑特色与佛教的关联性不明显。

第 7 章 西湖文化景观遗产社区可持续发展策略

遗产社区风貌整治、经济发展均以保护遗产价值和尊重遗产历史文化与地理特征为前提。虽然遗产社区兼具遗产与社区双重属性，但作为遗产的一部分，仍应以遗产保护为先决条件。遗产社区的发展应以确保遗产的"真实性"与"完整性"不被动摇为原则，这样遗产社区的可持续发展才具有可操作性。

7.1 延续遗产社区与遗产地的空间位置关系

7.1.1 重现"社区—湖—城"三者相对独立的空间关系

西湖遗产社区可持续发展的首要原则就是吸取历史教训（详见第 6.3.1 节），通过保持"社区—湖—城"三者之间的位置相对独立性，避免遗产社区具有的传统文化特征被快速的城镇化发展吞噬或干扰，从历史角度来看，保持相对空间独立是对城市、西湖自然山水、遗产社区三者皆有利的可持续模式。

任何具有高度历史价值的城市在快速发展过程必然面对城市发展与旧城保护之间的矛盾，日本东京也曾面临过这一问题。东京是自 1868 年（明治元年）以来的日本首都，拥有很多历史街区与历史建筑，1960 年，东京提出了"以城市轴为骨干"的城市结构调整方案，将东京的城市中心功能分解成若干小的区域，分布在城市轴线上，东南方向从东京湾延伸到梗津市，西北方向到达大宫潮霞。城市轴上建设副中心、新城市、新镇，通过链状交通系统相连，构成具有发展潜力的开放结构。东京这种将不同城市职能分散布局的城市格局，既达到了把现代化的功能从古城区分离出去，从而保护东京旧城的目的，又为城市发展开拓了新的空间，同时避免了各项职能在旧城高度集中所带来的破坏和发展压力，较好地处理了古城保护与更新的整体协调关系。

这种"城市多中心"发展模式应该说是杭州现阶段较可行的可持续发展模式，只有将三者的关系重新拉开来，才能避免 20 世纪末西湖社区沦为城市居住区的窘境再次发生。杭州应该逐步实现老城功能向钱江南岸新城转移，尤其是城市办公与居住功能，适当疏解老城区人口数量，老城将来以旅游休闲为主，实行控制性发展。主城区向钱江南岸推移，一方面为杭州城市发展打开更广阔的空间，另一方面避免老城区功能过于集中而造成西湖遗产环境超负荷，同时还能缓解交通压力，提高当地居民出行便捷程度。从 2002—2008 年，西湖综合保护工程累计拆除违章违法建筑以及无保留价值建筑面积达 58.5 万 m²，外迁单位 265 家，外迁住户数 2791 家，减少景区人口 7021 人，截至 2009 年已累计迁出 7000 多人，重新恢复了社区—湖—城三者之间的空间关系。

7.1.2 保持"三层山体"景观视线的真实性与完整性

7.1.2.1 控制建筑等构筑物的高度

遗产社区仍然处于动态发展中，必然要建设新的建筑，那么在当下居住建筑普遍高层化的情况下，应吸取西湖东面景观视线被沿湖高层建筑破坏的教训，确保社区所在的西湖西面群山这一侧的景观视线不被破坏，保持其真实性与完整性，因为这是西湖整体景观意象的重要部分。保持西湖遗产社区与周边山体景观视线的真实性与完整性是保护社区与周边主要要素位置与环境关系真实性的前提（详细论述见第 6.3.2 节）。这是从大尺度上保持遗产社区与周边环境的空间位置关系的合理演进。

西湖文化景观三面环山的外观整体性自形成以来保存完好，整体格局持续延续千年（图 7.1）。"西湖山峦都低于 400 米，但层次丰富，主峰高耸，客山奔趋，山形曲绿，如行云流水，柔美自然，山势渐近城区而渐伏，终至无形，有余音袅袅之意。"[1] 为了确保站在湖心亭往西侧群山方向看时，外、中、内三层山脉轮廓线的整体无缺憾与完整，不被社区内其他事物破坏视线，建议控制和引导社区居民建筑等构筑物的高度、色彩、体量，避免遮挡、破坏景观视线。保护具有重要意义的山体景观，可从已建构筑物以及新建构筑物两方面加以控制。

图 7.1　环湖山体轮廓线现状
资料来源：作者拍摄（2016）

20 世纪八九十年代，有学者对西湖东岸建筑高度控制进行过研究，从而得出东岸建筑限高策略。基本方法是确保几处重要景观视线不受干扰，比如

---

[1] 宋云鹤．西湖环湖景域范围内不宜建造高层建筑 [J]．建筑学报，1986(1)：54-56．

从平湖秋月与柳浪闻莺两个视点应保持看不到山背建筑，即山背建筑的高度应低于山脊线。又如从湖心亭远眺宝石山与吴山方向，湖东城市轮廓线的最高点不宜超过山体轮廓线的最高点。本书借鉴湖东建筑限高控制方法，主要保持湖心亭、柳浪闻莺和平湖秋月3个试点视线，建筑高度控制如图7.2所示，控制方法如下：

（1）社区中高出周边树冠高度的部分应有良好的体量与造型、组成平缓、柔和的轮廓线，与周边的自然山际线相呼应。

（2）社区中的建筑材料不宜采用大面积反光墙面。注重绿化种植的多样性，尤其多种植高大乔木，使建筑与绿化相互渗透，远期拆除不符合规划的建筑。保持社区建筑、景观与自然山水的和谐关系。

（3）保护西湖山水景观视域空间范围的完整性，视线廊道无遮挡，视域范围内相关山体、水域、动植物、建筑物等景观要素保持原有的核心特征。尤其是茅家埠等靠近滨水开放空间的社区，其建筑高度应保持在8米以内，若有已建超过8米的构筑物，未超过12米的可尝试通过加强垂直绿化等各种绿化手段来弥补，超过12米的远期考虑拆除。

（4）保持西湖南、西、北方位自然山水的组成要素，以及空间环境与历史规模的真实性与完整性。

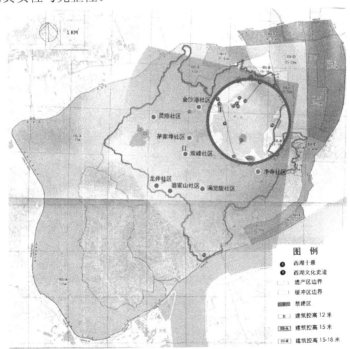

图7.2　建筑高度控制分析图
资料来源：作者整理绘制

7.1.3 维护社区"依山傍水沿道路"的分布特征

西湖群山孕育了丰富的水系,水系与社区交互颇多,比如长桥溪"从山谷岩缝之间流出,左冲右突,夺路而下"。金沙涧沿着天竺路从灵隐社区一侧流经,金沙港沿着道路从金沙港社区南侧流过。赤山涧北源出于大兔儿山,经筼筜湾,西合玉岑山阴支涧,东流过回龙桥,与南源来水汇合于赤山埠。它们都是西湖的天然水源补给。

7.1.3.1 维护社区传统风水格局

"负阴抱阳""背山面水",所谓"居山水间者为上"。中国传统风水引导下的社区选址,多喜欢与山水林木相接近。"经曰:气乘风则散,界水则止,古人聚之使不散,行之使有止,故谓之风水"。[1] 中国的"风水"思想是一套关于"理""数""气""形"的理论体系。自然界的一切事物都有其外在的形式,而在其形式中潜藏和反映着一定的"理""数""气"的关系。而"气"与"形"有时可以相互转化。当事物的"理""数""气"的平衡关系遭到破坏时,事物的"形"也会发生变化,并进而影响事物内在的"气"。

与水为邻、依水而居是杭州社区的特点。无论是社区夹水形成水巷、水街,比如灵隐浦横穿灵隐白乐桥片区(图7.3);抑或是位于水系一侧,比如金沙港社区位于金沙港北侧,灵隐天竺路片区位于南涧西侧。这种水系与社区之间的关系应当维系,尤其是反映了人们在生活过程中与水系之间相互作用关系的物质要素,以及水系的存在对社区空间形态的影响。这种水域—社区的关系应得到维持,并发展出新的空间格局。社区与水系之间的细部空间关系可以随着现代人的需求保持演进。但应保护空间格局,延续山、水、茶之间的关系,梳理街巷与水系的断面关系。

图7.3 灵隐社区边上的灵隐浦现状
资料来源:作者拍摄

---

[1] (晋)郭璞《葬书·一卷》,引自王其亨. 风水理论研究 [M]. 天津:天津大学出版社,2015

7.1.3.2 保持与水为邻、水系穿插于社区中的江南社区特征

茅家埠、金沙港、灵隐、净寺社区从形成初至今,一直与水相邻或有溪流从社区内穿过,应保持这种与水为邻的特征。金沙港、茅家埠等处,就是溪流冲积所成。

7.2 维护遗产社区整体风貌的真实性与完整性

7.2.1 严格控制建设规模

(1)尽量延续社区现有的空间功能格局,新增功能应注意与原有社区格局的融合,对有破坏性的功能需设置一定缓冲距离。

(2)对社区建设功能用地的规模严格控制,对新增建设用地的审核和批准需要态度谨慎。

(3)整体景观风貌从功能布局、环境容量、建筑风貌与道路整治四个方面进行规划控制。

7.2.2 新建建筑与整体风貌协调

景观建筑应体现质朴典雅的风格,色彩淡雅,溶于自然,多运用石材、木材、竹类等天然材料。建筑基调统一为白墙黑瓦,形成与周围青山绿水环境相协调的大色调,保持建筑等色彩和谐统一。

7.2.2.1 以江南民居为主导样式的居民建筑改造

以传统江南民居建筑语言为模板来指导居民建筑的改造以及整体风貌控制,例如以灰瓦双坡顶、白色或灰色墙身为主要特征,适当采用坡式窗檐、仿青砖勒脚等方式。现有双坡屋面的建筑,对屋面进行整饬;现有平屋顶的建筑,结构性能良好的,则增加双坡顶;结构性能一般的,则增加外檐。具体针对不同墙身材质的现状建筑采用不同措施。对于一般砂浆或涂料粉刷墙身的建筑,统一采用白色耐久涂料,对于白色或浅色面砖墙身的建筑,则予以保留及清理;对于彩色面砖墙身的建筑,则重新作表面处理,采用白色耐久涂料。

7.2.2.2 以新中式为主导风貌的商业建筑改造

对于遗产社区内改造或局部新建的商业建筑,采用新中式的手法,与江南民居的整体风貌取得协调,同时表达建筑的现代意味,也适宜于商业氛围

的营造。主要采用的建筑语言包括变形的坡屋顶,如单坡屋顶、连续坡屋顶等。立面设计中采用竖线条格栅、仿青砖贴面等具有传统意向的建筑要素。改造成果如图 7.4 所示。

建筑设计在整体尺度控制上采用小、隐、散的布局,以自然生长的方式融入景区的自然环境,更在整体上形成丰富的肌理。使用具有细腻质感及丰富表现力的材料,力求体现丝绸的形态与特征。对于局部新建建筑物及构筑物,采用流线、圆等具有动态特征的造型,形成丝绸小镇的标志。

图 7.4 法云弄建筑改造成果
资料来源:网络[1]

对整体建筑容量进行消减,降低容积率,提高绿化率以及公共空间的容量,尤其对于建筑及组团空间质量较差的阔石板区域,拆除量比例控制在 35%,而对于观音洞及莲花峰路以南等现状较好的区域,拆除量比例约控制在 15%。拆除对象包括违章建筑、附属建筑、质量较差的建筑,以及未形成积极场所及空间的建筑物。在保留建筑中,结合场地位置、建筑条件等情况,选择适量的建筑加以改造,以容纳新的功能及业态。

将社区的公共空间按层次划分,优化院落空间、门前空间、巷间空间、商业集会点等固定空间的交流环境。同时,结合景中村旅游的周期性特点,从提高空间使用效率的角度设置暂存性公共空间。例如将旅游旺季使用的停车场和采茶工住房设置为暂存性公共空间,在旅游淡季进行再利用,以促进景中村空间和谐发展。

7.2.2.3 建筑密度(分区控制)

控制土地使用,控制容积率,限定适建项目,根据不同区域不同建筑功能,提出适建、限建和禁建项目类型。控制"展示管理类建筑"的建设量,严格控制遗产社区内新建农居,以及餐饮、宾馆、俱乐部等旅游服务相关建筑建设量,执行"拆 1 建 0.8"的建设量负增长策略,使核心遗产社区建筑总量控制在合理范围内。细化管理措施,加强社会监督。

1　http://www.sohu.com/a/131947109_182337?_f=v2-index-feeds

7.3 保持遗产社区水环境的生态质量与特色

正如第 6.5 节所述，西湖的存在本身就是人与自然长期良性互动的结果。

西湖周边山脉内，有 4 条水系与遗产社区有交互关系，或穿过社区，或从社区边经过，分别为金沙涧、龙泓涧、赤山涧、长桥溪，这 4 条水系也是西湖的主要天然补给水源，源于狮子笼、天竺山、五云山等处的山泉，最终汇于西湖。作为西湖的上游溪流，在今后的发展过程中必须保持水质清洁，才能不影响西湖水质；保证对西湖的供水量，才能维持西湖水面规模。在西湖综合整治以前，这几条水系因周边社区人口膨胀、生活污水直排等问题一直污染比较严重，曾经成为污染西湖水体的主要源头。

要保障西湖的水质，不仅要对湖底进行清淤以及治理湖泊，还应进行污水截流、种植水生植物、上游清源、引水入湖等多方面综合整治。

7.3.1 提高水体自净能力

7.3.1.1 种植水生植物

通过乔灌木、湿生植物、挺水植物和沉水植物构建一个稳定的生态系统，利用植被本身的过滤与净化能力减少水中氮、磷等元素，从而达到净化水质的作用。这是一种"内部调理"方式，也是最自然的方式。西湖遗产地内种植的水生植物有芦苇、菖蒲、鸢尾、水葱、茭白、莼菜等 66 个品种共 100 多万株，各种生物群落相互依赖、相互制约，使西湖水的"自净能力""抗污染能力"都有所提高。

由黑藻、金鱼藻、苦草、菹草、狐尾藻等组成的沉水植物和以睡莲为主的浮水植物群落的茎叶吸收水体中的营养盐，根从底泥中获取营养盐，其光合过程中可以不断向水体释放大量的氧气，促进有机污染物和无机还原物的氧化分解，促进和维护底泥表层成为氧化态的氧化层，抵制内负荷的释放，改善水体理化环境，有利于水生态系统的恢复。另外，由挺水植物水毛花、黄菖蒲、再力花、花叶芦竹、芦竹、芦苇、千屈菜、旱伞竹、银芦、野刀茅、野茭白、香蒲、水竹、泽泻、意大利芦苇、慈姑、石菖蒲、荷花等为主构建的水陆交错带具有明显的边缘效应，是生物圈中重要的生态过渡带。

7.3.1.2 自然与人工净化双管齐下

净寺社区的长桥溪生态公园的建立帮助长桥溪从劣 V 类水质逐渐提升为现在的III类水质。20 世纪 90 年代以来，长桥溪溪床垃圾成堆、蚊蝇孳生、臭气熏天，随着长桥溪流域人口的增加，水污染问题日趋严重。据统计，

2004年总居住人口（本地居民和暂住人口）已达6158人，2004年长桥溪总排污量平均达25182.6 t/月。长桥溪流域生态环境已遭到严重破坏，生物多样性明显减少，长桥溪流入西湖的水常年为地表水劣V类水质。因长桥溪流域地形复杂、农居建筑散乱无序，雨污水难以分流，不具备截污纳管的条件，所以选用污水净化处理系统和人工湿地系统"双管齐下"来实现长桥溪的水生态修复。2009年建成的长桥溪生态公园呈南北走向，长约600 m，东西方向较窄，平均90 m，水系面积约1.83 km^2。其净化手法如图7.5所示，流域内的污水经自然廊道被收集后，通过重力作用输送至地处下游的水质调节池，污染程度不同的污水在此中和后被泵送到下游位于地表下7 m处的污水处理系统，通过物理、化学、生物途径得到净化。

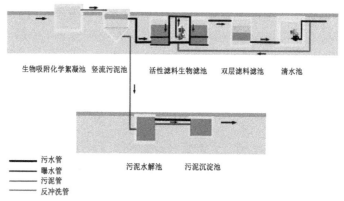

图7.5 长桥溪生态公园地理式污水处理系统流程示意图
资料来源：参考文献[1]

公园充分利用该地块的微地貌和水动力作用，按照湿地串联系统的原理及要求设计公园水系的水深和水体形式，依地势高低从南至北依次建成初级人工湿地、多级曝气区、二及三级人工湿地、山洪水沉砂池区。初级人工湿地水深约40 cm，水景以漫滩为主，配置挺水植物和浮叶植物。这里既是景观水系的源头，又用于初步吸收、利用、降解水体中的污染物质。经多级曝气区的多级跌水后，水体含氧量增加，更具活力；二及三级人工湿地水深约40～90 cm，水生植物配置以沉水植物为主，对流入的水进行进一步的深化处理。水流在重力作用下呈推流式前进，在流动过程中与土壤、植物，特别与地表根垫层及节根上的生物膜相接触，通过物理、化学及生物反应得到净化。这些景点自南向北串起一条天然过滤线，进一步提升经污水处理系统的出水水质。

简单来说，污水经地下净化水处理系统处理后流入园区南端的初级人工湿地，然后再流经多级跌水（图7.6），使水更具活力。充氧后的水通过暗管

---

1 吴芝瑛，陈鋆. 小流域水污染治理示范工程：杭州长桥溪的生态修复[J]. 湖泊科学, 2008(1)：33-38.

接入公园北端的二级人工湿地,最后汇入西湖。长桥溪生态公园日污水处理量约 1000～1500 m³,雨季可达 3000 m³。运行管理简便,节省能耗,处理成本约为 0.91 元/t,并使长桥溪水质成功从劣 V 类转变为 III 类,入湖水质得到了明显改善。

图 7.6　长桥溪生态公园中的多级跌水

资料来源:作者拍摄

7.3.2　减少污染源

西湖水系沿岸的所有单位和居民的生产、生活污水,必须限期纳入城市污水排放系统。西湖上游农居点或单位集中的地方,应当限期铺设污水管道,接入城市污水排放系统。现有单位排放的污水暂时无法纳入城市污水排放系统的,必须限期采取污水治理措施,排放的污水应达到国家颁布的《污水综合排放标准》规定的一级标准。尽量减少污染源。

7.3.3　定期疏浚与引水入湖

西湖是通过历朝历代多次大规模疏浚才得以留存至今的,西湖水面、水系的变迁是遗产价值的重要组成部分。对西湖进行定期疏浚,包括上游水系整治都是西湖文化景观持续演进的过程,也是西湖文化景观现代价值的附加。

综合整治后的西湖,湖面南北长 3.3 km,东西宽 2.8 km,包括湖中岛屿为 6.3 km²,湖岸周长 15 km。水的平均深度在 2.27 m 左右,最深处有 5 m 多,最浅处不到 1 m,湖面总面积 6.5 km²,水面规模基本达到 300 年前西湖的面积,分成北里湖、外湖、岳湖、西里湖和小南湖 5 个部分。

现在西湖仅靠天然水流补给不足以维持水面的规模,由于西湖各子湖之间被几道湖堤隔开,仅由堤上的桥孔连通,因此各部分的湖水不能充分混合,各个湖区的多处水域都处于富营养化状态。1949 年时西湖污泥淤塞,湖底遍生水草,湖水平均深度只有 0.55 米。2020 年代初修建了引水工程,工程主要由两个水预处理场和输水管网组成,采取科学的沉淀方法处理钱塘江水。通水后，每天将有经过预处理的 40 万 m^3、透明度达 120 cm 的钱塘江水源源不断地流入西湖水域，使西湖引水不再受到钱塘江水质变化的影响，并由原先自然状态下的一年一换变成每个月一换，透明度由原来的不足 60 cm 提升到 120 cm（根据西湖风景名胜区环保监测站的检测，2007 年，西湖水体的平均透明度已达到 65 cm，比 2003 年提高了 15.65 cm）。虽然引水功能还不能从根本上解决西湖富营养化的问题，但能提高湖水的透明度，故应切实发挥西湖引排水工程的调节功能（图 7.7）。

西湖疏浚工程是国家城市重点基础设施建设项目之一。这个投资 2.35 亿元的"碧水"工程，工程规模、施工难度在国内同类湖泊的治理中都不多见。整个工程历时两年，疏浚西湖底泥 260 m^3，疏浚后西湖平均水深达到 2.15 m，水质基本达到国家景观娱乐水体 B 类标准。

此外，还应种养水生生物；调整农业结构，科学施肥；建设人工湿地，减少面源污染和溪流入湖负荷，增强环境意识。

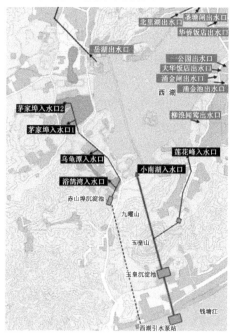

图 7.7　西湖引配水流向图

资料来源：参考文献[1]

7.4　重现遗产社区的人文交流

西湖文化景观中的"上香古道"与"问茶古道"是带动周边遗产社区持

---

[1] 李红仙. 西湖流场和浓度场对引水工程响应的数值模拟研究[D]. 杭州：浙江大学, 2006：89.

续发展壮大的重要因素，但这两条古道均已沉寂。

这一类曾经在西湖遗产社区发展过程中起到重要作用的历史遗迹，虽然后来因历史变革等原因导致其原始功能衰退而没落，社区与它们之间的互动关系也因此被迫中断，但现在可以通过"展示、解说"等方式让现代的人们了解它们的功能，并通过"体验"重新恢复其功能，在重新利用过程中发现新的价值，从而搭建社区与历史遗迹之间的互动关系，重现"交流"。

"上香古道"与"问茶古道"都曾繁华数百年，一度是去灵隐寺上香的必经之路和文人到龙井村品茗的必经古道，见证了佛教文化、龙井茶文化在杭州地区的发展，同时它们也曾一度带动西湖遗产社区的早期聚居，但后来均由于历史原因而没落。"上香古道"是由于新兴交通工具的产生，人们改坐汽车，改走新修建的灵隐路，而不用步行上香。"问茶古道"因为 20 世纪初中国政治时局的变化，文化传统的改变而自然消亡。

7.4.1 通过"体验"搭建过去与现在的交流

1) 宗教文化——上香古道、香市

2003 年，杭州市园文局重新修复了从杨公堤到茅家埠的上香古道，让人们沿着木栈道或卵石路重新体验古时人们的礼佛路径（图 7.8）如今也有不少香客乐意选择走上香古道前去进香。漫步上香古道，时而栈道，时而石道，时而拱桥，时而土道，时而水中间的卵石大道，甚是幽静，只闻得鸟飞莺啼，完全置身于湖山抱幽的景致当中。每年二月，除本地人外，苏州、松江、嘉兴、湖州等周边地区的香客也会前来，犹如古时情形，平日里也会有不少游客到访。上香古道现已成为寻幽访古、体验民俗的文化走廊（图 7.9）。

同时我们也鼓励恢复"西湖香市"风俗，从多维度展现西湖佛教文化。

图 7.8　上香古道线路图　上香古道起点：卧龙桥

资料来源：网络

图 7.9　沿路风景
资料来源：作者拍摄

2）茶文化——问茶古道

问茶古道留有许多典故，整理如表 7.1 所示。清乾隆尤爱龙井茶，四次巡幸龙井，观茶做诗，他也曾走过这条问茶古道，对沿途的风景以及辩才与苏轼的故事感慨不已，并御题"龙井八景"。

表 7.1　问茶古道的历史文化故事

风篁岭	相传晋代葛洪曾在此炼丹。岭下即为名茶产地龙井。宋苏轼《介亭饯杨杰次公》诗："丹青明灭风篁岭，环佩空响桃花源。"《明一统志》卷三八："风篁岭，在杭州府城西一十二里。修篁怪石，风韵萧爽，因名。"
过溪亭	北宋高僧辩才自天竺退居龙井寺，寺前有条名为虎溪的水流，虎溪上的小桥为"归隐"，意为辩才已经归隐山间。一日，苏东坡来访，辩才与他一见如故，二人秉烛夜谈。次日辩才送客下山，两人边走边谈，辩才竟忘记自己订下的"山门送客，最远不过虎溪"的清规，送东坡过了虎溪。因改桥名为"过溪"。后人做亭于上，称"过溪亭"
涤心沼	在龙泓涧上游，龙井寺门外。龙井泉水流经此处，因地势落差，形成沼泽水潭。《寿圣寺记》称沼曰涤心，渊清澈也。"涤心"与佛教中的"洗心"意义近似。近旁建有涤心亭
一片云	在龙井东北侧，为一形似片云的岩石，亭亭丈许，青润玲珑，巧若镂刻，松磴盘屈。龙井八景之一，乾隆曾亲自题写"一片云"名
方圆庵	原来是北宋高僧辩才建于老龙井的建筑，清代李卫在重建龙井寺时移址再建。该建筑圆盖方趾，蕴涵天圆地方之说，原是佛教对世界的一种认识。为清乾隆御题龙井八景之一。 风篁岭北宋元丰年间，上天竺高僧辩才告退龙井后，人们钦慕他的渊博学识和高尚道德前来探访，络绎不绝，辩才为方便行人游客，化缘募集资金整治山林，开辟山道，广植翠竹，逐渐形成一条修篁夹道的盘纡小径，风篁岭由此而得名。苏轼、秦观等著名文学家曾多次经此地与辩才见面，交流禅、诗、茶艺。经过溪亭，沿溪而上，山岭高峻，地多修篁，风韵萧爽
龙泓涧	龙井，又称龙泓。龙泓涧发源于龙井，流经涤心沼、过溪亭、外鸡笼，最后注入西湖。此地泉水湉湉，长年流淌。有游记中曾描写龙泓涧景观：在涤心沼一带怪石嶙峋，涧水如数十道白龙一般自乱峰中劈裂而出，激流撞击石穴的声音如数百万锣鼓齐奏一样洪亮。乾隆御题"龙泓涧"

续表

神运石	在龙井旁,高六尺许,状若游龙,古人有击石祈雨而云生之说。据传,以前杭州大旱时期,到此地祈雨,异常灵验。明正统年间从龙井中捞出,据记载当时刻有"截皋神运石,下有玉泓池"等草书
翠峰阁	翠峰,又称碧螺峰。此处奇石深峭,峦翠欲滴,风景极佳。乾隆曾登阁远眺,览尽龙井胜景,欣然题名为"湖山第一佳"

据说乾隆当年先坐船到龙井的外鸡笼山,沿古道一直步行到龙井寺。如今可以从龙井路双峰村的中国茶叶博物馆往西,沿龙泓涧,过南天竺、茶田,进入"龙井八景"、茶饮集市,再经过风篁阁、过溪亭、方圆庵,过龙井路马路后,从片云亭上行,到达龙井寺旧址、龙泓圆池、听泉亭。其中的狮峰老龙井的十八棵御茶是宝贵的历史文化遗存。

古时候,想饮用龙井茶需要走到龙井、灵隐一带的寺庙,问茶古道是探访龙井茶的必经之路。清代诗人袁枚在《随园食单》[1]的《茶酒单》[2]中写道:"杭州山茶处处皆清,不过以龙井为最耳。每还乡上冢,见管坟人家送一杯茶,水清茶绿,富贵人所不能吃者也。"再比如刘邦彦在《谢龙井僧献秉中寄茶》中写道:"春明初收谷雨前,老僧分惠意情虔。也知顾渚无双品,须是吴山第一泉。"偶遇老僧人馈赠的清明前产的龙井茶,饮完后觉得绝无仅有的好喝。

西湖现已局部恢复问茶古道,但只局限于历史遗迹点(图7.10),点与点之间的连贯性较弱。建议疏通各道路片段,连成整体,并沿路增设几处小型简易茶馆或品茶驿站,如历史上周边社区居民提供的廉价茶水般,还原古人曾经的爬山品茗之乐趣。

此外,该古道穿越的棋盘山、十里琅珰、南高峰等区域,自然景观优美,也可以作为杭州城市居民登山游览、强身健体的运动休闲游步道,解决现状中西湖功能针对外地游客多、为杭城居民提供服务少这一情况。

图7.10 问茶古道一侧的过溪亭
图片来源:作者拍摄

---

1 随园食单是清朝诗人、散文家袁枚撰写的一本食谱,系统地论述了烹饪技术和中国南北菜点。该书出版于乾隆五十七年(1792年),是有关清朝饮食的重要著作。
2 (清)袁枚.随园食单[M].南京:江苏古籍出版社,2000.

7.4.2 通过"展示"与"解说"重现历史价值

展示与解说使文化景观成为"活"的遗产,而不是遗产的"博物馆"。杭州在市区内在遗产解说方面做得不错,但遗产社区内活动很少。西湖文化景观保护直接相关的机构有两个,一个是杭州市园文局(即风景名胜区管理委员会),另一个为杭州西湖文化景观检测中心,两者的职能如表7.2所示。

表 7.2 杭州西湖文化景观管理与检测机构

名称	性质	职能
杭州市园文局 (即风景名胜区管理委员会)	管理机构	统筹管理,全面负责西湖风景名胜区内的保护、利用规划、建设
杭州西湖世界文化遗产监测管理中心	监管、研究机构	开展世界文化遗产保护管理的科学研究和宣传教育

杭州市园文局(风景名胜区管理委员会)是唯一的行政管理机构,统筹执行与管理遗产地日常事务。由于西湖文化景观遗产提名范围完全包含在西湖风景名胜区内,因此由园文局进行统一管理。

杭州西湖世界文化遗产监测管理中心不具备行政职能,主要负责世界文化遗产保护管理的科学研究和宣传教育;建设和实施西湖文化景观遗产的监测和预警体系,建立遗产区的档案库和数据库,协调开展西湖世界文化遗产的监测工作。该机构在杭州市区内开展了不少成功的遗产价值宣传项目,比如推行的"西湖文化特使"[1]计划从2013年起在学军中学、杭二中等学校进行试点尝试,建立世界遗产青少年教育活动站,以每周给学生授课的方式传播西湖的文化价值,如图7.11、图7.12所示。杭二中学的同学普遍表示,对西湖遗产、世界遗产都有更系统全面的认知。还有针对社会人士的"走读西湖""原地旅行"等项目,通过边游览边讲解的方式来体验西湖文化景观的深刻内涵,唤起更多人对西湖乃至杭州的热爱,带领参与者从满觉陇社区走到龙井社区,品味禅茶故事,走上香古道,领略古时人们朝拜路线,漫步馒头山,体会社区里的旧时光,从而培养年轻一代以及社会大众加入西湖遗产保护中来。分课堂授课与徒步游览两种方式,都取得了不错的成效,这些活动让学生有机会切身体会自己生活的城市的另一面,更加增强了归属感与荣誉感。

---

[1] "西湖文化特使"计划自2012年7月开始,每年从全球高校中选拔优秀学生,通过对其进行系统培训和各项实践训练,参与杭州西湖文化传播,为杭州遗产保护团队注入新的血液,最终目的旨在使杭州西湖遗产保护工作的公众参与度更加延伸。

第 7 章　西湖文化景观遗产社区可持续发展策略

图 7.11　走进学军中学，与同学们交流
资料来源：西湖监测中心研究员夏攀提供

图 7.12　第五届西湖文化特使集训，西湖监测中心主任杨小茹授课中
资料来源：西湖监测中心研究员夏攀提供

但是，现有宣传教育活动大多针对市区内居民，在本书的调研中发现西湖遗产社区中的居民对遗产感知度较低，很多甚至低于一般游客（详见第 6.7 节），这与社区内部平时相关宣传活动较匮乏有关。因此，今后可将这些在城市中组织的活动拓展到社区内。同时，以各社区中心为单位，定期组织社区活动，传授关于社区与遗产地之间的故事，如各社区的命名都与周边的历史遗迹相关，既使当地居民能更好地自我认知，又尝试恢复社区与历史遗迹之间的互动关系。

7.5　保护遗产社区传统生产生活方式

非常遗憾，西湖龙井茶园的遗产价值因各种原因最后未得到遗产委员会的认可，本书在第 5 章对其价值进行了重新评估与补充论述，具体阐述了它在标准（ii）（iii）（v）（vi）上的突出普遍价值。实现西湖龙井茶园可持续很重要的一点是对其种植基地、传统品种与土质的保护；对传统种植方式、采摘方式、炒制工艺等的传承。这些都需要依靠当地的茶农，因为与茶叶相关的技艺至今大多仍采用口口相传或师傅带徒弟的方式传授，因此需要鼓励和维护当地人的生产生活方式。

7.5.1 鼓励保护传统的生产生活方式

由于遗产地景观的形成与当地民众长期形成的传统的生产生活方式密切相关，若改变其传统的生活生产方式则一定会对遗产地景观的保护造成影响，维护或者保持当地民众传统的生活生产方式即是在保持文化景观所说的"人与自然之间的相互作用关系"。

一方面要鼓励当地居民保持传统的生产生活方式，另一方面要确保传统农产品销售渠道的规范与畅通。2017 年，杭州市政府共投入 500 万元作为支农资金，扶持西湖龙井茶产业的发展，用以规范、监管市场，避免"傍名牌"现象发生，确保遗产地居民茶叶销售渠道畅通，保证居民茶叶销售收入。此外，还减少了茶园被占用情况的发生。比如《杭州西湖龙井茶基地保护条例》第十九条规定：西湖龙井茶基地征收后，闲置满一年不满两年的，由市人民政府按出让或划拨土地价款的 20% 向用地单位征收土地闲置费；闲置满两年、依法应当无偿收回的，予以无偿收回。类似政策保证茶园种植总面积维持在一定数量。

7.5.2 通过生态补偿延续生产性景观

通过生态补偿延续传统生产，生态补偿（Eco-compensation）是用经济手段，以保护和可持续利用生态系统的服务为目的，调节相关者利益关系的制度安排。例如通过政府补偿鼓励传统产业的发展。2013 年，杭州政府提升专项预算资金 30% 用于扶持龙井茶产业，龙井茶产业专项预算资金达 575 万元，比前一年同类专项资金增长 197.7%。该项资金将主要用于扶持西湖龙井茶精品园建设、万亩国家级西湖龙井标准茶园建设、西湖龙井茶手工炒制中心建设及炒制技术培训、西湖龙井茶统防统治基础设施建设等。

7.6 增强吸引年轻人加入遗产传承的力度

现状西湖遗产社区普遍存在人口老龄化情况，有几个社区人口断层现象较严重（详见第 6.6.1 节）。无论哪种情形，事实上都是遗产社区中年轻群体外流的结果。在调研中，年轻一代的遗产社区居民普遍反映不愿意留在社区内工作是因为工作种类单一。如果人口结构情况仍得不到改善，今后很可能因人口结构的改变引起社区行为模式的变化，从而导致社区景观肌理等物质空间改变。因此有必要采取政策引导或其他手段来吸引年轻人回巢工作，这样既有助于改善社区人口结构，又有利于文化朝多元化方向发展，使将来社区仍然保持居住功能,而非完全被旅游功能所替换,以下介绍国际上其他国家常用的方法。

7.6.1 社区营造

社区营造是指以地域现存资源为基础,以当地居民为核心组织人员,通过以他们身边日常生活为主题策划的各种活动,恢复和提高社区活力及生活品质而展开的一系列持续性的活动。

通过推动社区营造重新吸引大众尤其是年轻人对于传统文化的关注,鼓励他们加入传统行业,是近年来许多国家采用的方法,社区营造改变了以政府为主导的社区发展模式,以居民自组织、自治理、自发展的模式组织各种文化活动,从而达到文化传播、文化交流、文化传承的目的。比如奈良的社区营造有30多年历史。1979年建立奈良地域研究会(即奈良社区营造中心,Nara Machizukuri Center,NMC),1984年5月社团取得法人资格。"奈良社区营造中心"的目的是建立特色社区保护和价值重现的交流平台。"当时奈良老城区逐渐萧条,一条主干道一个小时仅能通行四到五人,所以市民想通过自己的努力和方式来振兴它。到现在奈良老城区现有200多团体及个人会员,他们作为政府与市民间的桥梁,做了很多关于奈良地区的调查研究活动,起到了智库的作用。"平日里,NMC的会员会举行自制手工艺品集市,号召大家利用旧衣料、陶瓷器等手工制作织物和小工艺品,并进行摆摊销售,让大家感受往昔的岁月(图7.13)。还会举办一些社区建设技法研讨会,即根据奈良地区的风土人情、历史等构建生活社区,大家交流想法、集思广益,希望形成一套体系,把传统的社区营造传承给年轻人(图7.14)。通过这些社区活动,奈良居民增加了自身的文化认同感,切身参与到实践活动中。

图 7.13　日本首个社区营造中心——奈良社区营造中心
资料来源:奈良社区营造中心官网[1]

---

[1] 资料来源:http://www.ngocn.net/news/2015-08-10-f572e7b4f9737c7f.html

图 7.14 社区建设技法研讨会示意图
图片来源：奈良社区营造中心官网[1]

法国也是类似的情况。目前法国大大小小的社团组织共有 18 000 多个，组成了一支庞大的文化遗产保护的民间力量，其发挥的巨大作用也越来越多地获得政府和民众的支持。[2]

综上，新兴艺术行业、文化创意产业作为社区复兴的一种手段，或许会让年轻人更愿意回到遗产地工作。

7.6.2 政策支持

政府给予传统文化产业从业人员一定的优惠政策或资金补贴鼓励年轻人从事传统手工艺行业。意大利通过减免税收的方式鼓励年轻人多从事传统手工艺行业。例如威尼斯古镇内有很多手工作坊，他们销售的传统手工玻璃制品、皮制品等均可免交增值税。此外，有些地区还对手工艺品销售者实行减免电费、房租等优惠。图 7.15 为威尼斯的玻璃与面具制作坊。

图 7.15 威尼斯的玻璃与面具制作坊
资料来源：作者拍摄

---

[1] 资料来源：http://www4.kcn.ne.jp/~nmc/
[2] 张凌云，刘威. 欧洲文化遗产保护及对中国的启示——评《旅游文化资源：格局、过程与政策》[J]. 世界地理研究，2010，19（3）：168-176.

法国则是通过政府管理机构牵头，带动当地社区内的 NGO，共同组织带领一般居民参与传统技艺的传承活动。法国里昂的 NGO 特别发达，自发组织的社会团体有 100 多个，他们经常开展各种与传统文化相关的活动，在当地有一定号召力。里昂 DAC 遗产科利用社会组织方面的优势，积极动员市民参与里昂市遗产文化的开发项目，活动费用由里昂市政府出资补贴。例如在"开发里昂丝织文化"项目中，遗产科寻找到仅存的不同时期的纺织机器，以及有技能使用并维修的老技工，接着发动组织中的年轻人加入学习这些手艺。

7.6.3 加强能力建设

能力建设可以理解成一种软实力，是打通遗产保护、管理与公众隔绝的能力。在当今世界遗产的五个战略目标（5C）[1]中，被提到至关重要的地位。2011 世界遗产大会上，"世界遗产能力建设战略"[2]（下称"战略"）在历时 10 年实施历程后最终被遗产委员会采纳，能力建设成为贯穿其他四个目标的最根本基础。该文件明确将社区及相关从业人员列为能力建设的主要三类人之一。[3]

遗产能力建设提供遗产地建设、管理、保护、价值传播的人才。遗产社区是遗产能力建设的根基，世界遗产未来行动之根本能力建设是指如何确保对所列入遗产进行有效保护。

（1）从小培养对遗产地的感知

要通过对遗产社区内部居民的历史文化教育，加深他们对文脉、地脉的理解，催生其对于遗产社区的自豪感、责任感和归属感。通过宣传教育，从小熏陶感染，培养其对遗产社区与遗产的情感，明确保护的必要性与意义，以推动社区内部保护力量的凝聚。让年轻人通过发现和认识遗产社区特色，对自己所居住的社区有新的理解，并作为当地社区的代表，将这种特色传承下去。

提高居民的社区参与意识应从小抓起。欧洲文化遗产保护的社区基础特别扎实，博物馆、美术馆中经常能看到不同年龄的艺术爱好者在临摹原画；中小学生的艺术课和历史课，一般也都到教堂或遗址去实地观摩学习，教师带着他们认真地讲解，参观完后还要考试。人们对艺术、文化的喜爱与关注

---

1 注：世界遗产的五个战略目标（5C）：《世界遗产名录》的公信力（Credibility）、有效保护世界遗产（Conservation）、推动能力建设（Capacity building）、通过传播增强公众对世界遗产的认知和支持（Communication）、增强社区在遗产保护的参与度（Community）

2 注：该文件通过于联合国教育、科学及文化组织保护世界文化和自然遗产政府间委员会在巴黎举办的第三十五届会议，WHC-11/35.COM/9B[Z].2011：3

3 UNESCO. Capacity Building Strategy and Associated Programmes for Asia and the Pacific，2014：2

已经融入生活中，是生活的一部分，这与他们从小受到的遗产教育有关。意大利博物馆门票价格一般在 8～10 欧元，节假日或纪念日经常有优惠政策。比如每年 5 月份的最后一周会举办"文化遗产周"活动，所有国家级文化和自然遗产全部免费向社会公众开放，包括博物馆、美术馆、历史建筑等。文化部还会在此期间举办数百项以历史和文化为题材的音乐会、沙龙等形式的活动，鼓励大众前来参加。在法国，只要持有欧盟长期居住证的 26 岁以下青年均可免费进入法国的所有博物馆。通过这些优惠政策，吸引年轻人来参加遗产保护活动，潜移默化地将传统文化知识传达给他们，引导他们热爱本民族的文化，加强自我认知，今后更愿意为遗产保护出一份力（图 7.16）。

图 7.16　圣母百花大教堂前学生写生作品
资料来源：作者拍摄

（2）吸引公众参与遗产社会教育

保护世界遗产不但需要有遗产研究与保护管理的专业技术能力，更需要卓越的沟通能力、传播能力，将遗产知识传播至每一个利益相关者，在全社会范围内广泛建立创新伙伴关系，才能实现价值共识、目标趋同、利益共享，最终实现《公约》福泽全人类的目标。[1] 正如 UNESCO 前总干事松浦晃一郎（Koichiro Matsuura）所言，没有公众的理解和支持，没有世界遗产真正的保管者——地方社区居民的尊重与日常照料，任何财力或者专家团队都不能够真正保护这些遗产地。高高在上的遗产事业犹如空中楼阁，只有打通两者之间的脉络，加强能力建设，才是遗产保护的可持续之路。

遗产社区的空间形态、建筑技法、土地利用方式都是千百年来遗产地原住民适应自然、改造自然的生活智慧的体现。社区居民在遗产社区的生活是一脉相承的，自社区产生后从未间断，因此，现今遗产社区的演变与发展理应保持社区原住民居住功能的真实性、功能的延续性以及文化结构的完整性。

现阶段我们已经深刻体会到遗产社区内原住民比例大幅降低对传统文化

1　韩锋.能力建设——世界遗产未来行动之根本 [J].风景园林，2012（1）：154-155.

传承、遗产社区空间肌理延续等方面带来的负面影响。社区的建筑、形态是外在表象，其形成的内在动因是文化。大量外来人口在遗产地内生活，他们的文化背景与遗产文化无关，形成的社会关系、建筑布局方式与原先的不同，长时间这种错位的人地关系，很可能直接导致遗产社区的消亡。

（3）通过社区活动策划带动经济发展

运用社区复兴的方法尝试带动经济发展，从而吸引年轻人回归当地工作。比如日本的奈良县，在当地自组织的帮助下将一栋空置的老民宅改造成奈良町资料馆（图7.17）。改造后的建筑具有功能齐全的公共区域，既是当地社区居民的学习空间，也是各种团体活动的举办场所。这些活动非常丰富，且均由当地人自己组织，包括小型音乐演奏会、当地大学生毕业论文发表会等。中小学生也可在这里接受传统教育，当地有手工艺特长者定期在此授课，比如制作陶瓷工艺品等等。该区域的节庆日策划也非常成功，奈良灯花会在全国有一定名气，每年灯花会期间能吸引大量游客到奈良旅游，带动社区经济发展的同时，扩大了奈良的全国影响力。

此外，当地年轻艺术爱好者与高校合作，利用学生作业在社区内策划艺术展，课程要求大学生设计与社区外环境相结合的当代艺术作品，如雕塑或公共艺术品，作业在社区内展出半个月或一个月，此类活动在当地也颇受欢迎，同时产生了与艺术相关产业在遗产社区的萌芽。

西湖遗产社区中除茶叶制作外还有很多传统手工艺，如丝绸、桂花糕等，可以效仿奈良的做法，组织当地的工艺特长者定期授课。此外，可以策划与传统活动相关的其他活动，丰富遗产社区的业态。或许多种多样的活动可以吸引年轻人的注意力，让遗产社区的年轻一代回社区工作。

图7.17 奈良町资料馆
资料来源：维基百科[1]

---

1 资料来源：https://ja.wikipedia.org/wiki/%E5%A5%88%E8%89%AF%E7%94%BA%E8%B3%87%E6%96%99%E9%A4%A8

7.7 本章小结

本章根据第 6 章的分析，依次提出策略并提供解决问题的若干种方式。

（1）首先探讨如何借助城市规划，让新城分担老城功能这种方式释放西湖环湖与社区的发展空间。既为杭州城市发展打开更广阔的空间，又缓解社区环境压力。

（2）提出通过建筑体量、色彩、高度等控制处理社区与整体山脉之间的视线关系。

（3）论述通过容积率、建筑密度等的控制维持社区自身的空间布局特色。

（4）从种植水生植物、减少污染源等三方面提出维护遗产社区周边水系水质的方法。因为西湖遗产社区与水系交互很多，保护水质是维系这种交互关系的前提。同时作为西湖上游水系，这样做有利于西湖水质的保护。

（5）通过价值"展示、解说与体验"方面的讨论延续遗产社区在过去、现在、未来之间的关联，重新搭建过去与现在的交流。

（6）保护鼓励传统的生产生活方式，生态补偿延续生产性景观，从维持生活方式与政府生态补助两方面论述有助于保持植被种植特色的方式。

（7）从社区营造、能力建设以及政策支持三方面提出吸引年轻人加入遗产传承的方法，从而达到遗产社区人口结构优化的效果，实现人口多元化发展。既确保将来社区仍有部分居住功能而非被旅游功能完全替代，又使社区内的职业构成在将来随着年轻人的加入变得更多元。这样也有助于缓解产业过度同质化等现象的发生。

第 8 章 结论与展望

8.1 研究创新

8.1.1 以文化景观视角研究遗产社区

本书在整体研究方法上具有一定创新性。文化景观强调的是"人"与"自然"之间的相互作用关系,中国的文化景观遗产社区是在传统文化浸润下,因人类聚居而产生朴实无华的生活智慧的空间场所,其内在包含了很多,人与自然相互作用的关系与逻辑,是典型的文化景观。但因为先前遗产保护对遗产社区这一块普遍性的认知缺失,至今为止,与遗产社区相关的研究大多从社会学或空间解析等方面展开的。本书将文化景观理论方法应用到遗产社区研究是一种新的尝试,书中将遗产社区拆解成物质要素与非物质要素两大类,再进一步分解成位置与环境、形式与设计等多方面,找出附着在遗产社区中,代表"人与自然相互作用结果"的物质表征,并以真实性、完整性理论为标准对其加以保护(图 8.1)。

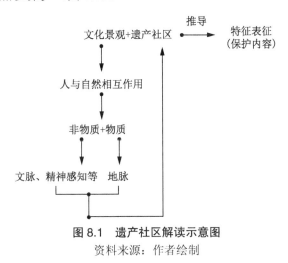

图 8.1 遗产社区解读示意图
资料来源:作者绘制

文化景观构成要素有物质的，也有非物质的，如文脉、地脉、精神感知等。以文化景观视角研究遗产社区是一种新的尝试。文化变迁中往往是物质先发生变化，然后引起精神变化。本书旨在保持人与自然相互作用的物化结果，以物化特征反限制文化变迁，通过物化特征的巩固减少传统文化消逝，从而达到保持地域文化特征的持续演进。

8.1.2　重新评估西湖文化景观遗产社区价值

由于中西方文化差异以及原登录对价值内容阐释不足，虽然西湖遗产社区具有很高的遗产价值，但从现在被认定的情况来看（2011年西湖文化景观以标准（ii）（iii）（vi）登录），西湖文化景观中与社区相关的这部分突出普遍价值并未得到世界遗产中心的认可。本书根据突出普遍价值的10条标准，重新评估西湖文化景观遗产社区具有的价值，并补充论述遗产社区在标准（ii）（iii）（v）（vi）上的价值反映（详见第5.4节），弥补原先价值解读时的疏漏，完善了西湖文化景观遗产社区保护与发展的方向与重点。同时，这部分研究展现了东方文化的独特性以及与生活、与社区的紧密相关性，丰富了今后国际评价标准的东方特点的研究基础。

8.1.3　将中国文化景观遗产社区进行分类

本书从历史角度梳理了庐山文化景观遗产社区、五台山文化景观遗产社区、西湖文化景观遗产社区等5处现中国已登录的文化景观遗产社区的形成原因与形成过程。文化景观遗产社区是在政治、经济、文化等因素作用下，历史文化变迁的浓缩。遗产社区的发展与遗产价值的形成息息相关。遗产社区聚居人口会随着遗产地经济的腾飞而增加；遗产社区间布局、建筑形态会因为当时文化与文明的变化而演变；社区居民的审美情趣、价值观、生活习俗会受宗教与文化影响而发生改变。文化景观遗产社区是遗产地连接过去、现在与未来的纽带，也是遗产历史信息的重要承载者，是遗产历史文化演变的最佳见证，附着的记忆是对文化发展历史的记录（详见第3.1节）。

中国的文化景观遗产社区的发展较国外传统文化景观情况复杂，本书以遗产社区对遗产地价值形成所起到的作用为分类标准对其进行分类。

8.2 结论

8.2.1 风景名胜文化景观遗产社区是中国特有的

不同地区因气候、文化、经济等因素的差异孕育出的遗产在文化表现形式上有所不同。西方国家的文化景观一般类似我国的哈尼梯田文化景观，纯粹由当地居民在生活中产生特殊的土地利用系统，这类遗产包含两部分，一部分是社区，另一部分是由社区创造的物质实体，比如梯田、葡萄园、咖啡种植园等。社区是遗产价值的唯一生产者，遗产的价值核心只是人类聚居过程中的生活智慧。而中国的文化景观世界遗产有很大一部分来自中国特有的风景名胜区体系，它的构成更复杂，既包含社区，又有风景名胜，而且社区的发展变迁深受风景名胜文化基底的影响，中国特有的风景名胜文化景观遗产社区是以自然为背景的社会基本单元，是聚集在自然中的人们的日常生活场所，蕴含丰富的场所意义。

中国的风景名胜文化景观是基于中国传统山水自然崇拜及儒家、道家哲学指导，文人士大夫在遭遇社会不满时，选择隐退到自然山水中寻求精神解脱，将情感寄托于自然，一方面，通过诗、词、歌、画等艺术形式抒发对自然的情感，并记录下隐逸生活中的闲情野趣；另一方面，利用自己的艺术审美与文化修为通过建筑、景观等空间形式创造自己理想中的聚居、游赏空间，设计、营造出符合他们文化理想的生活环境，经过历代累积最终形成。这些物质实体是文化精英们内观世界的外部投射，高度代表了当时的文明，带有强烈的地域文化特色。同时，中国风景名胜区有山有水，往往是风水宝地，宜居的环境很早便吸引了周边居民到此聚居，人们生活过程中累积下了很多朴实无华的以农耕文化为基础的智慧结晶，比如西湖的龙井茶园、庐山的云雾茶……此外，社区在风景名胜的场所精神影响下，景观结构与空间布局方式等都具有明显的地域文化特征。为这一类中国特有的文化景观遗产社区的可持续发展提供指导，是本书的目标和意义之一。

8.2.2 中国文化景观遗产社区类型

通过对中国已登录的文化景观中的遗产社区发展历史进行梳理，研究发现，若以遗产社区对遗产地价值形成所起到的作用为分类标准，中国文化景观遗产社区可分三类：原生型遗产社区、协作型遗产社区和复合型遗产社区。各类型在社区中发挥的作用如表8.1（详细论述见第3.2.2节）所示。原生型遗产社区是相对简单的类型，不受外力作用；协作型遗产社区是对遗产价值形成起协作功能；复合型遗产社区是兼具两者功能。

表 8.1 中国文化景观遗产社区分类

	遗产类型	遗产社区类型	遗产社区的作用	是否具有突出普遍价值	举例
1	生活智慧文化景观	原生型遗产社区	该类遗产社区居民创造了遗产价值，并且遗产地价值完全由社区创造。社区具有突出普遍价值，社区消失遗产核心价值消失	有	阿者科等（哈尼）
2	风景名胜文化景观	协作型遗产社区	该类遗产社区居民或许并没有直接创造具有突出普遍价值的物质实体，但是其自身发展深受地域文化影响。此外，该类遗产社区在发展过程中与遗产地价值相互协作，形成稳定的架构关系（良性循环），基于这种架构关系促使遗产地价值发扬光大，遗产社区是遗产文化结构完整性的一部分	没有*	台怀镇（五台山）
		复合型遗产社区	兼具两者，社区既发挥了协作功能，同时也创造了代表社区居民生活智慧的突出普遍价值	有	龙井社区等（西湖）

*注：《操作指南》中的提名标准主要从西方文化中提炼出来，用来解析中国文化时仍有多种不适应性。根据 2014 年修订的《操作指南》提名标准，协作型遗产社区在遗产整体价值发展过程中所起的作用尚不构成突出普遍价值，但事实上应该具备的。该部分内容随着今后提名标准中东方属性的增加，应该会得到改善。

如果我们将国际上较普遍的原生型遗产社区看作文化景观遗产社区的"原型"，那么中国的复合型遗产社区可以理解为在这种"原型"基础上的复杂版本。它既有原生地产生价值，同时在遗产价值形成过程中承担其中一个重要环节，是遗产文化结构完整性中必不可少的一部分。

8.2.3 文化景观遗产社区在文化景观可持续发展中发挥的作用

文化景观遗产社区在文化景观可持续发展中发挥的作用以及现世存在的意义，有如下几点：

（1）遗产社区是遗产文化传承的主力军。比如农耕文化或者来源于遗产社区的其他一些特色非物质文化，仍然需要依赖社区居民继承。

（2）对于类似哈尼梯田这类文化景观遗产社区来说，遗产价值完全附着在社区上，因此社区本身的持续存在即是遗产的存在。社区人类聚居过程即是文化景观遗产价值创造与维持的过程。

（3）对于风景名胜类文化景观遗产社区来说，核心价值虽然不一定在社区中，但是当地居民与风景名胜所代表的文化、精神审美一直共存，无形间一直受到熏陶和影响，这些文化被吸收后已经渗透到他们的日常生活中，可能在生活习惯、建筑设计形式、社区布局的内在肌理等多方面都有所体现。因此，遗产社区是维持人类与遗产之间的精神关联的关键。

8.2.4 西湖文化景观遗产社区价值补充论述

（1）补充了标准（ii）的阐述——茶文化跨文化、跨地域的传播

现存的西湖龙井茶园，尤其是龙井社区的古龙井茶园，是对龙井禅茶文化（开始于北宋）从佛门山茶发展到平民化的历史见证。龙井茶制茶方式（从团饼茶到散茶）、品饮方式的改变（从蒸煮到泡制）都体现了西湖龙井茶文化与佛教文化的交融。此外，西湖禅茶文化的每个重大转变都对日本茶文化产生了巨大影响，日本斗茶会的形式模仿的中国禅院茶礼，正是宋朝，日本僧侣访华时从西湖一带寺院带回的。

（2）补充了标准（iii）的阐述——中国历史发展的见证

龙井社区等茶叶社区是西湖游憩传统的见证。西湖茶村从元代起便是游览胜地，古籍中有诸多历代文人探访茶村、饮茶吟诗的记载。元代时较少，到明清时期，随着"旅游"活动的普及，到西湖览胜的文学记载增多，西湖龙井茶文化本身就是对文人士大夫文化的见证。古代文人以茶修身养性，以茶激发文思，以茶交友，以茶沟通儒、释、道，从中参悟哲理。

此外，龙井社区等茶叶社区是西湖龙井茶文化的见证，它们记录了茶叶文化伴随着禅宗文化的发展不断传播并获得认可的过程。龙井"茶园""茶村"记录了"西湖龙井茶"从只有僧侣们喝的佛门山茶到帝王的贡茶，再逐渐演变为流行于文人之间，再随着茶文化普及到老百姓家的这一过程，是西湖龙井绿茶文化的最佳见证，也是茶文化连续性的见证。

（3）补充了标准（v）的阐述——特殊的土地利用方式

西湖特殊自然环境、品种资源，搭配当地人独到的种植、采摘、生产、包装工艺，共同造就了西湖龙井茶以色绿、香郁、味甘、形美——"四绝"闻名遐迩的茶叶品质。西湖遗产社区以及龙井茶园的形成是特定的西湖地理环境、气候条件、自然地质下的生存和生活智慧的杰出典范，体现了生活在其中的人们对土地的一种特殊的利用方式。

（4）补充了标准（vi）的阐述——茶诗、茶歌等

数量巨大的诗词歌赋等文学作品传达了文人士大夫阶层对西湖龙井茶的喜爱之情，加上大量流传于民间的由劳动者自编自唱的民歌，凝结了社会各阶层的情感寄托和审美感受，是精神的载体。

以上对西湖遗产社区价值的补充论述，也是今后西湖文化景观遗产社区可持续发展工作的重点与方向。

8.2.5 西湖文化景观遗产社区的特征

总体来说，西湖遗产社区的建筑布局充分体现了中国传统哲学"天人合一"的思想。"天人合一"是说万事万物皆是相互联动、互相影响的，社区中的建筑布局方式、道路—水系—茶园之间的关系皆是如此。社区居民为了取水、引水方便，枕河而居。为了方便灌溉，茶园一般分布在靠近水的向阳坡上。建筑分布在水系一侧或两侧并且靠近茶园，道路连接建筑，因此平行于水系，因而出现水系、茶园、建筑、道路相互依偎发展的社区布局。

还有基于此衍生出来的空间特征，比如道路与建筑直接相连，因此形成了沿街建筑一般是院落式的格局，用院落作为建筑与道路的缓冲。生活在西湖遗产社区的人们在日常生活中仍然保留了对河埠、水街等滨水空间的使用，传承了一直以来遗产社区与水系之间的互动关系。山体建筑一层多向外拓出露台来增加生活用地。随着旅游业的发展，西湖遗产社区沿街建筑底层"自用"空间逐渐发展成为茶馆、农家乐等"它用"商业空间，沿街建筑垂直空间复合化。

8.2.6 西湖文化景观遗产社区可持续发展策略

通过对真实性、完整性等多方面的分析，本书提出的西湖遗产社区可持续发展策略如下。

（1）在大尺度上，应该维持"社区—湖—城"三者空间的相对独立性，避免遗产社区如20世纪90年代般被过度城市化吞噬。老城区部分城市功能向新城转换，既为杭州城市发展打开更广阔的空间，又缓解老城区中遗产社区的环境压力。

（2）从西湖湖面上或湖心亭环视周边山体，所看到的延绵不绝的群山是西湖整体"三面云山一面城"景观意象的主要构成要素之一，理应得到保护。因此应控制建筑等构筑物的高度，保持建筑等色彩的和谐统一，避免持续发展中的遗产社区破坏或影响西湖重要景观视线的完整性。

（3）维持"依山傍水、枕河而居、沿道路分布"的布局方式，保持西湖遗产社区与水为邻、水系穿插于社区中的江南社区特征，保护中国传统哲学思想影响下形成的社区风水格局。重新梳理建筑、街巷、水系和水塘等景观要素之间的空间关系，保持遗产社区各物质要素之间的互动关系，从而实现对"天人合一"思想的传承。

（4）西湖遗产社区建筑以江南民居为主导样式，对于遗产社区内改造或局部新建的商业建筑，采用新中式的手法，以与西湖文化景观整体风貌保持协调。

（5）通过种植水生植物实现自然与人工净化双管齐下及减少污染源等方式保持遗产社区内部与周边水体水质清洁度，这是维持西湖社区内发达的水系与社区两者互动关系的前提，也是作为上游水系保持西湖水质的基础。应保护水巷、水街、河埠等体现社区生活与水系之间的互动关系的物质载体，并在不破坏社区景观肌理的情况下发展一些新的空间格局。

（6）通过"解说、展示、体验"三步走的方式恢复已经沉寂却对社区发展有重要意义的历史遗迹，在重新利用过程中发现新的价值，从而搭建社区与历史遗迹之间的互动关系，保持遗产社区过去、现在、未来之间的关联性。

（7）通过鼓励保护传统的生产生活方式、生态补偿延续生产性景观等方式保护传统文化肌理。

（8）从社区营造、自身能力建设以及政策支持三方面提出吸引年轻人加入遗产传承的方法，从而达到遗产社区人口结构优化的效果，实现人口多元化发展。既确保将来社区仍有部分居住功能而非被旅游功能完全替代，又使社区内的职业构成在将来随着年轻人的加入变得更多元。这样有助于缓解产业过度同质化等现象的发生。

8.3　研究的不足与未来展望

本书的不足之处在于以下几点。

（1）可持续发展策略研究是一个非常复杂的系统，是一个涉及多学科、多方利益相关者的研究。虽然本书从位置与环境、材料与形式等多方面进行了分析，尝试尽量全面地挖掘遗产社区各方面的共性特征，但是鉴于作者本身认知水平和时间、经验等方面的局限性，本书所提出的策略还需进一步在实践应用中加以完善与调整。

（2）本书所构建的文化景观遗产社区可持续发展框架包含了部分国外研究理论，将这部分理论应用于中国文化景观的遗产社区价值解读，其适用性仍然需要理论成果结合实际案例来反复论证，本书的框架偏向于理论研究层面的方案构想。

本书的研究虽然取得了初步结果，但依然任重而道远，尚有许多有待进一步深入进行的研究工作，以下简要讨论。

（1）对国际评价标准的完善

文化景观评价标准是以意大利建筑遗产为主要样本提炼出来的，因此拿它们来解读中国的文化景观仍有许多不适应性，这也是导致中国文化景观中的遗产社区价值被忽略的根本原因。本书展现了以中国为代表的亚太文化景观，它们有与日常生活、与社区紧密相关这一独特性，书中关于遗产社区价值的论证成果可以作为今后多维度丰富国际评价标准的研究基础，使标准更符合亚太地区审美、亚太文化特点，帮助更多亚洲文化景观登录世界遗产，让这类被忽视的却又具有突出普遍价值的遗产被更多人认知和理解。

（2）由理论研究转变为理论的深入应用

本阶段提出的可持续发展策略偏宏观引导性，下一阶段研究在本书基础上进行。研究可以从可持续发展体系研究转变为体系的深入应用，进一步提出针对西湖各遗产社区的详细发展策略，比如落实到具体的空间设计等；也可将本书的研究方法应用于中国其他几处文化景观遗产社区，完成从物质表征到策略提出的中国文化景观遗产社区可持续发展的策略体系，再在此基础上进一步对比中国遗产社区之间的共性与个性。

致谢

　　从攻读博士学位开始到论文完成，6年时光匆匆逝去，不禁感慨系之。一路走来得到了太多人的帮助，仅凭我个人的一己之力恐难以完成相关研究。

　　值得感谢的人太多太多，首先感谢我敬爱的导师严国泰教授，是您带领我进入了遗产保护领域，在我面前展现了别样的大千世界。先生的言传身教与谆谆教导令我受益匪浅；先生扎实的学术功底和严谨的治学作风是我致力追求的方向。在您身上，我看到了什么是勤勉、什么是正直。您的一身正气、恪守原则在如今这个纷繁世界里是多么难能可贵。您十年如一日地伏案工作，每一天都不忘初心，如饥似渴地汲取新的知识，单凭这一点足以让我学习一辈子。感谢先生不吝时间地对我的论文的悉心指导，从开题、中期、成稿后的多轮修改，每个阶段都倾注了先生的诸多心血。每次跟您讨论论文，您都像父亲教女儿一般事无巨细地讲解，耐心告知我每一步该如何把握，为我的论文书写指明方向。先生永远是我学习的楷模，能成为您的学生，实乃人生之幸事。

　　感谢系主任韩锋教授，您精彩的讲座是最初吸引我开启文化景观相关研究的原动力，也非常感谢您对我的论文的指点，帮我进一步理清思路，为后期论文修改节省了时间。您国际化的视野、前沿而精髓的学术造诣一直以来是我的学术目标。

　　感谢金云峰教授、周向频教授、刘滨谊教授、刘颂教授以及杨晨等诸位老师在我论文开题、中期、预答辩以及修改过程中提出的宝贵意见。

　　感谢西湖、庐山、五台山等风景名胜区管理委员会在我调研时给予的配合与支持；感谢那些可爱的村民帮我一起发放问卷；感谢西湖博物馆、浙江省图书馆、杭州市园林院在本书资料收集和查阅过程中给予的帮助；感谢西湖博物馆张舒，杭州西湖世界文化遗产监测管理中心杨小茹主任、阮少茜副主任、夏攀研究员等为我提供了大量的研究基础资料。还要感谢一些与我虽素未谋面，却对本书成形起到重要作用的人，即西湖、庐山、五台山的地方学者及文史工作者，正是他们数十年如一日的史料编纂及研究工作，才使我得以站在他们平凡而伟大的肩膀上又艰难地向前行了一步。

感谢师门中的谢伟民老师，感谢您带领我走南闯北做项目，这些经验为本书的书写奠定了实践基础；感谢师弟周详提供了大量与西湖相关的文章；感谢在浙江省规划院工作的余伟师兄提供了大量西湖遗产社区相关的规划设计资料；感谢高一菲、林轶南、撒莹、马海英、马蕊等同门师兄妹给予的陪伴，让我在和他们的合作与讨论中得到诸多启发。

感谢我的家人给予我无微不至的照顾，你们始终是我最坚强的后盾和最温暖的港湾，让我在求学期间无后顾之忧，即使在论文写作最困难的时期也倍感温暖。感谢我心爱的儿子，谢谢你那么无条件地爱着我，即使这几年我陪你的时间较少。

最后，感谢在天上的外公，您的养育之恩无以回报，很遗憾读博期间陪您的时间太少，但我始终相信，您一直在天上陪伴我。

总之，感激之情无以言表，博士阶段的学习虽辛苦但也收获颇丰，博士期间的系统训练必将受益终身。再次感谢多年来给予我关心和帮助的人，谢谢！

2021 年 10 月

参考文献

英文文献：

[1] Alister Scott, Beyond the conventional : Meeting the challenges of landscape governancewithin the European Landscape Convention?[J], Journal of Environmental Management, 2011, 92（10）: 2754-2762

[2] Barbara Enengel, Marianne Penker, Andreas Muhar, Rachael Williams, Benefits, efforts and risks of participants in landscape co-management : An analytical framework and results from two case studies in Austria[J], journel of environmental management, 2011(04): 1256-1267

[3] Bill Bramwell, Bernard Lane, Critical research on the governance of tourism and sustainability[J], Journal of Sustainable Tourism,2011, 19（4/5）: 411-421

[4] Cari An Coe, A Tragedy, but No Commons : The Failure of "Community-based" Forestry in the Buffer Zone of Tam Dao National Park, Vietnam, and the Role of Household Property Rights and Bureaucratic Conflict, University of California, 2008

[5] Colin Trier, Olya Maiboroda. The Green Village project : a rural community's journey towards sustainability[J]. Local Environment, 2009, 14(9): 819-831.

[6] Council of Europe Publishing. Landscape and sustainable development : Challenges of the European Landscape Convention[DB/OL]. https : //rm.coe.int/CoERMPublicCommonSearchServices/DisplayDCTMContent?documentId=09000016802f24d2

[7] Etsuko Okazaki , A Community-Based Tourism Model : Its Conception and Use[J], Journal of Sustainable Tourism, 2008, 16（5）: 511-529.

[8] Eileen O'Rourke. Landscape planning and community participation : Local lessons from Mullaghmore, the Burren NationalPark, Ireland [J]. Landscape Research, 2005, 30(4): 483-500.

[9] E. C. M. Ruijgrok. The three economic values of cultural heritage: a case study in the Netherlands[J]. Journal of Cultural Heritage, 2006, 7 (3): 206-213.

[10] Esther H.K. Yung, Edwin H.W. Chan. Problem issues of public participation in built-heritage conservation: Two controversial cases in Hong Kong[J]. Habitat International. 2011, 35: 457-466.

[11] Han Feng. The Chinese view of nature: tourism in China's scenic and historic interest areas[D]. Queensland University of Technology, 2006.

[12] Han Feng.The West Lake of Hangzhou: A National Cultural Icon of China and the Spirit of Place [M]. Turgeon, Ed. Spirit of Place: Between Tangible and Intangible Heritage. Quebec: Les Presses, 2009: 165-173.

[13] Han Feng.Cultural landscape: a Chinese way of seeing nature. In: Ken Taylor, Jane L. Lennon(eds), Managing Cultural Landscape[M].London: Routledge,2012: 90-108

[14] Indre Grazuleviciute Vileniske. Influence of Built Heritage on Sustainable Development of Landscape[J]. Landscape Research, 2008, 33(4): 425-437.

[15] IUCN. IUCN Eveluation of World Heritage Nominations: Guidelines for Reviewers of Cultural Landscapes - The Assessment of Natural Values in Cultural Landscapes[EB/OL]. https://cmsdata.iucn.org/downloads/guidelines_for_reviewers_of_cls.pdf

[16] Jo-Anne E. Cavanagh, Bob R. Frame, Michael Fraserb, Jeremy Gabe, Experiences of applying a sustainability assessment model[J]. International Conference on Whole Life Urban Sustainability and its Assessment, 2007: 1-15.

[17] Joe Smith, James Blake, Anna Davies. Putting sustainability in place: sustainable communities projects in Huntingdonshire[J]. Journal of Environmental Policy & Planning. 2000, 2(3): 211-223.

[18] Jerry W. Robinson Jr.,Brent D. Hales. Models and Methods for Creating Sustainable Community-Based Development Organizations in Diverse Communities[J].Community Development,2009(12): 33-51

[19] Joanneke Hélène Joséphine Kruijsen, Alan Owen, Donald Murray Gordon Boyd. Community Sustainability Plans to enable change towards sustainable practice - a Scottish case study[J]. Local Environment, 2014, 19(7): 748-766.

[20] John Drexhage, Deborah Murphy. Sustainable Development: From

Brundtland to Rio 2012[R]. World Commission on Environment and Development (WCED), 2010.

[21] Jolande W. Termorshuizen, Paul Opdam, Adri van den Brink. Incorporating ecological sustainability into landscape planning[J]. Landscape and Urban Planning, 2007, 79 (3/4): 374-384.

[22] Jones, Michael, Stenseke Marie. The European Landscape Convention Challenges of Participation[M], Berlin: Springer, 2011.

[23] Ken T. The Cultural Landscape Conception Asia: The Challenge for Conservation[C]. Udon Thani Province, Thailand, 2006.

[24] Marc Antrop. Sustainable landscapes: contradiction, fiction or utopia?[J]. Landscape and Urban Planning, 2006, 75 (3/4): 187-197.

[25] Robinson, Jerry W., Jr. Hales, Brent D.Models and Methods for Creating Sustainable Community-Based Development Organizations in Diverse Communities[J], Community Development: Journal of the Community Development Society, 2007 38 (2): 221-242

[26] Marc Antrop. Sustainable landscapes: contradiction, fiction or utopia?[J]. Landscape and Urban Planning, 2006, 75: 187-197.

[27] Nora Mitchell,et al. Cultural Landscape: A Handbook for Conservation and Management. World Heritage Paper Series [EB/OL] .http://whc.unesco.org/en/series/26/.

[28] Noel B. Salazar. Community-based cultural tourism: issues, threats and opportunities[J]. Journal of Sustainable Tourism, 2012, 20(1): 9-22.

[29] Paul Selman, Melanie Knight. On the nature of virtuous change in cultural landscapes: Exploring sustainability through qualitative models[J]. Landscape Research, 2006, 31(3): 295-307.

[30] F. Müller. Peri-urban Land Use Relationships—Strategies and Sustainability Assessment Tools for Urban-Rural Linkages[J]. Sustainable Development, 2011(8): 121-133

[31] Richard K. Walter, Richard J Hamilton, A cultural landscape approach to community-based conservation in Solomon Islands[J], Ecology and Society, 2014, 19(4): 1-10.

[32] Susan O. Keitumetse. Sustainable Development and Cultural Heritage Management in Botswana: Towards Sustainable Communities[J]. Sustainable Development, 2009, 19: 49-59.

[33] UNESCO. Cultural landscapes: the challenges of conservation. [EB/

OL]. World Heritage Center.2003 http：//whc.unesco.org/documents/publi_wh_papers_07_en.pdf

［34］UNESCO. Introducing Cultural Heritage into the Sustainable Development Agenda[R]. Sessions 3A and 3A-a，2013

［35］UNESCO. Operational Guidelines for the Implementation of the World Heritage Convention[R]. World Heritage Center. http：//zh.unesco.org/system/files/Florence%20Declaration_4%20October%202014_EN_3.pdf

［36］UNESCO. Nora Mitchell, Mechtild Rössler, Pierre-Marie Tricaud. World Heritage Cultural Landscapes：A Handbook for Conservation and Management [R]. World Heritage Center. http：//whc.unesco.org/documents/publi_wh_papers_26_en.pdf

［37］UNESCO. Cultural Landscapes：the Challenges of Conservation. [EB/OL]. World Heritage Center. http：//whc.unesco.org/documents/publi_wh_papers_07_en.pdf

［38］UNESCO. Arthur Pedersen(ed). Managing Tourism at World Heritage Sites：a Practical Manual for World Heritage Site Managers [EB/OL]. World Heritage Center. http：//whc.unesco.org/uploads/activities/documents/activity-113-2.pdf

［39］UNESCO. Introducing Cultural Heritage into the Sustainable Development Agenda[EB/OL]. http：//www.unesco.org/new/fileadmin/MULTIMEDIA/HQ/CLT/images/HeritageENG.pdf

［40］ICOMOS. What is OUV? Defining the Outstanding Universal Value of Cultural World Heritage Properties[R]，2008

［41］ICOMOS. The World Heritage List：Filling the Gaps an Action Plan for the Future[R]，2004

［42］IUCN. IUCN Evaluation of World Heritage Nominations：Guidelines for Reviewers of Cultural Landscapes-The Assessment of Natural Values in Cultural Landscapes[EB/OL]. https：//cmsdata.iucn.org/downloads/guidelines_for_reviewers_of_cls.pdf

［43］Fowler P. J. World Heritage Cultural Landscapes，1992-2002：a Review and Prospect [R]. World Heritage Center，2003

［44］Mechtild Rossler. World Heritage Cultural Landscapes：a UNESCO Flagship Program Me 1992–2006[J]. Landscape Research，2006，31 (4)：333–353

书籍：

[45] (民国) 何振岱. 西湖志 [M]. 福州：海风出版社，2001

[46] (民国) 吴宗慈. 庐山志 [M]. 南昌：江西人民出版社，1996

[47] (民国) 徐珂. 庐山指南 [M]. 上海：商务印书馆，1921

[48] (明) 田汝成. 西湖游览志 [M]. 杭州：浙江人民出版社，2008

[49] (明) 朱权·茶谱·煮泉小品 [M]. 北京：中华书局，2012

[50] (清) 范祖述. 杭俗遗风 [M]. 上海：上海文艺出版社，1989

[51] (清) 袁景澜，撰；甘兰经，吴琴，校点. 吴郡岁华纪丽 [M]. 南京：江苏古籍出版社，1998

[52] (清) 袁枚. 随园食单 [M]. 南京：江苏古籍出版社，2000

[53] (日) 野上俊静，著；释圣严，译. 中国佛教史概说 [M]. 台北：法鼓文化出版社，1999

[54] (宋) 周密. 武林旧事 [M]. 台北：中华书局，2007

[55] (唐) 陆羽. 茶经 [M]. 台北：中华书局，1991

[56] (英) 李德立，著；文南斗，译. 牯岭开辟记 [M]. 南昌：庐山眠石书屋发行，1932

[57] (美) 凯文·林奇. 城市形态 [M]. 北京：华夏出版社，2007

[58] (清) 孙治，初辑；徐增，重修. 灵隐寺志 [M]. 杭州：杭州出版社，2006

[59] 陈文锦. 发现西湖：论西湖的世界遗产价值 [M]. 杭州：浙江古籍出版社，2006

[60] 程启坤. 西湖龙井茶 [M]. 上海：上海文化出版社，2008

[61] 单霁翔. 走进文化景观的世界 [M]. 天津：天津大学出版社，2010

[62] 丁文魁. 风景科学导论 [M]. 上海：上海科技教育出版社，1993

[63] 段进，龚恺，陈晓东，等. 世界文化遗产西递古村落空间解析 [M]. 南京：东南大学出版社，2006

[64] 傅舒兰. 杭州风景城市的形成史：西湖与城市的形态关系演进过程研究 [M]. 南京：东南大学出版社，2015

[65] 甘筱青. 庐山文化大观 [M]. 南昌：江西人民出版社．2009

[66] 国家文物局. 意大利文化与景观遗产法典 [M]. 北京：文物出版社，2009

[67] 韩锋. 2500 年 战争与和平的交响：扬州瘦西湖文化景观的历史断代研究 [M]. 南京：东南大学出版社，2013

[68] 韩兆琦. 史记 [M]. 北京：中华书局，2008

[69] 杭州市档案馆.杭州古旧地图集[M].杭州：浙江古籍出版社，2007

[70] 杭州市历史建筑保护管理中心.杭州市历史建筑构造实录[M].杭州：西泠印社，2013

[71] 杭州文史研究会.杭州佛教研究[M].北京：宗教文化出版社，2014

[72] 杭州西湖世界文化遗产检测管理中心.中国世界文化遗产与社区发展研究——传承与共生[M].杭州：浙江文物出版社，2014

[73] 何俊.儒学的内外之思[M].上海：上海三联书店，2015

[74] 胡俊.中国城市：模式与演进[M].北京：中国建筑工业出版社，1995

[75] 角媛梅.哈尼梯田自然与文化景观生态研究[M].北京：中国环境科学出版社，2009

[76] 黎熙元，何肇发.现代社区概论[M].广州：中山大学出版社，1998

[77] 李娜.《湖山胜概》与晚明文人艺术趣味研究[M].杭州：中国美术学院出版社，2013

[78] 李虹，赵大川，韩一飞.西湖老照片[M].杭州：杭州出版社，2005

[79] 梁实秋.雅舍小品[M].北京：文化艺术出版社，1999

[80] 卢世主，裴攀，张琪佳.城镇化背景下传统村落空间发展研究——井冈山村庄建设规划设计实践[M].北京：中国文联出版社，2016

[81] 罗时叙.人类文化交响乐——庐山别墅大观[M].北京：中国建筑工业出版社，2005

[82] 罗伊·休厄尔，沈弘.天城记忆[M].济南：山东人民出版社.2010

[83] 刘世锦.中国文化遗产事业发展报告（2012）[M].北京：社会科学文献出版社，2012

[84] 玛利亚·杨森·弗比克，格达·K 普里斯特利，安东尼奥·P 罗素·旅游文化资源：格局、过程与政策[M].孙业红，闵庆文，主译.北京：中国环境科学出版社，2010

[85] 马丁.晚清民国时期杭州对外贸易研究（1895—1937）[M].北京：中国社会科学出版社，2015

[86] 马时雍.杭州的山[M].杭州：杭州出版社，2010

[87] 倪琪，王玉.中国徽州地区传统村落空间结构的演变[M].北京：中国建筑工业出版社，2015

[88] 彭开福.牯岭地区的建筑活动[M].南昌：江西美术出版社，1996

[89] 任黎秀.世界遗产（文化景观）地——庐山[M].北京：科学出版社，2009

[90] 阮仪三. 护城纪实 [M]. 北京：中国建筑工业出版社，2003

[91] 史晨暄. 世界遗产四十年：文化遗产"突出普遍价值"评价标准的演变 [M]. 北京：科学出版社，2016

[92] 宋涛. 杭州佛教研究 [M]. 北京：宗教文化出版社，2014

[93] 宋振春. 日本文化遗产旅游发展的制度因素分析 [M]. 北京：经济管理出版社，2009

[94] 汤洪庆. 杭州城市早期现代化研究（1896—1927）[M]. 北京：中国社会科学出版社，2013

[95] 朱家骥. 西湖龙井茶 [M]. 杭州：杭州出版社，2004

[96] 王其亨. 风水理论研究 [M]. 天津：天津大学出版社，2005

[97] 巫仁恕. 晚明的旅游风气与士大夫心态：以江南为讨论中心 [M]. 台北："中央"研究院近代史研究所，2003

[98] 巫仁恕. 品味奢华：晚明的消费社会与士大夫 [M]. 台北：中华书局，2008

[99] 吴俊范. 水乡聚落：太湖以东家园生态史研究 [M]. 上海：上海古籍出版社，2016

[100] 韦恭隆. 杭州山水的由来 [M]. 北京：商务印书馆，1971

[101] 徐顺民，熊炜，徐效钢，等. 庐山学：庐山文化研究 [M]. 南昌：江西人民出版社，2001

[102] 杨晓政. 西湖文化读本 [M]. 北京：红旗出版社，2013

[103] 袁行霈. 陶渊明集笺注 [M]. 北京：中华书局，2003

[104] 张杰，吕舟. 世界文化遗产保护与城镇经济发展 [M]. 上海：同济大学出版社，2013

[105] 张雷. 营造庐山别墅的故事 [M]. 南昌：江西美术出版社，2008

[106] 张建庭. 西湖学论丛 [M]. 杭州：杭州出版社，2013

[107] 赵之枫. 传统村镇聚落空间解析 [M]. 北京：中国建筑工业出版社，2015

[108] 郑瑾. 杭州西湖治理史研究 [M]. 杭州：浙江大学出版社，2010

[109] 朱家骥. 钱塘江茶史「M」 杭州：杭州出版社，2015

[110] 钟晓华. 田子坊是如何可能的：行动者的空间实践视角 [M]. 上海：复旦大学出版社，2016

[111] 朱自振. 中国茶叶历史资料选辑 [M]. 北京：农业出版社，1981

学位论文：

[112]（日）陈玲. 景观生成过程之研究：以杭州西湖为中心 [D]. 东京：

东京大学，1996

[113] 曹译匀. 庐山牯岭街文化景观价值的真实性研究 [D]. 上海：同济大学，2013

[114] 查爱苹. 国家级风景名胜区经济价值研究：以杭州西湖为例 [D]. 上海：复旦大学，2013

[115] 胡洋. 庐山风景名胜区相关社会问题整合规划方法初探：基于庐山社会调控专项研究 [D]. 北京：清华大学，2005

[116] 贾丽奇. 风景名胜区视野下的世界遗产缓冲区规划及实施机制研究 [D]. 北京：清华大学，2015

[117] 林琳. 潮溪村历史聚落空间特征与可持续发展研究 [D]. 广州：华南理工大学，2012

[118] 林轶南. 线性文化景观的保护与发展研究：基于景观性格理论 [D]. 上海：同济大学，2014

[119] 李南. 中国近代避暑地的形成与发展及其建筑活动研究 [D]. 杭州：浙江大学，2011

[120] 李如生. 风景名胜区保护性开发的机制与评价模型研究 [D]. 长春：东北师范大学，2011

[121] 李桂红. 四大名山佛教文化及其现代意义 [D]. 成都：四川大学，2003

[122] 李海红. 风景名胜区旅游社区规划的研究 [D]. 上海：同济大学，2012

[123] 凌伯雄. 五台山世界文化景观保护研究 [D]. 北京：中国地质大学，2013

[124] 刘敏. 天津建筑遗产保护公众参与机制与实践研究 [D]. 天津：天津大学，2012

[125] 刘华. 风景名胜区总体规划的建设控制研究 [D]. 重庆：重庆大学，2008

[126] 陆祥宇. 稻作传统与哈尼梯田文化景观保护研究 [D]. 北京：清华大学，2011

[127] 罗婷婷. 黄山风景名胜区社区问题与社区规划研究 [D]. 北京：清华大学，2004

[128] 吕红医. 中国村落形态的可持续性模式及实验性规划研究 [D]. 西安：西安建筑科技大学，2005

[129] 牛璐霞. 文殊之"神"格魅力 [D]. 太原：山西大学，2014

[130] 欧阳高奇. 北京市风景名胜区村庄景观风貌研究 [D]. 北京：北京

林业大学，2008

[131] 任垒时. 南宋以前杭州城郭考[D]. 杭州：浙江大学，2002

[132] 沈海虹. "集体选择"视野下的城市遗产保护研究[D]. 上海：同济大学，2006

[133] 宋仁正. 宋代的西湖[D]. 台北：台湾政治大学，2006

[134] 孙夏. 济南朱家峪古村落聚落空间形态研究[D]. 济南：山东建筑大学，2011

[135] 陶一舟. 风景名胜区城市化现象及其对策研究[D]. 上海：同济大学，2008

[136] 童子乐. 古代庐山隐士文化研究[D]. 武汉：华中师范大学，2013

[137] 王莉莉. 云南民族聚落空间解析[D]. 武汉：武汉大学，2010

[138] 王淑佳. 社区营造视角的古村落旅游开发与保护研究[D]. 广州：华南理工大学，2013

[139] 王启元. 晚明僧侣的政治生活、世俗交游及其文学表现[D]. 上海：复旦大学，2012

[140] 王应临. 基于多重价值识别的风景名胜区社区规划研究[D]. 北京：清华大学，2014

[141] 温淑萍. 世界文化遗产"完整性"分析[D]. 长春：吉林大学，2008

[142] 吴晓晖. 风景名胜区文化景观变迁之解读[D]. 上海：同济大学，2006

[143] 徐青. 庐山风景名胜区文化景观价值体系研究[D]. 上海：同济大学，2016

[144] 徐好好. 意大利波河流域历史城镇城市遗产的保护和更新研究[D]. 广州：华南理工大学，2014

[145] 许可. 基于可持续理论的旧建筑改造研究[D]. 重庆：重庆大学，2010

[146] 徐知兰. UNESCO文化多样性理念对世界遗产体系的影响[D]. 北京：清华大学，2012

[147] 杨晨. 扬州瘦西湖景观性格研究[D]. 上海：同济大学，2011

[148] 许晓青. 中国名山风景区审美价值识别与保护[D]. 北京：清华大学，2015

[149] 许敏蓓. 明清时期太湖地区茶叶生产研究[D]. 南京：南京农业大学，2011

[150] 易红. 中国文化景观的保护研究[D]. 西安：西北农林科技大学，

2009

[151] 张晓霞. 城市居民社区参与模式及动员机制研究 [D]. 长春：吉林大学，2010

[152] 赵书彬. 风景名胜区村镇体系研究 [D]. 上海：同济大学，2007

[153] 赵智聪. 作为文化景观的风景名胜区认知与保护 [D]. 北京：清华大学，2012.

[154] 镇雪锋. 文化遗产的完整性与整体性保护方法 [D]. 上海：同济大学，2007

[155] 刘大伟. 重庆北部新区 EBD 园区可持续发展理论研究 [D]. 重庆：重庆大学，2014

[156] 朱丽娜. 基于社会文化可持续性的城市历史文化遗产保护研究 [D]. 武汉：华中科技大学，2013

发表的文章：

[157] （韩）郑珉. 十六、十七世纪朝鲜文人知识阶层的江南热与西湖图（第 24 篇）[M] 李定恩，译. 东亚文化意象之形塑计划：韩文论文选集. 台北：允晨文化实业股份有限公司，2011：351-362

[158] （日）沈悦，熊谷洋一，下村彰男. 中国西湖的景观构成及形成相关研究 [J]. 景观研究，1995(5)：156-160

[159] （日）沈悦. 中国杭州西湖的景观形成及其影响研究 [J]. 景观研究，2000(2)：162-169

[160] 保继刚，孙九霞. 旅游规划的社区参与研究：以阳朔遇龙河风景旅游区为例 [J]. 规划师，2003(7)：32-38

[161] 鲍志成. 关于西湖龙井茶起源的若干问题 [J]. 东方博物，2004(2)：79

[162] 蔡立力. 我国风景名胜区规划和管理的问题与对策 [J]. 城市规划，2004(10)：74-80

[163] 曹正. 杭州西湖南线景区的旅游经济效益分析 [J]. 城市发展研究，2004，11(2)：61-64

[164] 陈同滨，傅晶，刘剑. 世界遗产杭州西湖文化景观突出普遍价值研究 [J]. 风景园林，2012(2)：68-71

[165] 陈彦君. 世界遗产保护区的商业文化空间再生研究：以改造后的庐山牯岭正街为例 [J]. 多元与包容：2012 中国城市规划年会. 昆明,2012：235-239

[166] 陈云飞. 略论唐宋时期西湖茶禅文化的历史地位 [J]. 茶叶，2009，

35(2): 115-120

[167] 陈燕,尤伟琼.箐口村哈尼族"蘑菇房"现代变迁中的传承[J].思想战线,2016(3):31-35

[168] 单霁翔.乡村类文化景观遗产保护的探索与实践[J].中国名城,2010(4):4-11

[169] 杜爽,韩锋.文化景观视角下的中国宗教名山研究:方法论与方法[J].风景园林,2015(8):56-62

[170] 丁玲,李毅艺.风景区规划中居民社会调控规划探讨:以《广西龙脊风景名胜区总体规划》为例[J].广西城镇建设,2011(9):16-20

[171] 冯铁宏.庐山早期开发之牯岭的形成[J].中国园林,2012(3):285-295

[172] 冯铁宏.红河哈尼梯田独特的历史、环境与传统文化[J]//中国文化遗产保护论坛论文集,2012:381-385

[173] 方如今,周玲花.佛教对浙江茶叶和文化的影响[J].浙江社会科学,2004(9):6

[174] 高峰.白鹿洞书院的历史、现状及文化意义[J].江西教育学院学报,2009(5):96-99

[175] 郭璇.中国历史建成遗产真实性中的非物质维度——兼论整体性保护策略的可能性[J].新建筑,2007(6):74-79

[176] 耿朔.从俗尘到佛境重走杭州上香古道[J].世界遗产,2016(3):121

[177] 龚一红.杭州"景中村"的改造模式的探究[J].建筑与文化,2012(6):72-73

[178] 韩锋.能力建设:世界遗产未来行动之根本[J].中国园林,2012(1):154-155

[179] 韩锋.世界遗产文化景观及其国际新动向[J].中国园林,2007(11):18-21

[180] 韩锋.文化景观:填补自然和文化之间的空白[J].中国园林,2010(9):7-11

[181] 杭州市园林文物局课题调研组.建国三十五年来杭州西湖与环湖地区园林建设[Z].1984:27

[182] 侯雯娜,胡巍,尤劲,等.景中村的管理对策分析:以西湖风景区为例[J].安徽农业科学,2007(5):1348-1350

[183] 胡海胜,唐代剑.西湖文化景观的回顾与展望[J].地理与地理信息科学,2006(5):95-100

[184] 胡洋,金笠铭.庐山风景名胜区居民社会问题与整合规划[J].城市规划,2006(10):55-59

[185] 华芳,穆吟,汤海孺.社会学视角下文化遗产可持续发展的社区角色[Z].多元与包容:2012中国城市规划年会.昆明,2012:967-981

[186] 华芳,孙凯旋,陈玮玮.杭州西湖文化景观游人量调控研究[Z].转型与重构:2011中国城市规划年会.南京,2011:3438-3447

[187] 黄纳,袁宁,张龙,等.文化景观的可持续发展浅析——以杭州西湖为例[J].资源开发与市场.2012(2):187-190

[188] 黄绍文,尹绍亭.中国云南哀牢山区哈尼族梯田传统农耕生态文化与变迁[J].喜马拉雅学志,2011(12):180-186

[189] 黄文柳.杭州西湖文化景观城湖空间格局控制研究[J].风景园林,2012(2):72-77

[190] 彭思涛.基于社区参与的村落文化景观遗产保护模式研究:以贵州省雷山县控拜社区为例[J].原生态民族文化学刊,2009(02):94-98

[191] 黄纳,袁宁,孙克勤.基于主成分指标的西湖文化景观保护与旅游发展相关性研究[J].可持续发展,2013(3):63-68

[192] 金一."可持续"在遗产保护领域的发展历程[J].城市建筑,2016(10):349-350

[193] 金一,严国泰.基于社区参与的文化景观可持续发展思考[J].中国园林,2015(3):106-109

[194] 贾丽奇,邬东璠.活态宗教遗产地与宗教社区的认知与保护:以五台山世界遗产文化景观为例[J].中国园林,2015(2):75-78

[195] 角媛梅,程国栋,肖笃宁.哈尼梯田文化景观及其保护研究[J].地理研究,2002(6):733-741

[196] 拉纳·P B 辛格,武鑫,陈英瑾.印度的乡村文化景观[J].中国园林,2013(11):18-24

[197] 李飞.对《城市居住区规划设计规范》(2002)中居住小区理论概念的再审视与调整[J].城市规划学刊,2011(3):96-102

[198] 李华东,单彦名,冯新刚.英国历史景观特征评估及应用[J].建筑学报,2012(6):40-43

[199] 李杰,李晓黎.杭州西湖:山水哲学典范与遗产价值的可持续发展[Z].中国风景园林学会2009年年会.北京,2009:216-219

[200] 李王鸣,高沂琛,王颖.景中村空间和谐发展研究——以杭州西湖风景区龙井村为例[J].城市规划,2013(8):46-51

[201] 李维宝,张佩芝,白祖额.哈尼族历法的演变[J].云南天文台台刊,

1993(4)：59-64

[202] 李中元．五台山佛教文化独特的人文价值与当代研发利用[J]．五台山研究，2014(1)：3-7

[203] 李麟学，吴杰．可持续城市住区的理论探讨[J]．建筑学报，2005(7)：41-43

[204] 刘祎绯．文化景观启发的三种价值维度：以世界遗产文化景观为例[J]．风景园林，2015(8)：50-55

[205] 罗·范·奥尔斯，韩锋，王溪．城市历史景观的概念及其与文化景观的联系[J]．中国园林，2012(5)：16-18

[206] 莫妮卡·卢思戈，韩锋，李辰．文化景观之热点议题[J]．中国园林，2012(5)：10-15.

[207] 吕剑，杨小茹，余杰．"后申遗时代"杭州西湖遗产区交通发展与管理转型的思考[J]．风景园林，2012(2)：82-85

[208] 吕舟．文化多样性语境下的亚太地区活态遗产保护[J]．建筑遗产，2016(3)：35

[209] 倪琪，许萍．杭州西湖世界文化景观的物质表象与精神内涵[J]．中国园林，2012(8)：86-88

[210] 倪梅生，储金龙．"社区化"理念在城市居住区规划中的应用[J]．城乡建设，2013(2)：29-31

[211] 潘存德．可持续发展研究概述[J]．北京林业大学学报，1994（1）：42-78

[212] 潘杭．西湖景观与杭州城市空间设计[J]．时代建筑，1994(4)：38-43

[213] 齐骥．城镇化视域下社区文化遗产发展研究[J]．中华文化论坛，2016(6)：26-29

[214] 阮仪三，吴承照．历史城镇可持续发展机制和对策：以平遥古城为例[J]．城市发展研究，2001(3)：15-17

[215] 邵甬，付娟娟．以价值为基础的历史文化村镇综合评价研究[J]．城市规划，2012(2)：82-88

[216] 沈清基．关于城市发展理论的思考，兼论中国城市发展中的若干问题[J]．城市规划，1995(4)：14-17

[217] 释净寿．文殊菩萨与五台山[J]．五台山，2008(9)：64-68

[218] 宋峰，祝佳杰，李雁飞．世界遗产"完整性"原则的再思考：基于《实施世界遗产公约的操作指南》中4个概念的辨析[J]．中国园林，2009(5)：14-18

[219] 宋云鹤．西湖环湖景域范围内不宜建造高层建筑[J]．建筑学报，

1986(1)：54-56

[220] 孙文山，孙叔文. 五台山寺庙经济简述 [J]. 五台山研究，1986(6)：21-24

[221] 孙喆. 西湖风景名胜区新农村建设的实践与思考 [J]. 中国园林，2007(9)：39-45

[222] 唐广良. 可持续发展、多样性与文化遗产保护 [J]. 贵州师范大学学报(社会科学版)，2005(4)：26-33

[223] 陶伟. 中国世界遗产地的旅游研究进展 [J]. 城市规划汇刊，2002(3)：54-56

[224] 万金保，朱邦辉. 物元模型在庐山风景名胜区水环境质量评价中的应用 [J]. 安徽农业科学，2010（6）：3095

[225] 汪菊渊. 中国山水园的历史发展 [J]. 中国园林，1985(4)：34-38

[226] 王珊. 法国和意大利文化遗产保护的经验与启示 [J]. 华北电力大学学报(社会科学版)，2015(2)：74-79

[227] 王向荣，韩炳越. 杭州"西湖西进"可行性研究及规划 [J]. 中国园林，2001(6)：11-14

[228] 王毅. 文化景观的类型特征与评估标准 [J]. 中国园林，2012(1)：98-101

[229] 王毅. 文化景观的真实性与完整性 [J]. 东南文化，2011(3)：13-17

[230] 王应临，杨锐，邬东璠. 五台山风景区"僧民关系"探析 [J]. 中国园林，2014(4)：63-66

[231] 王涛. 唐宋五台山寺院财产的积聚与流散 [J]. 山西大学学报(哲学社会科学版)，2011(6)：73-78

[232] 王玉，周俭，林森. 社区参与村落文化景观保护实践框架与方法的初步探讨：以贵州省贞丰县岩鱼村为例 [J]. 上海城市规划，2013(2)：83-87

[233] 王喆，冯铁宏. 哈尼族的梯田稻作农业文化传统 [J]. 住区，2011(3)：83-87

[234] 王竹，吴盈颖，李咏华. 建立"后申遗时代"西湖文化景观可持续发展的科学决策机制 [J]. 建筑与文化，2013(6)：10-13

[235] 文芸，傅朝卿. 当代社会中遗产价值的保持于维护 [J]. 建筑学报，2013(6)：77-96

[236] 邬东璠. 议文化景观及其景观文化的保护 [J]. 中国园林，2011(4)：1-3

[237] 邬东璠，庄优波，杨锐. 五台山文化景观遗产突出普遍价值及其保护探讨 [J]. 风景园林，2012(1)：74-77

[238] 吴晓, 李雁. 世界文化遗产明显陵原真性与完整性的保护与阐释 [J]. 中国文化遗产, 2016(3): 16-21

[239] 吴芝瑛, 陈鎏. 小流域水污染治理示范工程: 杭州长桥溪的生态修复 [J]. 湖泊科学, 2008(1): 33-38

[240] 谢尔·尼尔松, 托马斯·S 尼尔森, 王南. PLUREL: 城市边缘区土地利用战略与可持续影响评估工具 [J]. 中国园林, 2011(6): 12-17

[241] 吴志强, 吕荟. "欧洲绿色之都" 评选与城市可持续性评估的思议 [J]. 上海城市规划, 2012(6): 81-84

[242] 肖妮妮, 唐人选择庐山隐居的功利化倾向 [J], 华南师范大学学报 (社会科学版), 2007 (3): 75-78

[243] 严国泰, 韩锋. 风景名胜与景观遗产的理论与实践 [J]. 中国园林, 2013(12): 52-55

[244] 严国泰, 沈豪. 中国国家公园系列规划体系研究 [J]. 中国园林. 2015(2): 15-18

[245] 严国泰, 张杨. 构建中国国家公园系列管理系统的战略思考 [J]. 中国园林, 2014(8): 12-16

[246] 严国泰, 赵书彬. 建立文化景观管理预警制度的战略思考 [J]. 中国园林, 2010(9): 12-14

[247] 杨小茹, 张倩. "活态遗产"——杭州西湖文化景观的保护与利用 [J]. 杭州文博, 2014(1): 29-35

[248] 杨小茹. 自然与人文的交融——探索杭州西湖风景名胜区可持续发展的保护整治之路 [J]. 中国园林, 2008(3): 29-36

[249] 姚敏, 崔保山. 哈尼梯田湿地生态系统的垂直特征 [J]. 生态学报, 2006, 26 (7): 2115-2124

[250] 易英霞, 宋秋. 世界遗产地社区居民旅游影响感知实证分析——以乐山大佛世界遗产地为例 [J]. 企业科技与发展, 2010(23): 51-55

[251] 张国超. 意大利公众参与文化遗产保护的经验与启示 [J]. 中国文物科学研究, 2013(1): 43-46

[252] 张成渝, 谢凝高. 真实性和完整性原则与世界遗产保护 [J]. 北京大学学报 (哲学社会科学版), 2003(2): 62-68

[253] 张玉瑜. 基于遗产价值阐释的标识解说系统设计——以杭州西湖文化景观世界遗产为例 [J]. 建筑学报, 2012(S2): 86-90

[254] 张中华. 国际视野下的生态可持续性社区发展研究 [J]. 建筑学报, 2011(2): 9-12

[255] 张松, 镇雪峰. 遗产保护完整性的评估因素及其社会价值 [Z]. 和

谐城市规划——2007中国城市规划年会论文集，2007 (9)：2114-2119

[256] 赵大川. 南宋杭州和日本的禅茶文化交流 [J]. 杭州研究，2007(2)：53

[257] 赵智聪，刘雪华，杨锐. 作为文化景观的风景名胜区认知与保护问题识别 [J]. 中国园林，2013(11)：30-33

[258] 周维权. "名山风景区"浅议 [J]. 中国园林，1985（1）：43-46

[259] 周睿，钟林生，刘家明. 乡村类世界遗产地的内涵及旅游利用 [J]. 地理研究，2015(5)：991-1000

[260] 周超. 日本"文化景观"法律保护制度研究 [J]. 广西民族大学学报(哲学社会科学版)，2016(1)：178-185

[261] 朱竞梅. 匡庐之巅的政治流云 [J]. 中华遗产，2011(8)：23-28

[262] 庄优波，徐荣林，杨锐. 九寨沟世界遗产地旅游可持续发展实践和讨论 [J]. 风景园林，2012(1)：78-81

[263] 庄优波，杨锐. 世界自然遗产地社区规划若干实践与趋势分析 [J]. 中国园林，2012(9)：9-13

[264] 庄优波. 社区营造与遗产地发展：台湾"桃米村"社区营造案例分析 [J]. 世界遗产，2015(7)：106-107

[265] 张凌云，刘威. 欧洲文化遗产保护及对中国的启示：评《旅游文化资源：格局、过程与政策》[J]，世界地理研究，2010（9）：168-176

[266] 钟晓华. 遗产社区的社会抗逆力——风险管理视角下的城市遗产保护 [J]. 保护与更新，2016(2)：23-29

其他：

[267]（清）程淯. 龙井访茶记 [DB/OL]. http：//wenxian.fanren8.com/10/12/60.htm

[268]（明）许次纾. 茶疏 [EB/OL]. http：//ctext.org/wiki.pl?if=gb&chapter=110467&remap=gb

[269]《奈良+20》[EB/OL]. http：//www.japan-icomos.org/pdf/nara20_final_eng.pdf

[270] 奈良真实性文件 [EB/OL]. http：//twh.boch.gov.tw/taiwan/learn_detail.aspx?id=145

[271] UNESCO. 关于世界遗产的布达佩斯宣言 [EB/OL].
http：//www.iicc.org.cn/Info.aspx?ModelId=1&Id=335

[272] UNESCO. 世界文化景观——庐山宣言 [EB/OL].
http：//travel.163.com/13/1211/10/9FQAJN9500064L1L.html

[273] UNESCO. 会安草案——亚洲最佳保护范例 [EB/OL].

http：//www.iicc.org.cn/Info.aspx?ModelId=1&Id=347

[274] UNESCO. 联合国教科文组织"世界文化多样性宣言"[EB/OL].
http：//www.iicc.org.cn/Info.aspx?ModelId=1&Id=334

[275] UNESCO.The Future We Want[EB/OL].
www.un.org/disabilities/documents/rio20_outcome_document_complete.pdf

[276] 陈同滨. 西湖申遗文本 [R]. 北京：中国建筑历史研究所，2011

[277] 杭州西湖文化景观管理条例 [Z]. 杭州市第人民代表大会常务委员会，〔2011〕55 号

[278] 杭州市西湖龙井茶基地保护条例 [Z]. 杭州市第人民代表大会常务委员会，〔2010〕51 号